Über dieses Buch Der Frankfurter Kulturdezernent Hilmar Hoffmann knüpft mit seinem neuen Buch an sein 1979 erschienenes vieldiskutiertes Buch ›Kultur für alle‹ an, doch während er damals den kulturpolitischen Anspruch der sozialliberalen Reformpolitik auf den Begriff zu bringen versuchte, bemüht er sich nun, das in ›Kultur für alle‹ entwickelte humane Prinzip in die Zukunft fortzuschreiben. Nach seiner Überzeugung gibt es zu dem Programm einer Kultur, die von allen getragen und mit allen gestaltet wird, keine plausible Alternative. Der Autor hält die modische Abkehr von diesem Konzept »von Leuten, die nichts Gescheites an seine Stelle setzen konnten«, für gesellschafts- und kulturpolitisch gleichermaßen verhängnisvoll. Er meint mit seinem Programm freilich nicht »Massenkultur«, denn davon könne erst gesprochen werden, wenn die Massen »das gesellschaftliche Handlungsfeld betreten und zu einer zentralen Koordinate der Geschichte werden« (Umberto Eco). Hilmar Hoffmann beschreibt und analysiert in seinem neuen Buch sowohl den aktuellen Stand wie vor allem die zukünftigen Bedürfnisse und Aufgaben eines demokratischen kulturpolitischen Konzeptes, einer Kulturpolitik, die »vom Rand, wo sie bisher die Rolle des Feuilletons spielte, nahe ans Zentrum heranrückt«.

Der Autor Hilmar Hoffmann, 1925 in Bremen geboren, war mit 26 Jahren der jüngste Volkshochschuldirektor der Bundesrepublik in Oberhausen; dort gründete er 1954 die »Internationalen Westdeutschen Kurzfilmtage«; 1965 wurde er zum Kultur- und Sozialdezernenten in Oberhausen und 1970 zum Dezernenten für Kultur und Freizeit nach Frankfurt am Main berufen; Lehrbeauftragter für Medienkunde bzw. Kulturpolitik an den Universitäten Bochum (1967–1971), Frankfurt am Main (1973/1981) und Marburg (1985), Gast-Dozent an der Akademie der Arbeit (seit 1972). Seit 1982 Gastprofessor an der Universität Tel Aviv, Honorarprofessor an der Staatlichen Hochschule für Musik und Darstellende Künste Frankfurt (seit 1983). Zahlreiche Veröffentlichungen, u.a.: ›Erwachsenenbildung‹ (1962), ›Der tschechoslowakische Film‹ (1964), Fernsehdokumentation »Castros Cuba« (ARD, 1969), ›Tauben – reisende Boten‹ (1965), ›Theorie der Filmmontage‹ (1969), ›Perspektiven der Kulturpolitik‹ (1974, Hrsg.), ›Kultur für alle‹ (1979, 2. Aufl. 1981), ›Das Taubenbuch‹ (1981), ›Kultur-Zerstörung‹ (1983, Hrsg.).

Hilmar Hoffmann

Kultur für morgen

Ein Beitrag zur Lösung der Zukunftsprobleme

Fischer
Taschenbuch
Verlag

Originalausgabe
Veröffentlicht im Fischer Taschenbuch Verlag GmbH,
Frankfurt am Main, Oktober 1985

Lektorat: Willi Köhler
Umschlaggestaltung: Jan Buchholz / Reni Hinsch
Gesamtherstellung: Clausen & Bosse, Leck
Printed in Germany
1180-ISBN-3-596-23082-9

Inhalt

Einleitung 9

1. Zwischen Furcht und Hoffnung:
Die Ambivalenz der Krisen 13

2. Kultur statt Arbeit? –
Oder: Wenn der Leistungsgesellschaft die Arbeit ausgeht . . . 18
Mißbrauchte Kultur 18
Haben Arbeitslose Freizeit? 19
Die Zeitnot der Arbeitenden 21
Die Relativierung der Arbeit durch das Recht auf Faulheit –
Oder: Die Zwecke der Produktion 26
»Betätigung« statt Arbeit 27
Die Entkoppelung von Arbeit und Einkommen 29
Kultur und Arbeit gehören zusammen 31
Wertewandel und Freizeitorientierung 35
Über das Zeittotschlagen 36
Variationen zur Sinnfrage 39
Kultur als Entfaltungszwang 41
Konsequenzen für die kulturelle Infrastruktur 43
Große Deponie und Megamaschine 45

3. Die Spar-Krise: Öffentliche Haushalte und Kultur 47
Das Kaputtsparen in der Kultur 47
Kultur und »Kostenkrankheit« 49
Toleranz gegenüber Umbrüchen 52

4. Neue Medien – neue Kultur? 53
Profit geht vor Kultur:
Die Dynamik der neuen Technologien 53
Die Vorleistungen des Staates 56
Der Siegeszug der Video-Kassette 58
Die Ambivalenz der Verbote 60
Die kulturelle Aneignung des Mediums 64
Die nationale Medien-Produktion: Das Beispiel Film 66
Oper in Video? 68
Souveräne Nutzung oder zerstörerische Folgen? 71

5. Die »Wende« als Kulturkrise:
Konservative Realitätsverbote für die Kultur 74
Die Grenzen des Neokonservativismus 74
Filmpolitik – ein Lehrstück in Zensur 78
Die alltägliche Zensur 81
Das Beispiel der Goethe-Institute 84

6. Kultur schafft Perspektiven 90
Arbeit und Brot im kulturellen Bereich 90
Arbeitsmarkt und »alternative Kultur« 94
Kultureller Neomerkantilismus: Kulturmarkt alternativ 101
Kultur als Sozialhygiene 106
Kultur als Rettungsanker in der Krise 110

7. »Kulturelle Identität«: Bei sich selbst sein
und in Einklang mit der Umwelt leben 113
Definitionsübungen zu »Identität« 113
Eine »Zerrüttungsklausel« für internationale
Kulturbeziehungen? 116
Kulturrelativismus und Fortschrittskritik 118
Gastarbeiter-Kultur 120

8. Die Unersetzbarkeit der Künste 126
Kultur und Künste 126
Die Grenzen der Computerlogik 128
Musisch-kulturelle Bildung ist kein Luxus 131
Selbermachen oder konsumieren? 134
Kunst als Resultat eines Prozesses 136
Die offene Vielfalt 139
Öffentlichkeit und Veröffentlichung der Künste 147

9. Kulturprozesse 153
Die Arroganz des Nebennutzens 153
Die Musikkultur und ihre Lebensbedingungen 155
Die Fronten der Musikkultur 159
Das Beispiel Oper 161
Wechselwirkungen: Das Publikum als Macht 170
Künste und kulturelles Milieu 176
Privatisierung der Kunst als Ausweg? –
Oder: Wie werde ich Mäzen? 180
Die Gestaltungsaufgabe des Kulturpolitikers 191
Der brüchige Rahmen des Kulturverwaltungsrechts 194
Kultur als Prozeß 198

10. Perspektiven 202
Der Traum von einer lebenswerten Welt 202
Ausblick 210

Anmerkungen 213

Namenregister 223

Einleitung

»Wer ein Ziel will, darf den Weg nicht scheuen«
Theodor Fontane

Die Veränderung der Arbeitszeit, vor allem ihre weitere Verkürzung, verschafft, so Peter Glotz lapidar, der Kulturpolitik eine neue Dimension: »Sie rückt vom Rand, wo sie bisher die Rolle des Feuilletons spielte, nahe ans Zentrum heran.«[1] Ist Kultur demnach jener Strohhalm, nach dem jetzt viele greifen? Diesen Eindruck gewinnt der aufmerksame Beobachter der politischen Szene, der in den letzten Jahren die wechselnden Diagnosen des Wert-, Zeit- und Lebenswandels genauer verfolgt hat, Diagnosen, deren Befunde schärfer geraten als die therapeutischen Prognosen.

Da entdeckt die Entwicklungspolitik plötzlich »soziokulturelle Faktoren«, nachdem alle bisherigen Maßnahmen versagt haben; da postuliert die politische Theorie einen »neuen Kulturalismus«, bei dem die »letzte Instanz« des Ökonomischen relativiert wird durch den »subjektiven Faktor« und durch die kulturellen Prägungen der Menschen; da möchten die Vertreter der sozialwissenschaftlichen These vom Wertewandel soziale und mentale Veränderungen in den modernen Industriegesellschaften initiieren und in den Köpfen und Herzen der Menschen die Voraussetzungen für die Sicherung des friedlichen Zusammenlebens der Völker schaffen; da erkennen die Ökonomen in den »kulturnahen« neuen Technologien eine reale Chance sogar für Wachstum der Wirtschaft usw.

Kultur also als Schopf, an dem wir uns, wie weiland Baron von Münchhausen, aus dem Sumpf herausziehen? So sympathisch einem Kulturpolitiker diese neue Wertung von Kultur und die neue Würdigung der Künste auch sind, so scheinen mir doch manche Hoffnungen maßlos überzogen; sie müssen notwendig enttäuscht werden. Mit dem Willen allein ist das Gewohnte nicht umzugewöhnen, das scheinbar Unwandelbare nicht umzuwandeln und die kulturelle Retrospektive nicht in kulturelle Perspektive zu wenden. Wir dürfen nicht glauben, in einer ewigen Gegenwart ohne Zukunft leben zu können.

So sehr auch vor Überschätzung zu warnen ist, so wichtig ist doch die Wiederentdeckung der Kultur mit ihrem spezifischen »Eigen-Sinn« gegenüber dem universellen Anspruch der Politik: Sie ist nicht länger Dekoration, mit der sich Politiker gern schmücken, um mit geborgtem Glanz die eigene Mittelmäßigkeit zu überdecken. Solange intellektuell gemeinter Gestus das Allgemeine umfaßt, muß er politisch unverbindlich bleiben. Die Künste wollen nicht als Zitatenschatz gewürdigt werden, sondern als wirksamer Faktor und als Ferment der Gesellschaft. Kultur als *organisierende* Komponente sozial-kultureller Lebensprozesse will auch von der Politik endlich anerkannt werden. Im Ensemble gesellschaftlicher Entwicklungen sind Künste und Kultur unabdingbare Größen. Doch bei dem freudlosen Verhältnis zwischen Politik und Kultur muß die Autonomie der Kultur auch materiell abgestützt werden, weil anders ihre Freiheit nicht zu garantieren ist. Durch Mittelzuweisung, durch deren Verweigerung oder Entzug, wird Kultur abhängig und funktionalisierbar.

Den immer neuen Herausforderungen, mit denen internationale und nationale Entwicklungen in Politik und Ökonomie einhergehen, begegnet die Gesellschaft nicht zuletzt mit Hilfe der Kultur, und dieses Mittel ist häufig sogar lebensentscheidend. Veränderungen aller Art spiegeln sich in den Künsten wider, wenn auch in unterschiedlichsten Formen und graduellen Intensitäten, und die Künste wiederum prägen unsere Kultur des Alltags entscheidend mit.

Die neue Bedeutung von Kultur kommt in der Krise der Arbeitsgesellschaft unausweichlich ins Spiel: Angesichts eines Zweieinhalb-Millionen-Heeres von Arbeitslosen, bei wachsender Verwirtschaftung der verbliebenen Ressourcen und eskalierenden Umweltsünden stellt sich die fundamentalste aller Fragen – die nach dem humanen Sinn des Produzierens, des Wachstums, des Konsums. Wozu dieser kolossale Aufwand, wenn er den suggerierten Zugewinn an Glück und Würde menschlicher Existenz schuldig bleibt und statt Wohlbefinden eher das Gegenteil bewirkt? Ist der höchste Zweck des Staates der Selbstlauf der Ökonomie oder vielmehr Kultur und Wohlbefinden der Menschen?

Der Diskurs über die verlorengegangene Seinstotalität, also über das, was Lebensqualität ideell und praktisch bedeutet, und über den Sinn von Freiheit läßt sich ohne Bezug zur Kultur nicht führen, nicht ohne Bezug zu den Sinn-Vorgaben und Sinn-Angeboten, zu den Sinn-Diskussionen und Sinn-Problematisierungen, die uns die Künste, als Teil des kulturellen Systems, liefern. Dabei müssen wir die Wertigkeiten berücksichtigen, die sich in unserer Kultur der menschlichen Beziehungen, der Verhältnisse von Liebe, Partnerschaft, Nachbarschaft wie auch weltweiter menschlicher Solidarität, herausgebildet haben und die in unsere Vorstellungen über das Menschsein in seiner vollen Bedeutung eingeflossen sind. Ohne vorherige Einigung über die kulturelle Prägung des »ganzen« Menschen geht jedes Gespräch über Lebenssinn in die Irre.

Der Diskurs über menschliches Glück wäre unvollständig ohne Vorstellungen vom einverständigen Leben, von Harmonie mit Natur und Umwelt, von Identität mit Geschichte und Zukunft. Wir müssen ein Bewußtsein gewinnen von dem, was wir, individuell und gemeinschaftlich, als personale und gesellschaftliche Identität empfinden. Erst diese moralischen Entscheidungen und diese gesellschaftlichen Werte geben unserem persönlichen Wirken, unserer Politik ebenso wie unserem Produzieren, einen humanen Sinn. Daran muß sich das ökonomische, politische und soziale Handeln messen lassen.

In der Welt des Kulturellen, also nicht nur der verschiedenen Künste, sondern auch in der Kultur unserer persönlichen Beziehungen, unseres sinnlichen Lebens und unserer Wertorientierungen, finden wir mannigfaltige Hilfe für die Bewältigung der brennenden Probleme unserer Zeit. Diese Neubewertung des Kulturellen soll in diesem Buch behandelt werden.

Daß Kultur auch Arbeitsplätze schafft, diese Erkenntnis hat sich allenthalben herumgesprochen. Kultur kann darüber hinaus unseren Umgang mit Ressourcen und mit der Umwelt derart verändern, daß die hier anstehenden Probleme zumindest entschärft werden können, und sie kann nicht zuletzt einen Beitrag liefern zur Herstellung von »Friedensfähigkeit«, einer Eigenschaft, die angesichts der tausend Tode, die uns von der Verteidigungsbereitschaft drohen, wichtiger ist für das Überleben als je zuvor.

Viele der hier angeschnittenen Fragen werden eingehen in die Erörterung der spezifischen, durch nichts ersetzbaren Leistungen und Aufgaben der Künste »in dieser hohlen Zeit« (Hebbel). In ihnen, als höchster Verdichtung menschlichen Lebens und Handelns, schließlich gibt es »ein Leben vor dem Tode« nach den Worten von Wolf Biermann. Ohne Überleben kein Glück, ohne Chance zum Glück verliert das Überleben seinen Sinn; ohne Glück gedeiht aber auch kein Überlebenswille.

Die Utopie von einer Freizeitgesellschaft, immer noch krause Theorie ohne konkrete Vorstellungen, kann spätestens zur Jahrhundertwende in die Lebenspraxis einmünden. Dann kann die Wochenarbeitszeit bei 25 Stunden liegen, das sogenannte Rentenalter dürfte auf das fünfzigste Lebensjahr vorverlegt sein, bei Frauen um weitere fünf Jahre, die Zahl der Dauerarbeitslosen könnte sich, bei anhaltender Rationalisierung und Computerisierung der Arbeitswelt, um die drei Millionen eingependelt haben. Auf diese reale Perspektive einer von Erwerbstätigkeit in hohem Maße freigesetzten Zeit, auf diese wahrhaft kopernikanische Wende unseres gesellschaftlichen Systems, sind Staat und Städte nicht im entferntesten eingerichtet. Nur durch eine gigantisch zu nennende Anstrengung ist eine kulturelle Infrastruktur zu schaffen, die auf die Erfordernisse einer bedürfnisoffenen Freizeitgesellschaft zugeschnitten ist. Zu dem breiten Spektrum der passiven und aktiven kulturellen Partizipation müssen die Freizeitangebote von Sport, Erholung, Tourismus usw. als tragende Säulen eines Systems zur Herstellung von Lebensqualität hinzukommen. Die einzige Alternative – die wahrhafte negative Gegen-Utopie – ist eine Gesellschaft, in der nur der eine Teil arbeiten darf, während der andere Teil in erzwungener Untätigkeit lebt – der eine Teil reich und privilegiert, der andere arm und in den Slums der Arbeitslosigkeit, der Sozialhilfe und der Kleinkriminalität. Wer keine solche krisenträchtige, zerfallene Gesellschaft will, der muß jetzt für die entsprechenden anderen Weichenstellungen sorgen.

Thomas Mann schreibt 1954, also fast 80jährig (in einem Brief an seine Tochter Erika) »... ohne Arbeit, d. h. ohne tätige Hoffnung, wüßte ich nicht zu leben.«[2] Gilt das nur für Leute von gestern oder nur für Intellektuelle? Müssen solche Gedanken nicht auch in unsere Überlegungen über ausgefüllte freie Zeit eingehen?

»Kultur für morgen« knüpft an mein 1979 erschienenes Buch »Kultur für alle« an, das damals den kulturpolitischen Anspruch der sozialliberalen Reformpolitik auf den Begriff zu bringen versuchte.[2a] Dies Buch leugnet diesen Zusammenhang nicht, und ich halte die modische Abkehr von diesem Konzept, gepredigt besonders von Leuten, die nichts Gescheites an seine Stelle setzen konnten, für gesellschaftspolitisch und kulturpolitisch gleichermaßen verhängnisvoll. Auch »Kultur für morgen« wurde aus der Überzeugung heraus verfaßt, daß die ganze Gesellschaft am Prozeß der Entwicklung von Kultur aktiv und passiv teilnehmen können muß. Es gibt keine plausible Alternative zum humanen Prinzip »Kultur für alle« – es sei denn, wir wollten das Auseinanderdriften der Gesellschaft in gettoartige soziale Segmente in Kauf nehmen.

Freilich kann ein Programm der »Kultur für alle« nicht gleichgesetzt werden mit Massenkultur. Von dem Phänomen einer »Massenkultur« im Sinne von Umberto Eco könnte erst gesprochen werden, wenn die Massen »als Protagonisten, mitverantwortlich für den Staat, das gesellschaftliche Handlungsfeld betreten und zu einer zentralen Koordinate der Geschichte werden.«[3]

Gleichwohl ist die lebendige Ausfüllung der Formel »Kultur für alle«, worin die »Kultur mit und von allen« ohnehin immer eingeschlossen war, Wandel und Verschleiß unterworfen – sonst wäre dieses neue Buch überflüssig. Der aktuelle Stand sowie die zukünftigen Bedürfnisse und Aufgaben eines demokratischen kulturpolitischen Konzeptes werden daher auf den folgenden Seiten thematisiert – als engagierter Versuch, »Kultur für alle« modifizierend in die Zukunft fortzuschreiben.

Hilmar Hoffmann
im Frühjahr 1985

1. Zwischen Furcht und Hoffnung: Die Ambivalenz der Krisen

> »Die Bedeutsamkeit der gegenwärtigen Situation besteht zum ersten Male in der Geschichte in der Konfrontation der Kunst mit der Möglichkeit völlig neuer Realisierungsmodi. So ändert sich der Stellenwert von Kunst insofern, als Kunst heute ein potentieller Faktor bei der Konstruktion einer neuen Realität wird, die Aussicht, die die Aufhebung und Transzendierung der Kunst durch die Erfüllung ihres eigenen Zweckes bedeuten würde.«
>
> *Herbert Marcuse*

Wie uns die Erfahrung lehrt, gewinnen Künste und Kultur in Krisenzeiten besondere Aktualität. Die Zeit der Baisse ist aber auch die Zeit der Chancen, der Hoffnung auf Inventur, des Auftauchens neuer Ideen. Wie die Künste so reagiert auch das komplexe System von Werten und Objektivationen der Kultur empfindlich auf grundlegende Veränderungen. Künste und Medien können in Zeiten diffiziler gesellschaftlicher Neuorientierungen Hilfen bieten: Lange vor dem Ende des Wachstums, ehe die Umwelt zerstört wird, bevor der Wald stirbt, beschleicht Philosophen und Künstler ein Unbehagen. In der Kultursphäre gärt der Wertewandel, zerbröseln Selbstverständlichkeiten der Künste. Aufgrund dieser Reihenfolge reden sich manche Politiker ein, nicht ihr Handeln oder ihr Versagen sei Ursache der Krise, sondern die von den Versimplern mit Argwohn bedachten Intellektuellen – als ob Seismographen verantwortlich für Erdbeben wären.

Die Krise unserer Städte, auf welche die kommunale Kulturpolitik der frühen siebziger Jahre mit dem ehrgeizigen Versuch reagierte, die Stadtlandschaften wieder bewohnbar und das Da-Sein darin menschenwürdiger und lebenswerter zu machen, war eine Minikrise, verglichen mit dem, was sich am Horizont zusammenwölkt. Welch enormer kultureller Aufbruch wäre vonnöten, um die Krise von heute zu bewältigen und damit die Katastrophe von morgen zu verhindern? Nur aus selbstkritischer Rückbesinnung läßt sich Ausblick in die Zukunft gewinnen. Noch erkennen wir nichts weiter als den matten Abglanz notwendiger kultureller Krisenreaktion, geschweige daß eine wirklich massenhafte prophylaktische Bewegung sichtbar wäre, die der Zukunft Raum gewönne.

In der schrecklichen Malaise unserer allmählich zum Müllplaneten werdenden, vom Overkill der Raketen bedrohten Erde, beschreibt sich die

eigentliche Zukunftsaufgabe der Künste und der Kultur. Ihre je aktuelle modische Tendenz ist dagegen marginal.
Zur Strategie einer Zukunftssicherung ohne Überlebensnot muß die verantwortliche Politik eine eindeutige Programmatik über die jeweilige Legislaturperiode hinaus entwickeln. Wenn es der Politik an Phantasie fehlt, obliegt es den Künstlern und Schriftstellern, die Segel ihrer Phantasie zu setzen; für sie sind krisenhafte Symptome vor allem Herausforderungen, die Politik in schöpferische Unruhe zu versetzen und zum Vorausdenken anzustiften, indem sie Kritik entfesseln und Gegenentwürfe veröffentlichen. Aus ihren Synthesen und Utopien lassen sich mehr Ideen zur Realitätsbewältigung schlagen als die Reparaturwerkstätten des vor sich hin klappernden Systems aufzubringen vermöchten.
Das zeigen auch die jüngsten Diskurse: Die Künste haben durch das Aussprechen des Unaussprechlichen, durch die Imagination des verdrängten Schreckens und durch konsequente Popularisierung der aberwitzigen Logik von Vernichtung und Zerstörung zuerst dafür gesorgt, daß die Betroffenen sich auch betroffen fühlten: »Die Laien spielen nun mit« (Glotz) bei der Erörterung des globalen Selbstmordsystems, sie haben sich gewehrt und beginnen, nicht zuletzt mit Hilfe der Künstler, die innere Logik des »Systems der tausend Tode« aufzudecken. Als es »in« erschien, in der Nachfolge Oswald Spenglers, jenes immerhin seriösen Apokalyptikers, Weltuntergangsstimmung auszustreuen, und als die erhoffte Sensibilisierung umzuschlagen drohte in akute Lähmung, da gewannen vor allem die Künstler jener verkündeten Wende neue Perspektiven ab, die freilich nicht im Sinne der Erfinder waren. Nach längerem Refugium im Elfenbeinturm des nur Ästhetischen besinnen sich Maler und Schriftsteller, Theaterleute und Ausstellungsmacher wieder auf ihre traditionellen Aufgaben, zur Veränderung der Welt durch Kritik und Provokation beizutragen. Die Künstler können nicht, wie Kierkegaard meinte, in rein ästhetischer Existenz verharren. Aus der Evokation ihrer engagierten Kunst läßt sich vielleicht Lust auf Zukunft gewinnen. Wir denken dabei an Joseph Beuys, an sein Engagement für die Symbiose aus Natur, Geist und Kunst, an Stücke von Franz Xaver Kroetz oder an junge Schriftsteller wie Michael Schneider, der das auf Sachzwanglogik spekulierende Weltuntergangsgerede durch Appelle an den Mut zum Mut fürs Überleben durchkreuzt: »Her mit dem ganzen Leben« lautete das Motto nicht nur beim Kampf um die 35-Stunden-Woche. Diese positive Hinwendung zum Leben ist auch Element der unterschiedlichen Gruppierungen der Friedensbewegung. »Wir wollen Brot *und* Rosen« heißt ein Slogan der Frauenbewegung.
Subjektive Krisengefühle begegnen uns in den verschiedensten Variationen, wie gut auch immer sie kaschiert oder ins Harmlose abgedrängt werden. In den Bürgern, die durch beschönigende Politikerreden noch nicht

abgestumpft sind, macht sich ein resignatives Gefühl von Zukunftslosigkeit breit; die No-future-Generation ist ja nicht nur modische Bewegung, sondern bittere Realität, der ein ebensolches Bewußtsein entspricht.
Viele der neuen Kathedralen unserer Zeit, die monströsen Konstruktionen aus Beton und Glas, die scheinbar in die Ewigkeit gebaut wurden, müssen häufig schon nach zwanzig Jahren von Grund auf saniert werden; das gleiche gilt für die gigantischen Autobahnen. Unsere natürliche Landschaft wird für den Bauboom und für Industriezwecke auf irreversible Weise buchstäblich verbraucht. In der Tschechoslowakei hat die Planwirtschaft – was sich nur allmählich als Wahnsinn herausstellte – die riesigen schönen Wälder des Erzgebirges für die Gewinnung von Energie aus Braunkohle geopfert, weil man in Prag vielleicht hoffte, nach zwanzig Jahren, einem Zeitraum, für den die Braunkohle ausreichte, das Problem in den Griff zu bekommen. Unser Staat will zur Beseitigung einer »Energielücke« von hochgerechnet zwanzig Jahren unsere Nachkommen für Hunderte von Jahren mit Atommüll und den Denk-Mälern von strahlenden, nach zwanzig Jahren Betriebszeit stillgelegten Atommeilern belasten.
Angst und Krisen sind nicht herbeigeredet; sie sind Alltag in einem Land mit permanenter Massenarbeitslosigkeit, und sie sind es auch deshalb, weil bei uns mehr Atomwaffen konzentriert sind als irgendwo sonst in der Welt. Die Probleme des Arbeitsmarktes sollen durch Technologien gelöst werden, die an anderer Stelle Arbeitsplätze vernichten. Wer den Völkern der Dritten Welt rät, zur Erhöhung ihrer Ausfuhren auf Ackerbaugebieten Exportfrüchte anzubauen, predigt blanken Zynismus, denn die Völker müssen, statt ihre natürlichen Reichtümer zu nutzen, teure Importlebensmittel einkaufen.
Ende des 18. Jahrhunderts hat bereits Condorcet unsere Handelsmonopole angeprangert, weil sie in den Kolonialländern durch Mißachtung der Menschen anderer Hautfarbe oder anderen Glaubens moralische Verderbnis verbreiten und »die wilden Nationen, die dort noch weite Gebiete innehaben, zivilisieren« (M. A. Condorcet, 1793f). Dagegen spricht Hegel von der welthistorischen Bedeutung des die Erde umspannenden Handels und wähnt die Zeit schon nahe, da »die Sonne auf der Erde nur noch freie Menschen bescheint, die nichts über sich anerkennen als ihre Vernunft« (Hegel, 1820). Heutzutage hat sich, vor dem Hintergrund islamischer Renaissance und der Weltwährungskrise, der Gegensatz dramatisch verschärft.
In *Die Regenbogengesellschaft*[3a] vergleicht Joseph Huber (1985) unsere Wirtschaftskrise (»great recession«) sogar mit den großen Krisen der Weimarer Zeit, mit der Bismarck-Epoche und mit der Verelendungsphase von 1815 bis 1848. Auch wenn ich diesen Pessimismus für übertrieben halte, so gebe ich Huber doch recht in seiner Interpretation, daß der zwei-

hundert Jahre währende ökonomische Aufbau in einen ökosozialen Umbau übergeht und daß Wohlstand und Wachstum in unmittelbarer Abhängigkeit stehen zu einem sinnerfüllten Leben und zu steigender Lebensqualität: »Überall, wo der moderne Wohlfahrtsstaat zum Leviathan zu werden droht, müssen Verantwortung des Einzelnen und Rechte des Bürgers gestärkt werden.« Die Quintessenz daraus aber lautet: Nur neue Formen des Gemeinschaftslebens in und außerhalb der Familie können auch zu einem neuen autonomen und solidarischen Lebensstil beitragen.

Mit dem Argument der »Sachzwänge« soll der Wähler und Bürger getäuscht werden. Der österreichische Schriftsteller Peter Turrini macht sich über die Allgegenwart und Omnipotenz des Sachzwanges lustig: »In den Schränken, in den Akten, in den Statistiken, überall lauert der Sachzwang, befällt, kaum daß ein Schrank geöffnet wird, ein Akt studiert, eine Statistik gelesen wird, den Verantwortlichen. Ein Herr von der Wirtschaft besucht den Verantwortlichen, öffnet seinen Diplomatenkoffer und schon springt der Sachzwang heraus und in die Tasche des Verantwortlichen. Der so im Sachzwang befallene Verantwortliche verändert sich. Seine Augen werden stumpf, seine Rede öde und vorsichtig, seine Haare kurz, sein Hemdkragen enger, alles an ihm wird auf eine traurige Weise funktionell.«[4] Wer den Sachzwang, die normative Kraft des Faktischen, zum Kronzeugen erhebt, den isolierten, den nur auf dem jeweiligen Gebiet herrschenden, fordert damit nicht weniger als den Verzicht auf Zukunft, ja er unterwirft uns einer von ihm bestimmten Zukunftsperspektive: »Solche ›Sachzwang‹-Argumente sind Rechtfertigungen mit tödlichen Konsequenzen: Für den deutschen Nationalismus galt bis zum Ende des Zweiten Weltkrieges als ausgesprochener ›Sachzwang‹, daß die Deutschen ein ›Volk ohne Raum‹ seien und sich daher irgendwo, sei es im europäischen Osten, sei es in Afrika, Asien oder Südamerika, ›Lebensraum‹ verschaffen müßten, um die wachsende Bevölkerung ernähren zu können. Diese Argumentation war für viele Zeitgenossen damals von gleicher Überzeugungskraft wie die heutigen ›Sachzwänge‹ – sie bedeutete Krieg in Europa. Wer sich heute einfach den ökonomischen Sachzwängen ... unterwirft, ohne die längerfristigen Folgen zu bedenken, der gleicht denen, die sich von diesem Slogan des ›Volkes ohne Raum‹ blenden ließen. Der Krieg gegen die Natur und gegen unsere Kinder und Enkel wird unter dem Vorwand der Sachzwänge der Wirtschaft geführt.«[5] Kramer hat recht: Der kollektive Selbstmord der Menschheit fällt nicht unter die Kategorie des »Sachzwangs«.

Mit »Volk ohne Raum«-Tiraden wagt heute keiner mehr zu argumentieren, denn wir wissen, daß sie Krieg im Gefolge hatten, und es ist ein Fortschritt, daß heute niemand mehr wie vor 1914 und vor 1933 die Gewalt zwischen Staaten öffentlich als legitimes Mittel der Politik propagie-

ren kann. Doch wir müssen uns noch daran gewöhnen, daß auch der Krieg gegen die Zukunft nicht mehr gerechtfertigt werden darf.
Manche trösten sich damit, daß Prognosen sich häufig nicht bewahrheiten. Nach dem Tode des Futurologen Herman Kahn wies Carl Amery darauf hin, daß viele seiner Prognosen von der Realität nicht eingelöst worden sind. An die Stelle des Rufers in der Wüste sind heute Plebiszite getreten; die Noelle-Neumanns haben Kassandras Sessel okkupiert. Die Geschichte der Prognosen ist eine Chronik ihrer Schwierigkeiten mit der Objektivität. Allein die Formulierung der Voraussetzungen bestimmt in den meisten Fällen schon das Prozentergebnis. Weil bei Voraussagen niemals alle Bedingungen des ablaufenden Prozesses präzise zu erfassen sind, sind Prognosen schon deshalb immer fehlerhaft. Die Literatur ist daher voll von Beispielen für nicht eingetretene Prophezeiungen. Aber bei den genannten Krisenszenarios handelt es sich nicht um Vermutungen und Befürchtungen für ferne Zeiten; es sind vielmehr nüchterne Fakten – Ensembles unserer Gegenwart, und es vergeht kein Tag, an dem die Medien nicht Stoff für neue Horrorvisionen liefern. Unsere Alltagspraxis mit ihren individuell kaum überwindbaren Zwängen untergräbt nach Marx die »Springquellen allen Reichtums«: »die Erde und den Arbeiter«.[6]
Das Problem des Wachstums und der Zukunft unserer Gesellschaft besteht gleichzeitig darin, daß wir einen immer höheren Preis für immer weniger zahlen. Das gepriesene »Immer mehr« löst keine gesellschaftlichen Probleme, sondern schafft immer neue. Selbst den wenigen Individuen, die von einem Noch-Wachstum glauben profitieren zu können, verspricht es nicht einmal Zuwächse an individuellen Glücksmöglichkeiten. »Ein gigantischer Aufwand, der am Ende vergleichsweise höchst bescheidenen oder auch zu gar keinen realen Verbesserungen der konkreten Lebensbedingungen führt«, meint Iring Fetscher zu den Ergebnissen des technologischen Fortschritts.[7] Vorschläge von konservativer Seite helfen da nicht weiter. Wenn Armin Mohler (beim Römerberg-Gespräch 1978) auffordert zu überlegen, »um was es im Leben eigentlich geht«, und uns einen moralischen Imperativ anbietet, wonach wir »wieder unmittelbar zu leben lernen müssen«, statt Rollenerwartungen zu genügen, so taugt solches Wortgeklingel zur Problembewältigung überhaupt nicht.
Wir werden uns an anderer Stelle mit der Frage befassen, was die Künste, was die anderen Teile des kulturellen Systems zur Verarbeitung dieser Situation beitragen können. Vorerst aber soll noch eine weitere Beschreibung der krisenhaften Rahmenbedingungen folgen – auch bezogen auf die materiellen Niveaus der Kultur.

2. Kultur statt Arbeit? Oder: Wenn der Leistungsgesellschaft die Arbeit ausgeht

Mißbrauchte Kultur

> »Eine Ökonomie des selektiven Wachstums, die nur wachsen läßt, was ökologisch oder sozial verantwortlich ist, und schrumpfen läßt, was ökologisch oder sozial schädlich ist – das ist des Schweißes der Edlen wert. Und dies gekoppelt mit der Frage: Wie verteilen wir Arbeit, und zwar nicht nur bezahlte Erwerbsarbeit, sondern auch unbezahlte Eigenarbeit, so daß alle, die Erwerbsarbeit haben wollen, sie auch finden und jeder seinen Anteil an der Nichterwerbsarbeit wahrnehmen kann: das sind Fragestellungen, von denen wir in Godesberg noch nichts ahnten ... Die Ökonomie ist inzwischen eine viel zu ernste Sache geworden, als daß man sie den Ökonomen überlassen könnte.« *Erhard Eppler*

Neue Technologien, neue Reichtümer – ein bisher unerreichter Wohlstand für die Völker der westlichen Industriestaaten könnte Quelle der Hoffnung für die ganze Menschheit sein: weniger Aufwand, bessere Effizienz, Sicherung nicht nur der Grundbedürfnisse, sondern Entfaltung eines erfüllten, genuß- und bedürfnisreichen Lebens für alle, harmonische, nicht von Neid und Zerstörung gekennzeichnete Beziehungen der Menschen untereinander und zur Umwelt.

Hoffnung und Chance für alle – aber was hört und sieht der Zeitgenosse statt dessen allenthalben? Kein Mehr an Entfaltungs- und Glücksmöglichkeiten für alle – statt dessen Arbeitslosigkeit für viele. Im wachsenden Reichtum entsteht die neue Armut der Leidtragenden der Leistungsgesellschaft. Nicht *mehr* freie Zeit für *alle* bringt die gestiegene Produktivität, sondern das Elend der Arbeitslosigkeit für viele.

Nicht ein reicheres kulturelles Leben für alle soll öffentliche Kultur- und Freizeitpolitik ermöglichen – sie wird vielmehr aufgefordert, sich mit reduziertem Etat als Helfer in der Not zu betätigen und ersatzweise Kultur statt Arbeit anzubieten. Sie soll dies tun für die, die als Frührentner mit vorgezogenem Altersruhegeld zwangsweise Freizeit »genießen«, für die Arbeitslosen, die »freigesetzt« und aus dem Zusammenhang von Arbeit und Lohn gerissen werden, für die Jugendlichen, die ohne Lehrstelle und Arbeitsplatz in diese Arbeitswelt gar nicht eingelassen werden.

Daß solche Vorstellungen in den Köpfen Verantwortlicher entstehen können, ist Teil der widerspruchsvollen Beziehungen zwischen Kultur und Krise – und zwar in einem Bereich, in dem deutlicher als in anderen zu erkennen ist, daß die Krise der Kultur gleichzeitig eine Krise der Gesellschaft ist. Auf äußerst fragwürdige Weise sollen Kultur und Freizeit zu »Lückenbüßern« einer verfehlten Beschäftigungspolitik mißbraucht werden. Weil nicht mehr genügend Arbeit für alle vorhanden zu sein scheint, wird an die Stelle traditioneller Arbeitsmoral die Aufforderung gesetzt, sich in der Freizeit kulturell oder auch sozial nützlich zu entfalten.

Ein fatalerer Mißbrauch wurde mit Kultur kaum je getrieben. Arbeit, im Laufe der Geschichte vom natürlichen Tätigkeitstrieb zum gesellschaftlichen Zwang geworden, dem in früheren Zeiten viele entfliehen wollten, ist nun für mehr als 2,5 Millionen arbeitslose Menschen zum kostbarsten Gut geworden. Kultur und Muße, einst als Krönung menschlicher Lebensäußerung empfunden, sollen nun zur Vermeidung von Langeweile verordnet werden. Vielleicht ist die Zeit nicht mehr fern, da Arbeitslosen durch Rezept verschrieben wird, zur Sicherung ihrer psychischen Gesundheit Kreativitätskurse in der Volkshochschule zu belegen. Dieser Mißbrauch von Kultur scheint mir ein Symptom für den krisenhaften Zustand der Wachstumsgesellschaft zu sein.

Doch nicht nur die sichtbar benachteiligten Gruppen führen uns die tiefe innere Krise täglich vor Augen. Wir sehen solche Symptome des Inhumanen auch bei vielen Menschen, wenn sich unter der hauchdünnen Decke von Solidität und Stabilität die ganze Skala menschlichen Elends enthüllt: Beziehungskrisen, Problembeladenheit, Streß, Einsamkeit, Glücksunfähigkeit ... Stellt sich da nicht die Frage nach dem *Sinn* des ganzen ungeheuren Aufwands? Warum wissen wir bei aller Intelligenz und historischen Erfahrung so wenig mit so viel Wohlstand anzufangen? Für Angehörige der »armen« Völker unserer Erde ist es unverständlich, warum wir trotz so großen materiellen Reichtums so unglücklich sind.

Haben Arbeitslose Freizeit?

> »Unsere Arbeitslosigkeit geht nicht eher weg, eh ihr nicht arbeitslos geworden seid.« *Bertolt Brecht*

Die Massenarbeitslosigkeit – und wir haben es zunächst mit der demographischen zu tun, die technologische kommt noch auf uns zu – wirft alle normativen Vorstellungen über die Freizeitgesellschaft über den Haufen. Arbeit läßt sich nicht durch Kultur und Freizeit ersetzen.

Zur Begründung dieser Behauptung knüpfe ich an Marie Jahodas Studie an, in der sie der Frage nachgeht, wieviel Arbeit der Mensch braucht, um sinnvoll leben zu können. Marie Jahoda war 1930 Mitautorin einer inzwischen klassischen Studie zur Arbeitslosigkeit in der damaligen österreichischen Industriesiedlung Marienthal, und es liegt eine gewisse Tragik darin, daß sie nach mehr als 50 Jahren an den Erfahrungen dieser Studie anknüpfen konnte.

Die subjektiven Folgen von Arbeitslosigkeit sind gravierend: Den Betroffenen geht das Zeitgerüst ihres Alltagslebens bald verloren. Obwohl die Marienthaler Arbeitslosen damals praktisch über unbegrenzte Zeit verfügten, hatten sie dennoch Schwierigkeiten, pünktlich zum Essen mit ihren Familien zu kommen. Außerdem verändert sich die subjektive Einschätzung von Selbstwert und Leistungsvermögen. »Zusätzlich zu der Zerstörung einer kulturell auferlegten Zeitstruktur und im Verhältnis zu ihr litten die Erwerbslosen während der Weltwirtschaftskrise unter dem deprimierenden Gefühl, nicht gebraucht zu werden.« In praktisch allen Studien wiederholen sich Formulierungen wie: »Zum alten Eisen gehören«, »Nutzlos sein« oder »Von niemandem gebraucht (zu) werden«! »Das war natürlich eine vollkommen realistische Einschätzung der damaligen ökonomischen Situation.«[8]

Von Marie Jahoda erfahren wir, wie sich eine permanente Aushöhlung des einmal erreichten Status sowie der Identität vollzieht und wie der konsequente Ausschluß von den Zielen der größeren Gesellschaft den Arbeitslosen zum Problem wird. Ohne regelmäßigen Kontakt zu einer sozialen Gruppe und ihren Zielen verkümmert die soziale Erfahrung der Erwerbslosen in kurzer Zeit.

Die Unterschiede zwischen früher und heute sind beim Vergleich der genannten Studien nicht erheblich, auch wenn heute die materielle Not in der Regel nicht so groß ist. Als besonders bedrückend erweist sich die Situation für Jugendliche, die ohne Lehrstelle und ohne Aussicht auf einen Arbeitsplatz nicht den normalen Übergang ins Erwachsenenalter finden. Wie wir wissen, bleiben die Erwerbslosen nach ihrem Schulabschluß in ihrer psychosozialen Entwicklung stehen. Sie geben die negativen Erfahrungen und sozialen Konditionierungen überdies an die nächste Generation weiter. Vieles spricht dafür, daß Arbeit nicht nur das Berufsleben formt, sondern die ganze Persönlichkeit.

Versuche, aus eigener Kraft eine neue Lebensstruktur *ohne* regelmäßige Erwerbstätigkeit zu finden, stoßen auf vielerlei Barrieren: »Nun gibt es natürlich kein äußeres Hindernis, das die Erwerbslosen davon abhalten würde, ihre eigene Zeitstruktur aufzubauen, indem sie sich außerhalb der vertraglichen Bedingungen einer Erwerbstätigkeit mit Hobbys oder anderen sinnvollen Tätigkeiten befassen. Genau *das* brachten in Marienthal einige Funktionäre von politischen Parteien zuwege. Das waren jedoch seltene Ausnahmen; für die überwältigende Mehrheit der Erwerbslosen stellte die Zerstörung ihrer gewohnten Zeitstruktur eine schwere psychische Belastung dar ... Bei all ihren materiellen und bildungsmäßigen Vorteilen geraten selbst manche Akademiker, die für ein Jahr von ihrer regelmäßigen Zeitstruktur befreit werden (etwa bei Freisemestern), ins Schleudern und fühlen sich verloren. Wollte man erwarten, daß die Erwerbslosen, von denen die große Mehrheit nicht über solche Privilegien verfügt, besser damit zurecht kämen, so wäre das unrealistisch.«[9]

Die Zeitnot der Arbeitenden

> »Vielleicht liegt die Zukunft der Arbeit nicht in ihrem Verschwinden, sondern in ihrer Veränderung.
> *Peter Glotz*

Aber die soziale und psychische Not der Arbeitslosen und ihrer Familien ist nur die *eine* Seite der heutigen »Krise der Arbeitsgesellschaft«. Arbeit zu haben, bedeutet noch nicht die Lösung aller Probleme. Marie Jahoda stellt folglich die Arbeit als Lohnarbeit gleich welcher Art nicht einfach der Beschäftigungslosigkeit gegenüber. Auch Arbeit kann an besonders belasteten Arbeitsplätzen unerträglich sein.
Willy Brandt schreibt im Vorwort der deutschen Ausgabe von Jahodas Buch: »Sicher aber ist eine Wirtschaft mit einem Konstruktionsfehler behaftet, die dazu führt, daß die einen bis zum Überdruß arbeiten müssen, die anderen jedoch, die auch arbeiten wollen, keine Arbeit finden.« Für die Mehrzahl der Erwerbstätigen in der Bundesrepublik und anderswo besteht kein Zeit-Vakuum, das, wie Freizeitpädagogen gelegentlich meinen, mit verordneten Freizeitspielen ausgefüllt werden müßte. Im Gegenteil, die Situation der Erwerbstätigen ist in der Regel vielmehr durch Zeitnot gekennzeichnet.
Die Strategen der »Freizeitgesellschaft« gingen bisher immer von gegensätzlichen Voraussetzungen aus, und sie legten den Arbeitszeitverkürzungen der letzten Jahrzehnte zur Last, ein Vakuum erzeugt zu haben, vor dem die Mehrzahl der Menschen mangels Kompetenzen versagt hätte. Viele Menschen seien aufgrund verlorengegangener Fähigkeit zur Muße und wegen ihrer Leistungsorientierung dem Freizeitgewinn nicht gewachsen. So komme es aufgrund von Orientierungslosigkeit häufig zu »Fehlverhalten in der Freizeit« oder zu »unbefriedigendem Freizeitverhalten«, also zum »Freizeitproblem«. Dieses Problem zeige sich besonders im Urlaub als der längsten zusammenhängenden Freizeit und bei Arbeitslosigkeit als gewissermaßen unfreiwilliger Freizeit. Empirisch belegbar sei es weniger ein Problem von Sozialschicht, Einkommen, Beruf usw., als vorrangig ein *Bildungs*problem. Freizeit, als Zeit der Freiheit zu begreifen, die Selbstverwirklichung und Emanzipation ermögliche, sei nichts ge-

ringeres als ein demokratisches Gebot, aber auch eine pädagogische Aufgabe, die ungleichen Freizeitchancen durch freizeitpädagogische Bildungsangebote zu kompensieren.
Christiane Müller-Wichmann, deren Arbeit die Argumente der Freizeitpädagogik kritisch reflektiert, hat unter anderem die von den Freizeitforschern bisher zuwenig beachteten Zeitbudget-Studien ausgewertet, die von einer internationalen Soziologengruppe auf Anregung des Ungarn Alexander Szalai 1965/1966 angefertigt worden sind. Sie ist zu dem Ergebnis gekommen, daß für die große Mehrzahl der erwerbstätigen Menschen, aber auch für Hausfrauen, die Annahmen der Freizeitpädagogen gar nicht zutreffen: Denn es »bedeutet durchschnittliche Berufstätigkeit im Rahmen eines Normalarbeitstages, aus dem nichts für private Belange abzuzweigen ist, zusammen mit der für durchschnittliche Lebenskultur erforderlichen Reproduktionsarbeit auch für die einzelne Person weitgehende Auslastung. Dies kann im übrigen außerordentlich befriedigend sein. Für Erfolg, gar für Karrieren, muß erheblich mehr gearbeitet werden.«[10] Wie wir wissen, verlangen auch öffentliches Engagement sowie soziale und politische Partizipation die Aktivierung zusätzlicher Reserven.
Alle gesteuerten Ängste vor der Verkürzung der Arbeitszeit entbehren jeder Grundlage. Selbst manche sonst eher progressive Menschen meinten bisher, die 35-Stunden-Woche sei schon deshalb nicht erstrebenswert, weil die Leute mit mehr Freizeit nicht viel anzufangen wüßten. Aber wie gesagt, nicht Zeit-Vakuum, sondern Zeit-Not bedrückt die meisten Berufstätigen. Der Kampf um die 35-Stunden-Woche ist also nicht nur an der Tariffront zu führen, sondern auch in der Kultur und für die Kultur.
»Ich habe eine Reihe von Hobbys. Die Gewerkschaftsarbeit ist eines davon. Ich möchte für meine Hobbys jeden Tag etwas mehr Zeit haben. Nicht ein ganzes Jahr auf Urlaub warten. Ich möchte auch nicht auf die Rente vertröstet werden. Ich möchte jetzt Zeit haben für meine politische Arbeit, für meinen Schrebergarten. Alles am Wochenende in größter Hast zu erledigen, macht keinen Spaß. Das mag reichlich egoistisch klingen, aber ich vermag nicht einzusehen, warum Arbeit und Freizeit immer in großen Blöcken eingeteilt werden müssen. Warum muß die Arbeit nach der Schule den gesamten Zeitraum bis zur Rente in Anspruch nehmen. Nach dem Motto: Wenn ich Rentner bin, kann ich leben, dann habe ich Zeit für mich. Warum soll die Arbeit die ganze Spanne von Montag früh bis Freitag abend ausfüllen? Und das Woche für Woche, Jahr für Jahr. Unterbrochen nur durch den Urlaub und das Wochenende.«[11]
Diese Erklärung eines Hamburger Werftarbeiters auf dem Gewerkschaftstag der IG Metall von 1983 läßt erkennen, daß die Forderung nach der 35-Stunden-Woche keineswegs auf einem Funktionärsvotum beruht. Obwohl sie, wie Oskar Negt betont, eine Solidaraktion für die Arbeitslo-

sen ist,[12] die allein zwar nicht die Probleme der Arbeitslosigkeit lösen kann, so ist sie doch weit mehr: Anspruch auf einen gerechteren Anteil am Produktionsergebnis, Anspruch auf einen angemessenen Ertrag der Arbeit. Deutlicher als alle anderen Alternativen fordert diese Form der Arbeitszeitverkürzung das Recht auf Leben und Entfaltung ein, und ihre Verfechter erheben diese Forderung in einer Situation, in der die Gesellschaft die Möglichkeit hat, die Arbeit nicht nur gerechter, sondern auch sinnvoller zu verteilen. »Wir wollen Arbeit, wir wollen Familie, wir wollen Freizeit und Kultur«, so artikulieren die IG Metall-Frauen ihren Anspruch auf die 35-Stunden-Woche.

Pikanterweise hatte die CDU bereits im Bundestagswahlkampf 1965 in einer Anzeige die 35-Stunden-Woche propagiert: »Die 35-Stunden-Woche stammt nicht von den Sozialisten, sondern ist eine Erfindung der CDU! 1965 warb die CDU mit ... Bundeskanzler Prof. Ludwig Erhard ... mit großen Anzeigen: ›Bis zum Jahre 1975 wird ... (die) Arbeitszeit auf 35 Stunden in der Woche fallen‹.«[13]

Bis in die Gegenwart hinein haben alle, die aus den Hochrechnungen zur Produktivitätssteigerung und Automatisierung auf einen geringeren gesellschaftlichen Bedarf an Arbeitszeit geschlossen haben, nicht allzu viele Gedanken darauf verwendet, *wie* sich Arbeitszeitverkürzungen durchsetzen lassen. Automatisch geschah dies auch in der Vergangenheit in keinem Fall, denn der Kampf um Arbeitszeitverkürzungen ist Teil des Verteilungskampfes: Solange der Anteil eines jeden einzelnen nicht eingefordert wird, setzt sich nur die für den Gewinn nützlichste Arbeitszeitverkürzung durch, nämlich die »Freisetzung« – wie Entlassungen zynisch genannt werden – der einen bei steigender Überlastung der anderen Arbeitnehmer.

Unter den Ökonomen gibt es einige besonders findige Köpfe, die zwar gegen Arbeitszeitverkürzung nicht viel einzuwenden haben, aber die materiellen Folgen voll auf die Arbeiter, Angestellten und Beamten abwälzen möchten. Das wäre der Fall vor allem bei den neuen Modellen von Teilzeitarbeit usw., bei denen jeder frei wählen soll, wieviel und wie lange er arbeitet (und damit auch, wieviel er verdient); mit diesen Strategien soll die Arbeitskraft intensiver denn je Marktmechanismen unterworfen werden. Außerdem würde unser wirtschaftliches System beide Bereiche, den sozialen und den kulturellen, in unerträglicher Weise belasten. Die Konkurrenz unter den Lohnabhängigen würde zunehmen, die Zahl der je nach dem Bedarf der Betriebe teilzeit- und kapazitätsorientiert Arbeitenden ebenfalls.

Die Gewerkschaften können kein Interesse an strukturellen Veränderungen des Tarifgefüges haben, wenn damit die Arbeitskraft noch mehr als bisher den Regeln von Angebot und Nachfrage unterworfen werden soll. Ein Einbruch in dieser Hinsicht würde das gesamte Tarifsystem aushöhlen und schließlich das System der sozialen Sicherheit gefährden. Leichtfertige Spielereien in diesem Bereich müssen im Interesse der vielen Millionen Betroffenen verhindert werden – gleichwohl aber sollte die Suche nach vernünftigen tarifrechtlichen Regelungen verstärkt werden, ehe ein Dammbruch die noch vorhandenen sinnvollen Möglichkeiten hinwegspült.

Ein solcher Einbruch wäre auch aus kultureller Perspektive katastrophal. Im Zusammenhang mit den neuen Technologien würde das Elend der neuen Heimarbeit am Datenterminal zunehmen; diese von der Kommunikation mit den Arbeitskollegen abgeschnittene Tätigkeit ist auf die Dauer inhuman. Das gesamte gesellschaftliche Zeitgefüge, dem sich die kulturellen Institutionen längst angeglichen haben, würde durch Schichtdienste und Teilzeitarbeit durcheinander geraten; die gemeinsame Zeit für junge Familien mit Kindern würde beispielsweise noch geringer. Da Arbeitskraft billiger werden soll, ist auch zu befürchten, daß sich die Massenkaufkraft verringern würde, von der letztlich auch die Kultur profitiert. Würde das System der sozialen Sicherheit gestört, litte insgesamt auch die Kultur auf vielfältige Weise darunter.

Berufstätige haben zur Zeit an Werktagen durchschnittlich nur 2,6 Stunden wirklich »effektive« Freizeit, also ohne irgendwelche Nebenverpflichtungen, und an den Tagen des Wochenendes 7,2 Stunden. Es »liegt der ausgewiesene Wert für ›free time‹ zwischen zwei und drei Stunden werktags, für berufstätige Frauen weniger als für Männer, für Hausfrauen ungefähr die Hälfte mehr, und in den obersten Berufsgruppen jeweils mindestens anderthalb mal so viel wie in den untersten.«[14] Damit ist auch die verbreitete Legende widerlegt, nach der Bezieher niedriger Einkommen heute über mehr freie Zeit verfügen als Führungskräfte.

Die statistisch erhobene freie Zeit reduziert sich in der Praxis noch mehr – vor allem sind viele der Tätigkeiten in diesem »Zeitrest« ja nicht so beliebig, wie oft behauptet wird: Dazu gehört z. B. die vor allem von Frauen zu leistende außerberufliche »Sozialisationsarbeit«, etwa mit Kindern, sowie die »Beziehungsarbeit« mit Erwachsenen. Zu den Faktoren, die eine Verfügbarkeit der freien Zeit einschränken, zählt auch die »Konsumarbeit«: Je mehr wir uns auf materielle Konsumgüter einlassen (müssen), desto mehr Zeit brauchen wir, um ihrer Herr zu werden. Schon vor dem Kauf muß man sich Informationen darüber verschaffen, weil sich so Geld sparen läßt. Kauf, Wartung und Pflege verlangen Zeit, und wer sich eine besonders teure Freizeit-Investition geleistet hat, fühlt sich schon moralisch verpflichtet, sie auch intensiv zu nutzen. All das erfordert Zeit, und mag sie oft auch lustvoll verbracht werden, so stellt sie gleichwohl kein »Vakuum« dar. Das Zeitbudget wird auf diese Weise weitgehend verbraucht.

Auch die Gestalt dessen, was die Fachleute »Zeitreste« nennen, ist keines-

wegs unerheblich. Viele der begehrteren Aktivitäten erfordern größere zusammenhängende Zeitblöcke, die aber wochentags kaum vorhanden sind. 2,6 Stunden freie Zeit an Werktagen reichen in einer Großstadt für einen Kino- oder einen Theaterbesuch einfach nicht aus. Die oft kritisierte Freizeit-Passivität oder Labilität läßt sich aus dieser Struktur erklären, aber auch aus der hohen Beanspruchung durch berufliche Arbeit und aus dem Mangel an Bildung, die als »geronnene Zeit« zur Lebensgeschichte gehört.
Aus solchen Erwägungen ergibt sich, daß die derzeit praktizierte Aufteilung »des gesamtgesellschaftlichen Zeitbudgets durch die faktische Entwicklung ihre Voraussetzungen verloren hat. Sie ist obsolet geworden. Die gestiegenen Anforderungen an Reproduktionsarbeit sind nicht mit der Beibehaltung des derzeitigen Normalarbeitstages zu vereinbaren, um so weniger, als die unterstellte Arbeitsteilung zwischen den Geschlechtern bezogen auf das Insgesamt der anfallenden Arbeit nicht einmal bei der Hälfte der Erwachsenen funktioniert.«[15]
So kann sich bestätigt sehen, wer die Sorgen mancher Freizeitpädagogen schon immer mit einem müden Lächeln bedacht hat. Brauchen wir überhaupt eine Freizeitpädagogik, wenn wir mit einer »weitgehenden alltäglichen Auslastung der städtischen Aktivbevölkerung bei ganz undramatischen Zeitresten« zu rechnen haben? Christiane Müller-Wichmann bejaht die selbstgestellte Frage. Freizeitpädagogen haben eine Funktion, wenn sie ihre Tätigkeit hauptsächlich in »Reservaten« ausüben, in denen die Angehörigen der erwerbstätigen Bevölkerung in erster Linie als Rehabilitanden, Wochenendfreizeiter oder Urlauber auftreten, und wenn sie vor allem für die vom Bildungssystem Benachteiligten »Beihilfe zur Vergesellschaftung der Chancen erweiterter Reproduktion« leisten und damit »postmaterielle Chancen« und Partizipation am gesellschaftlichen Reichtum auch für Benachteiligte fördern. Wenn sie dies aber tun, dann müssen die Freizeitpädagogen auch die Inhalte ihrer Tätigkeit in Frage stellen. In der Tat, ohne Hilfe des kulturellen Systems, ohne Beitrag der Künste, und nicht nur den des unverbindlichen Spiels, kommt die Freizeitpädagogik als Vermittlung kultureller Impulse heute nicht mehr weit. Das inhaltliche Anspruchsniveau ist gestiegen, es geht schon lange nicht mehr nur darum, abzuschalten oder wegzutauchen; es geht vielmehr um Leben und Lebenserkenntnis.

Die Relativierung der Arbeit durch das Recht auf Faulheit – Oder: Die Zwecke der Produktion

»Glücklich sein heißt, ohne Schrecken seiner selbst innewerden zu können.« *Walter Benjamin*

Eine ständige Massenarbeitslosigkeit, wie wir sie seit 1978 erleben, ist für die Gesellschaft nicht nur eine gewaltige materielle, sondern auch eine immense moralische Last. Die Politik versucht diesem moralischen Druck durch Abwertung der Arbeit ein Ventil zu verschaffen. In dieser Hinsicht scheinen sogar konservative und linke Strategen an einem Strang zu ziehen.

Der Schwiegersohn von Karl Marx, Paul Lafargue, hat 1883 einen Essay mit dem heute wieder gern zitierten Titel »Das Recht auf Faulheit« geschrieben (1966 neu herausgegeben).[16] Der Essay ist zwar vergnüglich zu lesen, aber er ist für unsere Lebenspraxis kaum relevanter als Marquis de Sades psychopathologische Analyse der »Tage von Sodom«. Wer genauer liest, entdeckt in den zentralen kritischen Teilen des Werkes eine großartige Satire auf das, was unser Industriesystem heute wie früher den Menschen als erstrebenswertes Ethos hinstellt – nämlich Arbeit als Selbstzweck.

Aber der Zweck aller menschlichen Produktion ist nun einmal die Konsumtion. So sei an dieser Stelle eine Aussage von Karl Marx erwähnt, die dieses Diktum antizipiert: Die Allseitigkeit ihrer Entwicklung, ihres Genusses und ihrer Tätigkeit hängt beim einzelnen wie bei der Gesellschaft von dem Faktor Zeitersparung ab. Ökonomie der Zeit – darin löst sich schließlich alle Ökonomie auf. Die Gesellschaft muß ihre Zeit zweckmäßig einteilen, um eine ihrem Gesamtbedürfnis gemäße Produktion zu erzielen, so wie der einzelne seine Zeit richtig dosieren muß, um sich Güter und Kenntnisse in angemessenem Umfang zu erwerben oder um den verschiedenen Anforderungen an ihn Genüge zu leisten. »Gemeinschaftliche Produktion vorausgesetzt, bleibt die Zeitbestimmung natürlich wesentlich. Je weniger Zeit die Gesellschaft bedarf, um Weizen, Vieh etc. zu produzieren, desto mehr Zeit gewinnt sie zu anderer Produktion, materieller oder geistiger.« So steht es original bei Marx. »Die wirkliche Ökonomie – Ersparung – besteht in Ersparung von Arbeitszeit«,[17] sagt er auch und erklärt, daß freie Zeit sowohl Mußezeit als auch Zeit für höhere Tätigkeit sei; disponible Zeit wäre demnach »Zeit zur Produktion von Wissenschaft, Kunst etc.«. Ein gesunder Körper und ein gesunder Geist brauchen nach Marx – in seiner Auseinandersetzung mit Adam Smith – notwendig ein natürliches Maß an Bewegung; sofern diese nicht zur physischen Reproduktion gebraucht wird, verwenden die gesellschaftlichen

Individuen sie zur Erreichung anderer selbstgesetzter Zwecke, etwa der Umweltaneignung, oder zur Befriedigung von Desideraten, die dem Genuß dienen.
Hinter dem »Recht auf Faulheit« steht die Frage nach dem gesellschaftlichen Sinn von Produktion: In einer Gesellschaft, in der Gewinnsteigerung der maßgebliche Zweck der Produktion ist, bietet es sich an, Arbeit als Selbstzweck in Frage zu stellen. Aber Lob der Faulheit und Aufwertung des süßen Nichtstuns können nicht zur moralischen Entlastung der Gesellschaft von den Folgen der Arbeitslosigkeit führen. Faulheit ist angewiesen auf die »gebratenen Tauben«, die dem Faulen in den Mund fliegen, sonst wird sie zur Armut, vor allem in einer Gesellschaft, die den Leistungsterror so unerbittlich durchsetzt wie die unsrige. Heutzutage statt des Rechts auf (weniger) Arbeit für alle das Recht auf Faulheit zu preisen, ist daher Schützenhilfe für Leute, die uns die »Zweidrittelgesellschaft« bescheren wollen: Konservative »steuern gezielt eine Gesellschaft ohne Vollbeschäftigung an – in dem Sinne, daß in ihr nicht mehr alle beschäftigt sein können, die es wollen und müssen. Es ist die ›Zweidrittelgesellschaft‹, in der bis zu einem Drittel der Beschäftigungssuchenden sehen müssen, wo sie bleiben. Die Linke muß ihr das Ziel einer Gesellschaft entgegensetzen, in der alle beschäftigt sind, aber gegebenenfalls nicht voll.«[18] Diese »Zweidrittelgesellschaft« ist eine »entsolidarisierte« Gesellschaft, in der das kulturfeindliche vulgärmaterialistische »Recht des Stärkeren« herrscht.

»Betätigung« statt Arbeit

»Rette sich, wer kann, das Leben.«
Jean-Luc Godard

Die Gesellschaft versucht dem moralischen Druck der Arbeitslosigkeit auch dadurch zu entgehen, daß sie als Ersatz für die entlohnte Arbeit nichtentlohnte Tätigkeiten (das Ehrenamt z. B.) aufwertet: Wer nicht arbeiten kann, soll dennoch tätig sein können.
Marie Jahoda unterscheidet drei Formen von Arbeit:[19]

- Erstens »... unter den Bedingungen des Erwerbs«;
- zweitens gibt es »andere Tätigkeiten mit einem ökonomischen Ziel (von denen die Schattenwirtschaft nur ein Aspekt ist)«; dazu gehören Selbstversorgung, »Eigenarbeit« und Schwarzarbeit;
- die dritte Form, in welcher Arbeit stattfindet, ist diejenige, »die weitgehend zu nicht ökonomischen Zwecken verrichtet wird«, wie Hobbys, Abendkurse, Aufsicht bei Schularbeiten usw.

In allen drei Fällen handelt es sich um ergebnisorientierte Betätigungen, bei denen Kräfte aufgewendet werden, die fast alle zur gesellschaftlichen Reproduktion in weiterem Sinne notwendig sind. Sie unterliegen also auch in den nicht-entlohnten Formen nicht jener freien Wählbarkeit und Beliebigkeit, die man gemeinhin mit »Freizeit« verbindet. Bei ihrer Vermittlung bzw. Einübung kommt es auch weniger darauf an, zunächst mit pädagogischen Mitteln die Motivationen für eine Tätigkeit zu wecken, wie es die Freizeitpädagogik anstrebt, sondern es geht um konkrete inhaltliche Fähigkeiten und Kenntnisse.

Einige findige Kritiker des Sozial- und Wohlfahrtsstaates sehen in der Arbeitslosigkeit und in dem Wunsch nach sinnvoller Tätigkeit in der freien Zeit eine willkommene Möglichkeit, der öffentlichen Hand Kosten zu ersparen. So meint Hanna-Renate Laurien, es »sollte den jungen Leuten die Ersterfahrung Arbeit nicht versagt, die älteren nicht in die bloße Frührentner-Garten-Idylle abgedrängt werden. Für sie und mit ihnen kann das ›Ehrenamt‹ aus seiner Kümmerexistenz herauswachsen. Seine Beschränkungen auf die immer nur sozial karitativen Tätigkeiten müssen fallen.« Weil der Staat ohnehin im konsumtiven Bereich die Ausgaben kürzen müsse, folgerte sie, daß sich ausfallende Dienstleistungen doch »zum Ehrentarif« einbringen ließen. Die Menschen sollten, unbezahlt oder mit minimaler, den Rentenanspruch sichernder Bezahlung, soziale Arbeit leisten: »›Sozialzeit‹ heißt, in vielfältiger Weise für das Gemeinwohl tätig sein, heißt, statt der Gesellschaft des kultivierten Egoismus ›neue Nachbarschaft leben‹.«[20]

Kritik an diesem ersatzweise angebotenen Ehrenamt soll keine Kritik an dem Wunsch sein, sich aus freien Stücken in der freien Zeit für selbst gewählte (auch nützliche) gesellschaftliche Zwecke zu engagieren. Das soziokulturelle Leben muß für den Bereich zwischen den eigenen vier Wänden und institutionalisierten Formen der Betätigung vielfältige freie Aktivitäten ermöglichen. Aber es wäre zynisch, darin einen Ersatz für bezahlte, sinnvolle Tätigkeit in der durch Arbeitslosigkeit oder durch Zwangspensionierung erzwungenen Freizeit zu sehen.

Natürlich finden in der Freizeit »ernsthafte Lebenstätigkeiten« statt; als Beispiel seien Stadtteil- oder Vereinsarbeit, Nachbarschaftshilfe oder Mitarbeit in einer Bürgerinitiative genannt. Die moderne Freizeitwissenschaft weiß schon lange, daß die Tätigkeiten in der arbeitsfreien Zeit weder beliebig noch nutz- und folgenlos sind. Aber sie finden statt auf der Grundlage eines im wesentlichen gesicherten Einkommens, und wo dies fehlt, verliert die »ehrenamtliche«, die nicht bezahlte Arbeit, ihre Basis. Freizeittätigkeit kann kein Ersatz für ein Erwerbsverhältnis sein.

Die Entkoppelung von Arbeit und Einkommen

»Der gegenwärtige Gleichmut der großen wohlhabenden Mehrheit gegenüber der relativ verarmenden Minderheit mag von den Betroffenen als zynisch empfunden werden. Dennoch ist er Teil der politischen Realität.« *Meinhard Miegel*

Konzepte zur Ersetzung von Lohnarbeit durch nicht oder gering entlohnte »Betätigung« bzw. »Tätigkeit« gehen davon aus, daß der Lebensunterhalt (und das System der sozialen Sicherung bei Krankheit und im Alter) nicht von Arbeit abhängig sein soll. Aber die Entkoppelung von Arbeit und Einkommen ist keine Lösung. Sie ist überhaupt nicht so neu, wie ihre Befürworter glauben machen wollen. Zahlreiche Gruppen, von den Sozialhilfeempfängern bis zu den Rentnern, von den Schülern bis zu den Umschülern, aber auch die Couponschneider und die Anstaltsinsassen, beziehen ihren Lebensunterhalt schon jetzt ohne Erwerbsarbeit.

Wer mit der Auffassung großgeworden ist, nach der Arbeit als Mittel zum Lebensunterhalt dient, mag es für abartig halten, daß man auf der einen Seite von einer anonymen Institution seine Warengutscheine erhält (wie bei dem Friedmanschen Modell der Negativsteuer, die einen minimalen Lebensunterhalt garantieren soll), daneben aber alle möglichen unbezahlten Dinge tut. Vielleicht würde man sich daran gewöhnen – auch in sozialistischen Staaten soll es Menschen geben, die von ihrer Arbeitsstelle Geld erhalten, aber ihre Kräfte bei ganz anderen, sei es erwerbsbestimmten, sei es sozialen, Tätigkeiten einsetzen.

Die Probleme dieser Entkoppelung liegen auf einer anderen Ebene: Sie fördert und perpetuiert die Fragmentierung, die »Zweidrittelgesellschaft«. Massenarbeitslosigkeit wird sanktioniert, und große Teile der Bevölkerung sind aus dem Zusammenhang von Arbeit und gesellschaftlicher Reproduktion ausgeklammert. Auf der einen Seite gibt es die ausgegliederten, nichtproduktiven und wehrlosen »neuen Armen«, auf der anderen Seite die neuen »Silicon Valleys«, wo die Betriebe und Werkstätten der neuen Leistungselite und »Leistungsträger« zu »Hochburgen antigewerkschaftlichen Geistes und damit harter Kern jener nachdemokratischen Ständegesellschaft mit der Wirkung einer sozialdarwinistischen Zwei-Klassen-Gesellschaft« werden.

Dies ist die offene Aufkündigung des gesellschaftlichen Zusammenhangs der Arbeit. »Demokratien würden sich selbst zerstören, wenn sie es zuließen, daß sozialdarwinistische Zwei-Klassen-Gesellschaften entstünden«, meint Siegfried Hummel, und wir können ihm zustimmen. Es ist eine *denkbare* Entwicklung, aber keine *wünschbare.* Mit Recht fordert daher

Peter Glotz: »Solange es Erwerbsarbeit gibt, muß jeder den Anspruch auf den ihm gehörenden Teil haben.«[21]
In attraktivem Gewand tauchen andere Überlegungen auf, die ähnliche Konsequenzen haben können. Gewachsener gesellschaftlicher Reichtum, erklären uns manche Theoretiker, soll es möglich machen, daß immer weniger Menschen immer kürzere Zeit arbeiten müssen. Diese Arbeit wird als bloße Last empfunden, weil sie nur noch geringe Spannen des Lebens umfaßt, während sich das eigentliche Leben außerhalb abspielt. Abgesehen davon, daß auch diese Vorstellungen sich nicht von selbst realisieren, wird die (für die Umwelt, für das Nord-Süd-Verhältnis und für die Kriegsgefahr) wesentliche materielle Tätigkeit in einen vermeintlich vernachlässigbaren Randbereich abgeschoben und kann dort weiter dem Selbstzweck-Wachstum dienen, während die Menschen sich auf »Spielwiesen« vergnügen, die ein Ersatz-Leben anbieten.
Johannes Paul II. hat in der Enzyklika »Laborem exerzens« Arbeit eine »fundamentale Dimension menschlicher Existenz auf Erden« genannt; nicht nur christliche und die vom Christentum beeinflußte marxistische Arbeitsethik mißt dem gestaltenden, also nicht unbedingt zerstörerischen Umgang des Menschen mit seiner Umwelt und der Natur besonderes Gewicht bei. Das gepriesene »duale System« des Wirtschaftens ist nicht nur eine »Herabwürdigung der Arbeit«,[22] es ist auch ein gefährlicher Weg unkontrollierter Verselbständigung verschiedener Sphären, wenigstens solange die wirtschaftlichen Kräfte nicht konsequenter gesellschaftlicher Verantwortung unterworfen sind.
Daher scheint mir eine Mußekultur in *Distanz* zur Arbeitswelt nicht sinnvoll: sie wäre kaum weniger fatal als die Ausklammerung der Realität aus der Kultur. Auch die mehr oder weniger exotischen Mußekulturen stehen ja immer nur in *relativer* Distanz zur Realität, sei es temporär, sei es im Rahmen der Arbeitsteilung.
Sinnvoller sind andere Perspektiven. »Vielleicht liegt die Zukunft der Arbeit nicht in ihrem Verschwinden, sondern in ihrer Veränderung«, meint Peter Glotz.[23] Auf diese Veränderung (Humanisierung in allen Dimensionen) kommt es an – aber auch sie sieht anders aus, als viele es sich heute vorstellen. Nicht alle Arbeit ist automatisierbar. Die Euphorie, mit der jetzt auf Datentechnologien gesetzt wird, dürfte sowohl hinsichtlich der Marktfolgen und Beschäftigungspolitik wie auch hinsichtlich der Anwendbarkeit über kurz oder lang realistischeren Einschätzungen weichen. Diese neuen Technologien werden nicht alle in sie gesetzten Hoffnungen erfüllen; in immer mehr Bereichen wird man feststellen, daß menschliche Arbeitskraft, Emotion, Zuwendung und Anwesenheit unverzichtbar sind. In den frühen siebziger Jahren glaubte man, eine große Zahl der Lehrer durch Lernmaschinen ersetzen zu können. Heute hält man diese Vorstellung für einen Alptraum.

Hinzu kommt: Wir werden zwar vieles mit immer geringeren Lohnstückkosten produzieren können, aber je stärker die Märkte der Dritten Welt ihre Macht als Rohstofflieferant und Schuldnerländer einsetzen, desto mehr werden wir zahlen müssen und desto weniger bekommen wir für unseren mit Robotern produzierten Massenwarenschund heraus.
Sicher, es wird Veränderungen geben: Der Selbstversorgungsanteil, die Eigenarbeit, wird in unserer Gesellschaft wieder steigen; der autonome Bereich wird in seiner gesamtwirtschaftlichen Bedeutung stärker berücksichtigt werden; die mit Arbeit verbrachten Stunden werden sich verringern, wenn auch nicht von selbst.
Insgesamt aber könnte Peter Glotz' Prognose sich bewahrheiten, nach der das Verhältnis von Arbeit und Freizeit uns noch mehr Krisen bescheren wird als jene Theorien vorhersagen, »in denen der Weg in die Zukunft von Station zu Station grüner wird«.

Kultur und Arbeit gehören zusammen

»So etwas darf man nicht machen
Bei der Arbeitslosigkeit!
Passen würd uns in den Kram diese Meinung:
Die Erscheinung
Wird verschwinden, wie sie kam.«
Bertolt Brecht

Nicht Freizeit hilft die humanen Probleme einer Arbeitsgesellschaft lösen, der Arbeit in der traditionellen Form ausgeht. Es gilt vielmehr, für Arbeit *und* Freizeit Bedingungen zu schaffen und Wertungen zu setzen, die Wohlbefinden und menschliche Identität in das Zentrum der Überlegungen rücken. Die Arbeit muß so gerecht wie möglich auf alle Menschen verteilt werden. Alle müssen die Chance haben, durch Arbeit Lohn *und* soziale Anerkennung zu erhalten sowie außerfamiliäre Kontakte, Realitätsüberprüfung und dergleichen, also all die Leistungen, die eine gesellschaftlich integrierte Tätigkeit für die Persönlichkeit und ihre Entwicklung erbringen kann. Und in der arbeitsfreien Zeit müssen die Arbeitenden genauso wie die Nichtarbeitenden in der *ihnen* zur freien Verfügung stehenden Zeit ein kulturelles Milieu vorfinden, in dem sie durch Genuß, Kontemplation und durch alle möglichen Tätigkeiten bei sich sein und zu sich kommen können.
Einigen Lesern mag ein solches Konzept zu moralisierend, zu programmatisch sein. Ich habe auch etwas gegen Texte, die nichts als eine schöne Sammlung von Wünschen oder Utopien sind. Wichtig ist dennoch das Nachdenken über folgende Fragen: Was will ich? Was wollen wir in der Gesellschaft? Wozu der Aufwand? Was ist uns wichtig und wertvoll?

Diese Fragen *individuell und solidarisch* abzuklären, ständig und mit Folgen zu diskutieren – das brauchen wir! Kultur fördert diese Diskussion. Die Theorie der Freizeitgesellschaft überläßt dies alles dem Individuum und beraubt es damit seines gesellschaftlichen Zusammenhangs.
Sinngebung mittels gesellschaftlichen oder staatlichen Diktats ist nicht nur undemokratisch, es ist auch unpraktikabel. Aber die individuelle Sinnorientierung ist wertlos, wenn gesellschaftliche Strukturen andere Sinnzwänge erzeugen: Was hilft mir z. B. die individuelle Sinnorientierung »Harmonie mit der Natur«, wenn die gesellschaftliche Praxis (an der teilzunehmen ich vielfach gezwungen bin) auf deren Zerstörung hinausläuft? Hinwendung zu nichtmateriellen Werten, Persönlichkeitswerten z. B., bleibt ein Traumgespinst, wenn dem normalen Nichtprivilegierten ständiger Arbeitszwang in der »Leistungsgesellschaft« auferlegt wird. Gesellschaftliche und private Ziele müssen sich nicht unbedingt decken, doch wenn sie diametral auseinander liegen, kommt es zu ständigen Konflikten.
Politik ist nicht Vollzug und Durchsetzung von Sachzwängen, wie uns eine Zeitlang eingeredet worden ist, sondern sie ist ein »Produktionsprozeß«. Was soll wachsen? Wie sollen die Menschen ihre Zeit aufteilen können? Dafür gibt es Alternativen. »Sozial gesteuerte Innovationen« stellen sich nicht von selbst ein.
Die Praxis gibt Sigmund Freud recht, wenn er erklärt, Arbeit sei die stärkste Bindung des Menschen an die Realität. Arbeit als soziale Institution bietet sonst nicht gewährte Gelegenheiten, sich auf die verschiedenste Weise »auf eine kontinuierliche Realitätsprüfung« einzulassen. Auch dies ist ein erwägenswertes Argument gegen die unreflektiert übernommene Vermutung, daß sich Arbeit in ihrer subjektiv empfundenen Lebenswichtigkeit durch Freizeit ersetzen ließe.
Zwischen Kultur und Arbeit besteht ein enger Zusammenhang, wie ihn auch das DGB-Papier vom Juni 1983 über »Kulturpolitik, Kulturarbeit« artikuliert: »Wenn wir den gewerkschaftlichen Kampf auch als kulturellen begreifen, dann geht es um die Aufhebung der Spaltung des Menschen in ein ›kulturloses‹ Arbeitswesen und ein ›kulturvolles‹ Freizeitwesen. Kultur ist, wie der Mensch arbeitet und lebt; sie kann zur Begründung einer neuen Identität beitragen. Sie kann, wenn sie sich mit unserer Lebenswirklichkeit, unseren Interessen befaßt, Erkenntnisprozesse auslösen, Befriedigung verschaffen, Selbstvertrauen stärken und Kraft geben. Die Aufwertung der Arbeit zu der grundlegenden kulturellen Leistung, auf der alle jemals gedachten, entdeckten und erforschten, erkämpften und geschaffenen Annehmlichkeiten des menschlichen Lebens aufbauen, steht im Zentrum unserer kulturellen und künstlerischen Bemühungen.«[24]
Die Identität des Menschen, seine Glücksmöglichkeiten, seine Sinnerfüllung hängen mit der freien Entfaltung seiner Wesenskräfte zusammen.

Nur in seiner gesamten Lebenstätigkeit findet er Selbstvertrauen und Zufriedenheit. Arbeit und freie Zeit, ferner die Art und Weise, wie Arbeit und Freizeit verbracht werden, bestimmen den Grad der subjektiven Lebensqualität. Zur Lebenstätigkeit gehört Kultur: Sie ist das Ferment der Ich-Werdung (Dilthey), sie ist die Form, in der das Leben Gestalt gewinnt; Kultur ermittelt die Werte, die ein Leben lang zur Orientierung beitragen. Das Leben genießen können im Bei-sich-sein und Zu-sich-kommen ist wesentlich, aber nicht nur in der Freizeit.
Arbeit kann auch kein Selbstzweck sein, kein Mechanismus, mit dessen Hilfe Zeit totgeschlagen werden kann. Wir dürfen uns durch die Massenarbeitslosigkeit nicht dazu verführen lassen, jedes Opfer und jede Alternative in Kauf zu nehmen. Weder umweltzerstörendes Wachstum als ökonomischer Selbstzweck noch arbeitskraftzerstörende Arbeit unterhalb des heute erreichbaren Standards sind tolerabel. Oswald von Nell-Breuning gehört zu den wenigen, die solche Überlegungen immer wieder in die Diskussion einbringen. Arbeit darf nicht als Beschäftigungstherapie mißbraucht werden: »Arbeit bloß um der ›Beschäftigung‹ willen wäre Arbeit um ihrer selbst willen; zur Arbeit gehört ein Sinn oder Ziel, um dessentwillen man arbeitet; andernfalls ist es keine Arbeit. Investieren um Menschen zu ›beschäftigen‹, auch wenn wir ausreichende Kapazitäten haben oder unter Überkapazitäten leiden und darum keine Investitionen brauchen, und erst recht Investitionen, die den Anstieg der Arbeitsproduktivität beschleunigen und im Ergebnis mehr Arbeitskräfte freisetzen, als Arbeitskräfte zu ihrer Erstellung eingesetzt wurden, sind sinnwidrig ... Menschen damit beschäftigen heißt, ihnen sinnwidrige Arbeit zuzumuten; genau besehen ist es ein Verstoß gegen ihre Menschenwürde; auch die gutgemeinte Absicht, ihnen damit Gelegenheit zu geben, auf redliche Weise ihr Brot zu verdienen, ändert daran nichts. Objektiv bleibt diese Arbeit – immer unter den angenommenen Voraussetzungen – ebenso sinnlos wie Sandkarren von links nach rechts und von rechts wieder zurück nach links an den alten Ort zu schieben.«[25]
Auch Nell-Breuning sieht ähnlich wie Karl Marx die Lebensperspektive im Kulturellen: »Seitdem ein immer geringerer Teil unserer Zeit und Kraft dafür ausreicht, kann nicht nur eine solche verschwindende gesellschaftliche Minderheit, sondern die große Mehrheit, letztendlich die Gesamtheit der Menschheit einen immer mehr zunehmenden, schließlich den ganz überwiegenden Teil ihrer Zeit dazu verwenden, an allen Gütern der Kultur nicht nur passiv teilzuhaben, sondern aktiv mitzuwirken.«
In diesem Sinne sind auch jene Beiträge zur aktuellen Diskussion zu würdigen, die in der Arbeitslosenbewegung entstanden sind: Sie ist ja inzwischen weit mehr als eine Selbsthilfebewegung vor allem der jüngeren und aktiveren Betroffenen, sie stellt vielmehr als politisch bewußte Aktion unbequeme Fragen nach dem »Sinn der Gesamtveranstaltung«.

Sie klagt nicht nur das Recht auf Arbeit ein, sondern fordert darüber hinaus eine kulturelle Neuorientierung, die sich eine Einheit der Lebenstätigkeit, sinnvolle Tätigkeit in humaner Organisationsform parallel zur Fähigkeit des Genusses oder der Kontemplation zum Ziel setzt. Frank Benseler u. a. vertreten daher aus gutem Grund die Auffassung, daß auch im Zusammenhang mit drückender Arbeitslosigkeit die Frage nach dem Sinn der Produktion nicht vergessen werden darf: »Wer begriffen hat, daß Arbeit in allergrößtem Maßstab zur Todesproduktion beiträgt, sei es im Zusammenhang von Rüstung, von Atomenergie, in jedem Fall Umweltverschmutzung, sei es als Entfremdung im Sinne vollständiger sozialer Abkoppelung, der muß sich auf andere Sinnbegründungszusammenhänge einlassen. Hier pragmatisches politisches Handeln, das sich theorieblind mit Erklärungen kleiner Reichweite drapiert, mittels kommunikativen Handelns als Arbeitsersatz zu einer Theorie größter Reichweite zu stilisieren, verschärft das Problem, statt seine Lösungen näherzubringen.«[26]

Die Zwillingskinder der Not, allgemein nützliche und gesellschaftlich sinnvolle Arbeit, klaffen so weit auseinander, daß die Frage nach dem »Sinn der Gesamtveranstaltung« aktuell geworden ist, die Frage nach dem, was die bürgerliche Revolution zum Ziel für alle erhoben hat, nämlich das »Glück«. Glück darf nicht als »Talent für Schicksal« mißverstanden werden, wie Novalis dies glaubte tun zu sollen (1790). »Wenn das herrschende Produktionssystem, wenngleich noch in entwicklungsbedingter unterschiedlicher Intensität, Arbeit vernichtet, die zu haben oder gar zu leisten angeblich Voraussetzung des Glücks oder schon dieses selbst bedeutet«, so müßten aus dem Nebel des geschichtlichen Horizontes andere Alternativen der Sinnerfüllung hervorscheinen. Denn »Glück ist die Fähigkeit, es noch zu wünschen«, sagt Arnold Schönberg (1930).

Zu kritisieren ist gleichwohl auch die aktuelle These, die das »Ende der Arbeitsgesellschaft« beschwört. In einer Krise befindet sich lediglich unser gängiges System der Verteilung von Arbeit und Freizeit. Der Stoffwechsel zwischen Mensch und Natur braucht auf jeden Fall Arbeit, aber in unserem Verteilungssystem ist vergütete Arbeit künstlich verknappt worden, z. B. durch das Ersetzen von Menschen durch Maschinen und von Köpfen durch Computer, aber auch durch die anachronistische Arbeitszeitordnung.

Kultur und Arbeit gehören also nicht nur pragmatisch zusammen, weil die gesellschaftliche Arbeit die materiellen Voraussetzungen für alles Kulturelle schafft. Vielmehr prägt die Arbeit in ihren verschiedensten Formen die Persönlichkeit, durch Aneignung der Realität wie in der kritischen Auseinandersetzung mit ihr. In der Ausgestaltung der Arbeitsbedingungen konkretisieren sich Kulturzustand und Menschlichkeit einer Gesellschaft.

Wertewandel und Freizeitorientierung

»Fortschritt in der Kunst (und im Kunstleben) ist nur denkbar im Zusammenhang mit gesellschaftlichem Fortschritt.« *Hans Werner Henze*

Die seit einigen Jahren beobachteten Veränderungen der Wertorientierungen bedeuten *keine* radikale Entwertung gesellschaftlich anerkannter Tätigkeit. Wir dürfen die positive Arbeitsorientierung und die Verinnerlichung der Arbeitsethik in der Vergangenheit nicht überschätzen. Arbeitsorientierung und Arbeitsethik haben zu keiner Zeit mit der Lehre der Moral-Theologie korrespondiert. Wenn sich auch zugunsten einer fluktuierenden Job-Orientierung bei vielen Menschen heute die existentielle Bedeutung der Erwerbsarbeit vermindert hat, so können wir daraus noch nicht schließen, daß ihre Wertschätzung gegen Null tendiert. Nach meinem Eindruck wird der heutige »Wertewandel« bei jüngeren Menschen weniger durch den Wunsch bestimmt, überhaupt nicht mehr zu arbeiten, als vielmehr durch das Bedürfnis, genauer wissen zu wollen, warum und wofür sie ihre Kräfte einsetzen.
Hoffnungen auf eine Zukunft der Menschheit läßt sich noch am ehesten aus der Einsicht schöpfen, daß die Krise der Wachstumsgesellschaft auch von ihren Protagonisten in den Chefetagen nicht mehr geleugnet wird und daß auch sie in ihrem Selbstverständnis verunsichert sind. Daran ändern auch alle Versuche nicht viel, Arbeit wieder als Sekundärtugend aufzubauen und der »Elite« wieder Führungsbewußtsein zu vermitteln.
Als ein allerdings oberflächliches Symptom ist zu werten, daß manche Manager um die vierzig Jahre ihren Job quittieren; die Zahl der Menschen um die Lebensmitte nimmt ständig zu, die aus der gesicherten Existenz eines hochrangigen Managementpostens »aussteigen«, um etwas ganz Neues zu beginnen. Der österreichische Schriftsteller Peter Turrini schreibt: »Die Verantwortlichen flüchten. Ich habe voriges Jahr in Griechenland am Strand einen bärtigen Mann getroffen, er hat ausgesehen wie ein Althippie, ein sympathischer Mensch. Wir hatten ein gutes Gespräch, und ich fragte ihn nach seinem Beruf. Ich tippte auf ausgestiegener Philosophieprofessor. Er sei Public-Relations-Manager bei Siemens, sagte er zögernd und entschuldigend, zuständig für die Propagierung von Atomkraftwerken. Ich müsse ihn verstehen, er müsse schließlich von etwas leben. Er erzählte mir von hochqualifizierten Ingenieuren, die an der Entwicklung der Atomkraft arbeiten, ihre Kinder auf Waldorfschulen schickten, makrobiotisch leben, eigenes Gemüse züchten, den Sinn ihrer Arbeit nicht mehr sehen.«[27]

Weniger die Unlust an der Arbeit, als vielmehr der Wunsch nach sinnvoller, nicht fremdbestimmter Tätigkeit, nach Inspiration und weiterführender Anregung ist also einer der wesentlichen Antriebe für diese von Turrini so plastisch beschriebenen Formen des Wertewandels. Auch dafür kann der Freizeitbereich keinen vollen Ausgleich bieten; Inspiration stellt sich in der Arbeit und als Arbeit ein. Ich fände es eher fatal, wenn die Gesellschaft die bisherige Relation umkehren würde, nämlich in der Freizeit die für sinnvoll gehaltene Arbeit zu tun, in der Erwerbszeit dagegen eine als sinnlos empfundene Betätigung zu verrichten. Das hätte nur die Intensivierung der exzessiv umweltzerstörenden Wachstumsgesellschaft zur Folge, und wir könnten in der Freizeit kaum genügend Kräfte aufbringen, um die während der Arbeitszeit angerichteten Schäden für Mensch und Umwelt auszugleichen.

Über das Zeittotschlagen

»Freizeit ist vorzüglich Zeit zur befriedigenden Realisierung entfalteter Fähigkeiten.« *Iring Fetscher*

Solange der Erwerb des Lebensunterhalts und soziale Anerkennung an die Berufstätigkeit gekoppelt sind, läßt sich diese Tätigkeit nicht durch Hobbys oder Freizeittätigkeit kompensieren; dies gilt auch für den Fall, daß die materielle Versorgung – anders als noch in den zwanziger Jahren – so gesichert ist, daß gravierende Not nicht entstehen kann. Brechts Satz aus der »Dreigroschenoper«: »Nur wer im Wohlstand lebt, lebt angenehm« stimmt nicht mehr, weil dem Wohlstand als materiell sorgenfreiem Leben ohne die Glückskomponente der produktiven Arbeitsleitung die transzendente Qualität abgeht; Arbeit oder Arbeitslosigkeit besitzen den Charakter jenes Seins, das Marx zufolge das Bewußtsein bestimmt.
Aus alledem ergibt sich, daß die schönen Pläne der Freizeitlehrer und Kulturpädagogen, mit denen sie ihre großen Ziele »Freizeitfähigkeit«, Freizeitbildung, Mußekultur usw. erreichen möchten, sich erst konkretisieren lassen, wenn die Integration der Menschen in den gesellschaftlichen Zusammenhang vollzogen ist. Diese Integration ist nur durch sozial anerkannte Betätigung zu erreichen, unter den heutigen Bedingungen also in der Regel durch entlohnte Arbeit. Wer Freizeitbetätigung als Kompensation für fehlende Arbeit anbietet, überfrachtet sie mit Aufgaben, die sie gar nicht leisten kann. Das sollte Versuche nicht ausschließen, den arbeitslosen Jugendlichen und Erwachsenen, solange wir ihnen nichts Besseres zu bieten haben, wenigstens ein lebendiges, anregungsreiches kulturelles Milieu bereitzustellen. Aber vor diesem Hintergrund die Utopie eines Freizeit-Schlaraffenlandes zu beschwören, würde bedeuten, die

materiellen Möglichkeiten des öffentlichen Angebotes bei weitem zu überschätzen, desgleichen die ideellen Möglichkeiten, also etwa seine Fähigkeiten der »Sinnproduktion«.
Wer dies in der aktuellen Diskussion über die Arbeitslosigkeit verschweigt und wer auch nur den Anschein erweckt, Freizeit könnte mehr leisten als eine nur geringfügige kompensatorische Entlastung, der weckt Illusionen und bewirkt nichts. Kultur und Freizeit können keine Lückenbüßer für falsche Arbeitsmarktpolitik sein. Selbst ihre Möglichkeit, Zeit »totzuschlagen«, ist eher begrenzt.
Wir sollten bei der populären Formel des »Zeittotschlagens« noch einen Augenblick verweilen. Gemeint ist damit umgangssprachlich das folgenlose Verbringen von Zeit: Während des »Zeittotschlagens« kommt es weder zu produktiver Arbeit noch zur Persönlichkeitsentwicklung, Bildung oder zu vergleichbaren Prozessen. Für gewöhnlich ist Langeweile nicht weit, wenn jemand das eigene Verhalten mit diesem Begriff belegt, vor allem, wenn ihm ein moralischer Unterton beigemengt ist.
Eine andere Form nichtproduktiver Zeitverwendung hebt sich vom »Zeittotschlagen« positiv ab, wenngleich die daraus resultierenden Verhaltensweisen eine ähnliche Folgenlosigkeit haben. Ich spreche vom Kulturgefühl einer »Fin-de-siècle«-Stimmung, vom »Nach-uns-die-Sintflut«-Habitus: »In Schönheit sterben« stand für das morbide Lebensgefühl mancher Kulturproduzenten um die Jahrhundertwende. Aber wer resigniert, lebt nicht, er überlebt nur ... Künsten und kulinarischer Lebensweise sich anheimzugeben, diente dem als Fluchtweg, der im Zweifel über die Folgen des eigenen Tuns andere Tätigkeiten für wenig sinnvoll hielt. Verwandt damit ist die verständliche, aber für viele kaum nachvollziehbare Melancholie, wie sie etwa die Gedichte Günter Kunerts durchzieht, Ausdruck eines aktuellen Lebensgefühls. Aber nicht einmal dazu scheint die Gesellschaft heute Kraft und Fähigkeit aufbringen zu können. Die Entwicklungen in der Freizeitpädagogik sind von solchen Haltungen meilenweit entfernt.
Der britische Autor H. G. Wells hat in seinem Roman *Die Zeitmaschine* die Widersprüchlichkeit einer solchen Flucht vor der Anstrengung in das schöne Gegenteil beschrieben. In der von Wells antizipierten Zukunft lebt auf der Erde das Geschlecht der Eloi, das zur höchsten Stufe ungetrübter Schönheit und Genußfähigkeit emporgestiegen ist. Gleichwohl lebt dieses Geschlecht in ständiger Furcht vor den Morlocken, die unter der Erde dahinvegetieren müssen; sie waren von den Vorfahren der Eloi vor langer Zeit gezwungen worden, die materiellen Grundlagen für das Genußleben zu produzieren. Nachdem sie sich durch das Leben ohne Sonne zu Androiden zurückentwickelt haben, stellen sie den oberirdischen Luxusgeschöpfen grausam nach.
Entwicklungen in Staaten, die als Entwicklungsländer eingestuft werden,

lassen Phänomene erkennen, die sich zwar qualitativ von den geschilderten unterscheiden, sich aber in der Struktur ziemlich ähneln. Auch über dem Luxusleben in maschinengewehrgesicherten, durch Kampfhubschrauber geschützten Villengettos mancher lateinamerikanischer und afrikanischer Staaten hängt das Damoklesschwert drohender Aufstände der sozial Entrechteten.

Wer an die Analysen von Fred Hirsch[28] über die sozialen Grenzen des Wachstums denkt, wird feststellen, daß sich die Prognose bestätigt hat, derzufolge die Industriegesellschaften sich auf ein machtgeschütztes parasitäres Leben hin zu entwickeln drohen. Weder das »Zeittotschlagen« in einer mit Aktionismus kompensierten Langeweile noch die Perspektive des zukunftslosen Luxuskonsums erscheint uns besonders erstrebenswert. Sie sind aber in kommerziellen Varianten des Kultur- und Freizeitbetriebes unschwer wiederzuerkennen, die eine von der übrigen Lebenspraxis abgelöste, in Unverbindlichkeit verharrende Praxis befürworten oder betreiben: Sie beschäftigen sich mit Dingen, die mit der Realität des Lebens nur wenig gemein haben; sie scheinen völlig den Ernst zu übersehen, der von Kindern und Erwachsenen noch im Spiel gesucht wird. Auch in Schillers Aussage, nach der ein Mensch am wesentlichsten er selber ist, wenn er spielt, geht es um nicht weniger als um die Einübung von Lebenspraxis.

Ein Freizeitbegriff, der die Einheit menschlichen Lebens berücksichtigt, wird aus dem Vergnügen Politik und Alltagsleben nicht ausklammern, so wenig wie aus dem Umgang mit den Künsten. Die Freizeit ist ein viel zu wichtiges gesellschaftliches Gut, als daß sie zum Allheilmittel gegen die Arbeitslosigkeit stilisiert werden dürfte; die Lebenstätigkeit des Menschen ist unteilbar. Mag sich auch jemand wünschen, seine Zeit nur in Kontemplation und Genuß zu verbringen, dies frommt nicht allen anderen Menschen und schon gar nicht zu allen Zeiten. Die vielen anderen Menschen möchten ihr Leben gestalten, um es so als sinnvoll empfinden zu können. Auch spielerischer Umgang mit der Welt kann eine ernsthafte Sache der Selbsterfahrung und der Selbstbehauptung sein; sie stiftet jedoch wenig Sinn, wenn sie nicht auf Zwecke gerichtet ist, die zu der Realität der umgebenden Welt in Beziehung stehen.

Gewiß wechseln Phasen der Betätigung, der Verausgabung von Kraft mit Phasen des Wiederherstellens der Kräfte. Orte der Regenerierung sollten aber nicht Orte der Isolation sein, sondern Orte des sozialen Kontakts. »Die Kunst des Ausruhens ist Teil der Kunst des Arbeitens.« Mit diesem Satz von John Steinbeck bestritt die »Swissair« im Sommer 1984 ihre Werbung. Diese Kunst des Ausruhens muß allerdings vermittelt und geübt werden. Aber Ausruhen ohne Arbeit, ohne vorherige Betätigung der Kraft ist ein Selbstwiderspruch.

In der Kultur- und Freizeitarbeit geht es nicht darum, Kultur en passant zu genießen, es geht vielmehr um die Entfaltung jener Wesenskräfte, die im Arbeitsleben häufig nicht gefordert werden. Mit Iring Fetscher ist Freizeit vorzüglich »Zeit zur befriedigenden Realisierung entfalteter Fähigkeiten«. Das Verdienst der Freizeitpädagogik besteht nicht zuletzt darin, uns bewußtgemacht zu haben, daß die Lebenszeit nicht ausschließlich der Arbeit und der Wiederherstellung der Kräfte für die Arbeit unterstellt werden sollte, wie es das Arbeitsrecht mit dem Urlaub anachronistischerweise immer noch tut. Was die Freizeitpädagogik aber als »Einüben« ins Freizeitleben definiert, möchte ich gern anders zu beschreiben versuchen: Es handelt sich um die Herstellung der gesellschaftlichen Voraussetzungen, die es den Menschen erlauben, ihre arbeitsfreie Zeit mit solchen Betätigungen auszufüllen, die ihnen subjektiv lebenswert erscheinen und »worin sie sich selber als Sinn und Zweck ihrer Lebenstätigkeit erfassen« können.[29]

Variationen zur Sinnfrage

»Gibt es Sektoren, die Dich besonders interessieren? Oder bloß alles?« *Samuel Beckett*

Damit sind wir bei der zentralen Frage nach dem Lebenssinn, auf die Religion, Künste und Philosophie immer wieder eine Antwort zu geben versuchen. Ohne eine plausible Aussage zur Sinnfrage haben Arbeit *und* Freizeit keine tragende Grundlage.

In seinem *Doktor Faustus* schickt Thomas Mann Adrian Leverkühn und seine Freunde von der theologischen Studentenverbindung »Winfried« auf Wanderschaft. In einer thüringischen Scheune diskutieren sie über Deutschland, über Gott und die Welt, aber auch über Bindungen, die das Leben reglementieren: Was die soziale Bindung angehe, meint der junge Student Deutschlin, so habe sie den Haken, »daß, wenn im ökonomischen Raum alles bestmöglich reguliert ist, die Frage nach der Sinnerfüllung des Daseins und nach würdiger Lebensführung noch genau so offen bleibt wie heute. Eines Tages werden wir die universelle ökonomische Verwaltung der Erde haben, den kompletten Sieg des Kollektivismus – gut, damit wird dann die relative Unsicherheit des Menschen verschwunden sein, die der soziale Katastrophencharakter des kapitalistischen Systems noch bestehen läßt, das heißt: verschwunden sein wird der letzte Erinnerungsrest an die Gefährdung des menschlichen Lebens und damit die geistige Problematik überhaupt. Man fragt sich, wozu dann noch leben ...«[30]

Eine der vielen Sinnfragen lautet, ob es denn »sinnvoller« sei, den Sinn des Lebens im Kampf *für* etwas zu sehen, anstatt im Leben selbst? Oder

haben wir uns daran gewöhnt, für etwas ganz Bestimmtes zu leben, statt einfach bloß zu leben?
Unsere moderne Besitzideologie hat das Eigenheim sowie Grund und Boden zum privaten Kampfziel auch vieler Veteranen von 1968 gemacht, die ihren Bio-Gemüsegarten zum Revolutionsersatz erkoren haben. Ein exponierter Job in öffentlichen oder sonstigen Diensten verschafft ein hohes Maß an Selbstbestätigung und Befriedigung auch persönlicher Ambitionen; bei relativ wenig fremdbestimmter Tätigkeit braucht der Mensch sich weder ständig nach dem Sinn seines Tuns zu fragen noch muß er alles Denken und Handeln auf Familie, Kinder oder Eigentum konzentrieren. Aber in der Regel ist mit der individuellen Sinnerfüllung des Lebens nicht alles getan. Auch den Sinn in der Teilhabe am Leben einer größeren Einheit zu sehen, schafft noch keinen Sinn für die größere gesellschaftliche Gruppe. »Du bist nichts, dein Volk ist alles«, erklärten die Nazis und schufen mit diesem Diktat die barbarischste Maschinerie, die je zur Vernichtung anderer Völker und »Andersartiger« ersonnen worden ist. Mit missionarischem Eifer für die freie Marktwirtschaft oder für Wertesysteme wie Christentum und Sozialismus zu werben, ist freilich genausowenig sinnvoll. Selbst, wenn sich jemand zum Diener am Überleben der Menschheit erklärte, so wäre das für ihn selbst kein Ausweg aus dem Dilemma, solange unsere Gesellschaft wenig Sinn im Dasein und Überleben sieht. Dieses Menschheit genannte Ziel sinnvollen Strebens erhält einen Sinn nur dann, wenn der einzelne ein solches angestrebtes Ziel ohne Subordination bereits in sich selbst entdeckte. Also wird der Sinnsucher immer auf sich selbst zurückgeworfen: auf den eigenen Sinn, ohne den auch die biologische Gattungsexistenz wenig »Sinn« machte.
Mit anderen Worten, Leben wird nur aus sich selbst sinnfällig. Nur im vorgängigen Einverständnis mit sich selbst, in der Behauptung des eigenen Rechts auf Leben, in der unbedingten Fähigkeit, die eigene Existenz (mit anderen) zu bejahen und zu genießen – nur darin findet der Mensch die Sinnhaftigkeit des Daseins. Daran werden weder fernöstlicher »Billigsinn« noch die »Hamburgers für die Seele« etwas ändern. Allein die Bejahung der eigenen, noch so unzulänglichen Existenz nährt das Bedürfnis nach individueller Entäußerung, die Lust auf Auseinandersetzung, nach Bewegung seiner selbst. Dieser Sinn findet seine Berechtigung nur in der gleichzeitigen Anerkennung des Rechts auf Leben aller anderen; darin eingeschlossen ist das Recht auf Zukunft für die *ganze* Erde – für uns wie für die hungernden Völker dieser Welt, die für den Frieden genauso bedeutsam sind wie wir.

Kultur als Entfaltungszwang

»Die Kunst sollte ein Mittel der Erziehung sein, aber ihr Zweck ist das Vergnügen.« *Bertolt Brecht*

Die Übertragung konservativer Schemata und Wertungen der nutzenorientierten Zeit-Verwendung auf Kultur und Muße bildet die Grundlage für die Entwicklung einer leistungsorientierten Freizeitkultur. Im Urlaubsverhalten sind Genuß- und Erfolgszwänge bereits in hohem Maße internalisiert. In möglichst kurzer Zeit möglichst viel Bräune oder möglichst viele ungetrübte Erlebnisse zu ergattern – das gehört zur gängigen Urlaubsmotivation.

Volksbildner, Kulturvermittler und Kulturpädagogen sind diesem Zwang zur Leistung in der Vergangenheit häufig erlegen und haben damit erst die Widersprüche erzeugt, die sie heute beklagen. Nicht nur in der Arbeiterkulturbewegung, auch in der bürgerlichen Volksbildung hat es zahllose Versuche gegeben, Kultur als »Pflichtaufgabe« zu konstituieren, der sich der Mensch in seiner freien Zeit zu unterwerfen habe. Die Prediger von der »sinnvollen« Freizeitverwendung liefern in der Regel das Rezept für eine solche Verwendung gleich mit. Sinnvorgaben tauchen in der theoretischen Literatur immer wieder auf.

Wenn ich dies hier kritisch anmerke, so soll damit keineswegs der Kulturpolitik das Recht bestritten werden, Impulse und Anregungen zu geben, doch das kann nur das Rohmaterial sein. Was der einzelne, was die Menschen gemeinschaftlich daraus machen, ist eine andere Sache.

Selbst die kritischen Vertreter eines neuen Kulturbegriffs meinen nicht selten Entfaltungszwang: Weil Kultur in erster Linie Entfaltung der menschlichen Wesenskräfte bedeute, sollen alle Tätigkeiten unter dieses Paradigma gestellt werden. Auch damit werden sie nicht um ihrer selbst willen als autonome Segmente menschlichen Handelns gewürdigt.

Nicht viel anders geht es in der Praxis der Freizeitpädagogik zu. Auch Horst E. Opaschowski konnte der Versuchung nicht widerstehen, einen neuen Leistungsbegriff einzuführen, indem er die Frage stellt: »Ist es nicht eine besondere Form von Leistung, in der freien Zeit ausdrücklich einmal nichts zu leisten?«[31] Opaschowski deklariert so auch die Nichtleistung zur Leistung. Anders als mit Leistungskriterien scheint in unserer Leistungsgesellschaft selbst das Nichtstun nicht legitimierbar zu sein.

Im gleichen Zusammenhang erweitert Opaschowski den Leistungsbegriff um neue Bereiche wie den der zwischenmenschlichen Tugenden: »Mit einer stärkeren immateriellen Orientierung des Lebens kommt auch ein neuer Leistungsbegriff zum Zug – die humane Leistung im zwischenmenschlichen Bereich wie z. B. Rücksichtnahme, Toleranz, Verständnis,

Freundlichkeit, Entgegenkommen, Hilfsbereitschaft.« Auf ähnliche Weise werden in die Kultur der Muße die »Eigenarbeit« und der »Autonome Bereich« eingeschleust, die auch nach einer gewissen Effizienz verlangen.

Die Gefahr ist nicht von der Hand zu weisen, daß auch moderne Aussteiger oder »Workaholics«, wie die oben zitierten Manager, bestimmte Werte der Wachstumsgesellschaft als Entfaltungszwang wieder einführen. Mit Entfaltungsgebot und Leistungszwang ist jedoch ein Lebensgefühl unvereinbar, bei dem das Leben seinen Sinn in sich selbst hat.

Neidvoll betrachten manche Zeitgenossen eine hochentwickelte Kultur der Kontemplation wie etwa die der ostasiatischen Kulturen. Mir fällt dazu ein junger Entwicklungshelfer ein, der berichtete, wie er mit buddhistischen Priestern über existentielle Fragen diskutieren wollte, aber nur die Antwort erhielt: »Listen to the sound of the drum« – gemeint war die Kulttrommel, deren eintöniger Rhythmus die Andacht begleitete. Sie gibt keine Antwort, ihr zuzuhören *ist* die Antwort.

Wir denken auch an jene Formen des Genusses oder des Feierns, wie wir sie aus persönlicher Erfahrung sowie aus Kulturgeschichte und Literatur als gesteigertes Lebens- und Glücksgefühl kennen. Der Mensch scheint als Individuum und als Gattungswesen bei solchen Anlässen am intensivsten bei sich selbst zu sein, ohne einen anderen Sinn als den zu verfolgen, den das Leben in sich trägt. Zu denken ist auch an Geschichten, die so oder ähnlich lauten: Ein Tourist erklärt einem Fischer in einer wenig industrialisierten südlichen Region, was er alles verdienen könne, besäße er nur statt des Segelbootes ein Motorboot. Die Antwort lautet: Wozu? Genügend Zeit, um die Sonne zu genießen, habe ich doch schon jetzt.

Das sind schöne Anekdoten, die aber die meisten von uns kaum für relevant halten – ein Zeichen für die Genußunfähigkeit, an der unsere Gesellschaft krankt, auch ein Krisensymptom.

Gewiß ist Spiel eine ernstzunehmende Sache, und gewiß wäre es falsch, aus Kultur und Freizeit eine Anstrengung herauszuhalten, die jeder Amateur im Sport aufzubringen bereit ist. Wenn wir uns die Anstrengung, ja die Qualen vor Augen halten, unter denen Autoren wie Peter Weiß ihre Werke schufen, dann können wir nicht selbstverständlich davon ausgehen, daß kulturelle Betätigung von Laien nur müheloses kreatives Gestalten ist; innere Befriedigung sowie Erkenntniserwerb und Leistungsgewinn, die am Ende des Schaffensprozesses stehen, rechtfertigen die Mühsal allemal. Natürlich ist »Kultur kein geruhsamer Genuß, heute weniger denn je«, wie Thomas Mann 1938 erklärte, aber gerade Kultur, die Mühe macht, bedeutet für denjenigen Genuß, der sich ihrer Mühe unterzieht. Deshalb, so Thomas Mann, sollte jeder Mensch auf die »alleräußerste Verteidigung« der Kultur bedacht sein.

Aber dennoch: Wir haben noch kein kulturell entwickeltes Verhältnis zum Genuß; viele von uns sind geradezu unfähig zu genießen. Diese Unfähigkeit hängt damit zusammen, daß wir einer gesellschaftlichen Praxis frönen, die uns auf die unterstellte Einheit von materiellem Konsum und Genuß fixiert.

Konsequenzen für die kulturelle Infrastruktur

»Wir müssen uns Sisyphos als einen glücklichen Menschen vorstellen.« *Albert Camus*

Fazit: Arbeiten ist etwas viel zu Schönes, als daß wir das Vergnügen daraus verbannen sollten. Und: Freizeit ist etwas viel zu Ernstes, als daß wir sie nur dem Vergnügen widmen sollten.

Auch die Massenarbeitslosigkeit sollte nicht dazu führen, ein Menschenbild aufzugeben, in dem Arbeit und Vergnügen, Einsatz menschlicher Kräfte und Genuß eine Einheit bilden. Die Würde des Menschen ist auf Einheit und Harmonie seines Wesens angelegt; sie zerfällt mit der Aufspaltung in ein kulturloses Arbeits- und ein arbeitsloses Freizeitwesen.

Doch ich bleibe auch dabei: Massenarbeitslosigkeit ist eine Herausforderung für den Kulturstaat, für die Kulturpolitik, nicht einfach in dem Sinne, daß die Arbeitslosen wenn schon nicht mit Arbeit, dann mit Kultur und Freizeitangeboten versorgt werden müssen. Das wäre der Tod der Kultur. Herausforderung ist sie vielmehr in dem Sinne, daß unsere Kultur sich der Frage nach dem humanen Sinn von Wachstum und materieller Produktion stellen muß. Die konventionellen Zeitstrukturen verlieren ihre Legitimation vor dem Hintergrund ungleichmäßiger Verteilung von Zeit. Nichts scheint in dieser Situation plausibler als Verkürzung der Arbeitszeit, auch innerhalb der Wochenarbeitszeit. Erst wenn die aktive Arbeitsphase, in der die meisten Erwerbstätigen unter Zeitnot stehen, entlastet worden ist, kann man an die Verkürzung der Lebensarbeitszeit denken (allerdings ohne die noch arbeitsfähigen und arbeitswilligen Älteren zur Untätigkeit zu zwingen). Kulturpolitik wird in der Krise die zwangsweise »freigesetzten« Arbeitnehmer nicht im Stich lassen: Sie wird für sie tun, was ihre Aufgabe ist und was sie kann (und sie kann und muß mehr tun als bisher). Aber sie würde sich selbst belügen, wenn sie glaubte, die Not der Beschäftigungslosigkeit kompensatorisch wirklich nennenswert mildern zu können.

Herausforderung ist die Krise der Arbeitsgesellschaft auch für den aktuellen Kulturbetrieb: »Übrigens ist es ja durchaus möglich, daß dies der letzte Krieg gewesen ist, daß die Menschheit ihren Selbsterhaltungswillen zusammenreißt und die friedliche Nutzbarmachung der innersten

Kräfte die Arbeitszeit auf eine Stunde täglich herabsetzt: Dann wird man für Unterhaltung sorgen müssen. Nicht jeder hat einen Roman zu schreiben.«[32] Ganz gewiß hat mehr Freizeit für die Berufstätigen auch Auswirkungen auf die Nutzung der Kultur-Infrastruktur – sofern nicht der Freizeitzuwachs von den Medien absorbiert wird. Darauf sind wir nicht vorbereitet. Zwar mag die materielle Infrastruktur noch einiges verkraften können: Museen und Ausstellungen können mehr Besucher aufnehmen; in vielen Fällen könnten auch die Sitzplätze vor den Bühnenpodesten noch stärker besetzt sein. Die eigentliche Lücke besteht in der personellen Ausstattung: Den Museen fehlen häufig Aufseher, um während der Öffnungszeiten alle Abteilungen zugänglich zu machen, von wünschenswerten Verlängerungen der Öffnungszeiten ganz zu schweigen. Ähnlich steht es um die Kapazität des betreuenden Personals: Für sachkundige Auskünfte, für fachliche Führungen, für museumsdidaktische oder theaterpädagogische Vermittlungsarbeit, für Bildergespräche oder dergleichen fehlen die Mitarbeiter. Die personale Infrastruktur der meisten unserer Kulturinstitutionen ist auf mehr Freizeit nur unzulänglich vorbereitet.

Die kulturelle Infrastruktur ist aber nur der kleinere Teil des nichtmateriellen Rahmens, den vermehrte Freizeit erfordert. Das Bildungssystem und die Kulturinstitutionen müssen insgesamt so ausgestattet werden, daß sie ein anregungsreiches kulturelles Milieu zu schaffen vermögen, das seinerseits zum Besuch und zur Nutzung der Institutionen erst motiviert. Die vielen potentiellen Besucher müssen quasi vorab wissen, was sie in den Einrichtungen erwartet, was die Einrichtungen ihnen bieten können, was sie, die Besucher, versäumten, würden sie sich ihnen verweigern. Das hat rein nichts mit kultureller Zwangsbeglückung oder geistiger Bevormundung zu tun – es geht nur um die Verwandlung der kulturellen Schätze in Allgemeingut; es geht um das »Vorhalten«, wie es der Verwaltungsjargon bezeichnet. Es geht um etwas, was der Kulturindustrie und ihrer Werbung ohne weiteres zugebilligt wird. *Deren* Infrastruktur ist längst so ausgestattet, daß sie die letzte Lücke der neuen Freizeit füllen können. Die Kulturindustrie setzt ihr auf Bedürfnisweckung abgestelltes Innovationspotential und raffinierteste Techniken ein, um Produkte und Dienstleistungen an den Käufer zu bringen. Deren Infrastruktur ist auch die Verkabelung und die neue Video-Kultur, die mit Bildschirm-Isolation und Medien-Konsumismus als negative Folgen einhergeht. Aber diese Kultur kann nicht leisten, was wir heute an lebendigem kulturellen Klima brauchen, um selbständige, kreative, handlungsfähige Individuen herauszubilden, die in der Lage sind, mit ihrer eigenen Zukunft auch die der Gesellschaft zu gestalten.

Kürzere Arbeitszeit und kulturelles Milieu sind Elemente eines Lebens mit Zukunftsperspektive, eines Lebens, in dem sich die konkreten Möglichkeiten jedes einzelnen mit den Entwicklungszielen unserer Gesellschaft verbinden. An eine solche Zukunft glauben immer weniger Menschen unserer Republik: Nach einer Allensbach-Erhebung aus dem Jahre 1983 haben die Frage, ob sie beruhigt in die Zukunft sähen, nur 16 Prozent der Befragten mit Volksschulbildung bejaht, während 61 Prozent glaubt, daß es immer gefährlicher werde zu leben; 25 Prozent waren ohne klare Meinung. Bezeichnend ist, daß Bildung und Wissen für die Beurteilung von Zukunft nicht mehr so entscheidend sind, wie bisher angenommen; auch 54 Prozent der Interviewten mit höherer Schulbildung haben auf die zweite Frage pessimistisch geantwortet. Inzwischen gibt es einige Verschiebungen in den Prozentpunkten, aber immer noch ist der Anteil der Pessimisten verräterisch hoch.

Große Deponie und Megamaschine

> »Ernste Kunst hat jenen sich verweigert, denen Not und Druck des Daseins den Ernst zum Hohn macht und die froh sein müssen, wenn sie die Zeit, die sie nicht am Treibrad stehen, dazu benutzen können sich treiben zu lassen.« *Theodor W. Adorno*
> *Max Horkheimer*

Noch eine andere mögliche Perspektive zeichnet sich ab: daß nicht wir technischen Fortschritt und wirtschaftliches Wachstum beherrschen, sondern wir von ihnen beherrscht werden. Fasziniert von Kampf und Technik, hat Ernst Jünger 1931 ein Symbol dafür geschaffen, seine Gestalt des »Arbeiters«. In Analogie zum Kampf geht es dabei um verselbständigte, entfremdete Arbeit, um rücksichtslose Unterwerfung des Menschen unter die von ihm selbst geschaffenen Kräfte – bis zur Selbstaufgabe in den »verchromten Ameisen«. Spenglers »Techniker«, der Soldat des Ersten Weltkrieges als der erste »moderne« Arbeiter, der totale Arbeitsprozeß als »totale Mobilmachung« – das sind die Vorbilder zum Jüngerschen Arbeiter. »Das Buch verkündet und verherrlicht die Vernichtung des Menschen« durch die zweite industrielle Revolution.[33]

Diese Vision ähnelt der zum Selbstzweck gewordenen »Megamaschine«, wie sie Ivan Illich als Horrorvision entwirft. Bezeichnenderweise tauchen in Jüngers »Tagebücher« eher Bilder von einer »großen Deponie« auf, zu der die Welt sich entwickelt, und diese Vision eines »Müllplaneten Erde« drängt sich leicht auf, wenn wir die »Früchte« unseres Tuns betrachten.

Die Wissenschaft vom vergesellschafteten Menschen, die Soziologie, beschreibt den Sachverhalt weniger mystifizierend und symbolisch. Sie analysiert die spezifische Weise, in der heute »die kapitalistischen Produktionsverhältnisse aus Entwicklungsformen zu Fesseln der gesellschaftlichen Produktivkräfte geworden sind, übrigens nicht trotz, sondern aufgrund des technischen Fortschritts zur Steigerung der Produktivkraft der Arbeit«. Weil »die profitgesteuerten Fortschritte der Entwicklung der Arbeitsproduktivität und Verarbeitungstechnik seit mindestens hundert Jahren Deformationen an Arbeitskräften, Produktionsmitteln und an der menschlichen und außermenschlichen Natur überhaupt anrichten, die tendenziell katastrophal sind«, gilt es auch für Marxisten Abschied zu nehmen von der Vorstellung, »die vorangegangene kapitalistische Entwicklung der Produktivkräfte sei eine optimale Voraussetzung einer sozialistischen Produktionsweise«.[34]

Diese Probleme greift auch die Diskussion um das Verhältnis von Arbeit, Freizeit und Kultur auf. Ohne Bezug zum Kulturellen im weiteren Sinne ist der Diskurs über die Verteilung der Arbeit, über Sinn und Gestalt des Wachstums nicht zu führen.

An den Schluß dieses Kapitels seien einige Sätze von Martin Buber gestellt, die Johano Strasser und Klaus Traube als Motto ihres Buches *Die Zukunft des Fortschritts* gewählt haben: »Die Heizer häufen noch die Kohlen, aber die Führer regieren nur noch zum Schein die dahinrasenden Maschinen. Und in diesem Nu, während du redest, kannst du es wie ich hören, daß das Hebelwerk der Wirtschaft in einer ungewohnten Weise zu surren beginnt; die Werkmeister lächeln dich überlegen an, aber der Tod sitzt in ihren Herzen. Sie sagen dir, sie paßten den Apparat den Verhältnissen an; aber du merkst, sie können fortan nur noch sich dem Apparat anpassen, solang er es eben erlaubt. Ihre Sprecher belehren dich, daß die Wirtschaft das Erbe des Staates antrete; du weißt, daß es nichts anderes zu erben gibt als die Zwingherrschaft des wuchernden Es, unter der das Ich, der Bewältigung immer unmächtiger, immer noch träumt, es sei der Gebieter.« (Martin Buber, 1979)

3. Die Spar-Krise: Öffentliche Haushalte und Kultur

»Das Geld, das die Theater brauchen, wenn sie gut sein sollen, müssen sie bekommen.«
Giorgio Strehler

Das Kaputtsparen der Kultur

Kultur und Kunst haben in der heutigen Situation eine ähnliche Bedeutung wie die Wissenschaften, die allerdings selten die Massenwirksamkeit der Kultur erzielen können. Eine solche Einschätzung ist keineswegs Allgemeingut, im Gegenteil: Es gibt Tendenzen, den Menschen gerade in einer Zeit Leistungen, die sie am nötigsten brauchen, vorzuenthalten. Auf diese Weise werden Kulturzerstörungen in Gang gesetzt, die sehr schnell zu irreparablen Schäden führen können.
Der Schweizer Finanzwissenschaftler Guy Kirsch hat vor einiger Zeit im Bonner Adenauer-Haus dazu aufgerufen, die Kommunen aus der kulturellen Verantwortung zu entlassen und etwa den »Don Giovanni« den Gesetzen des Marktes zu unterwerfen.[35]
Finanztechnische Arithmetik kann nicht dümmlich genug auftreten, um nicht von manchen »Sparpolitikern« doch noch aufgegriffen zu werden. »Don Giovanni« war zu keiner Zeit unserer Kulturgeschichte dem Markt überlassen – in der abendländischen Tradition sind die Künste von jeher auch durch Mäzenatentum gefördert worden. Wegen ihrer Sakralmission, ihrer Kulturfunktion, aber auch als decorum officiale wurden sie auf eine den jeweiligen Machtverhältnissen angemessene Weise öffentlich finanziert. Den höfischen Theatern verdanken die staatlichen Schauspielhäuser und die Staatsopern ihre Kontinuität durch die Jahrhunderte; die Kirchen gaben bei bildenden Künstlern religiöse Ikonographien in Auftrag. Die darstellenden wie die bildenden Künste lassen sich heute weniger als je, sollen sie ihre Sozialfunktionen weiter ausüben, auf Gedeih und Verderb den Gesetzen des Marktes unterwerfen. Privatunternehmer, die kulturelle Aufgaben des Staates oder der Städte auf eigene Rechnung und in eigener inhaltlicher Verantwortung übernehmen, handeln naturgemäß gewinnorientiert und nicht gemeinwohlinteressiert. Ernst Pappermann[36] weist zu Recht darauf hin, daß die Bürger ihren ins Stadtparlament gewählten Volksvertretern ein Mandat auch dafür geben wollten, daß sie »alle Angelegenheiten der örtlichen Gemeinschaft gemeinwohlbezogen«

erfüllen. Dieses politische Mandat erlaubt ihnen daher nicht, zum Beispiel kulturelle Aufgabenbereiche den engen Interessen von Privaten zu überlassen. Wie wir aus Erfahrung wissen, sind notorisch defizitäre Leistungsbereiche wie Theater oder Bibliotheken für private Anbieter nur dann materiell interessant, wenn sie zum Beispiel in der Oper künftig statt Zimmermanns »Soldaten« Millöckers »Bettelstudent« und statt Stücken von Heiner Müller und Franz Xaver Kroetz »Charley's Tante« und »Pension Schöller« spielen oder in der Bücherei zu gehörigen Leihgebühren anstelle mühevoller Literatur von Peter Weiss mühelose Lektüre von Simmel anbieten, denn: »Kultur strengt an« (Goethe). »Don Giovanni« würde es in den Großstädten zwar hin und wieder noch geben, aber dann zu horrenden Preisen, denn die von der Öffentlichen Hand subventionierten 75 Mark (Bundesdurchschnitt) pro Opernsessel werden auf den dann ohnedies verdoppelten Preis draufgeschlagen. Das läuft langfristig auf ein Zweiklassensystem mit geteiltem Sortiment von nur noch formaler Vielfalt und gedrosselter Experimentierfreudigkeit hinaus: In der Beletage die teure Hochkultur, die Billigware »Subkultur« im Parterre.
Der bisherige kulturelle Leistungsumfang der Kommune wird allenfalls quantitativ übernommen, aber nicht auf dem gleichen Niveau. Nach und nach würden die kulturellen Qualitätsangebote der Gemeinde, auf die der Bürger den gleichen Anspruch hat wie auf Wasserversorgung oder Grünanlagen, verschwinden. Eine kulturell angemessene Lebensqualität für die Gesamtbevölkerung kann aber nur mit kommunaler Hilfe garantiert werden. Marktgängige, leichte Kost widerspricht den Zielvorstellungen seriöser Kulturpolitik.

Natürlich gibt es auch einen Kulturmarkt, natürlich profitiert der Markt gelegentlich von den Vorleistungen der öffentlichen Kulturförderung; ich denke zum Beispiel an die total kommerzialisierten Angebote der Kulturindustrie, für die Plattenindustrie und Videoschwemme besonders drastische Beispiele sind. Aber die totale Unterwerfung des Kulturellen unter die Gesetze von Angebot und Nachfrage würde sich kaum weniger kulturzerstörend auswirken als ihre Anpassung an die jeweilige politische Opportunität oder die Reduzierung der Künste auf unverbindliche Unterhaltung. Auch die Versetzung von Unterhaltung mit Kulturrudimenten vor dem Hintergrund der Inflation von Kabelprogrammen hebt die Sozialfunktion von Kultur auf.

Nicht nur durch die von manchen als Allheilmittel gepriesenen radikalen Privatisierungskonzepte droht Zerstörung einer Kultur für alle; die drastischen Kürzungen der Kulturbudgets sind noch bedrohlicher für die Kontinuität der Künste und für die Teilhabe an ihren Leistungen. Kultur »kaputtsparen« läuft längerfristig auf Kulturzerstörung hinaus. Schon heute streicht der Rotstift vielfach Substanz. So wurde zum Beispiel gelegentlich vorgeschlagen, die Museen sollten ihre Depots räumen, um durch Verkäufe von Doubletten oder nicht auszustellenden Magazinbeständen ihre laufende Arbeit mit zu finanzieren. Wer den Büchereien Mittel für Neuanschaffungen von Büchern und Zeitschriften vorenthält, ist mitverantwortlich dafür, daß nicht nur die Autoren benachteiligt werden, sondern daß auch weniger Fachliteratur auf den Markt kommt; auch die Lese-Kultur und die öffentliche Informationspflicht werden behindert.

In diesem Zusammenhang sollte noch eine andere Problematik erwähnt werden. Viele starren bei den Kulturetats gebannt auf das infolge jährlicher Tarifsteigerungen ständig wachsende Budget personalintensiver Apparate wie der Bühnen. Aber solche Ausgaben drastisch zu kürzen, hieße nicht nur, Qualitätsspitzen abzuschneiden, sondern Arbeitsplätze zu vernichten. Wir müssen Konsequenzen daraus ziehen, daß traditionsgebundene kulturelle Institutionen personalintensiver sind als etwa Verwaltungsbereiche, denn Interpreten lassen sich nun einmal nicht »wegrationalisieren«. Kultur kann nur durch Menschen vermittelt werden.

Kultur und »Kostenkrankheit«

> »Die staatlichen und kommunalen Ausgaben für die Kulturförderung (5,1 Mrd. DM) liegen weit unter den Aufwendungen, die die öffentlichen Gebietskörperschaften allein für die Abwasserbeseitigung leisten (7,8 Mrd. DM).« *Ernst Pappermann*

Die Industrie steigert dank neuer Technologien fortwährend ihre Produktivität pro Arbeitsstunde; doch damit können stärker personengebundene Leistungen wie in der Kultur, im Sozialbereich oder im Bildungssektor nicht Schritt halten. Während Industrieprodukte und automatisierte Dienstleistungen sich immer kostengünstiger anbieten lassen, werden alle jene Leistungen teurer, die in erster Linie auf menschliche Arbeitskraft angewiesen sind.[37]

Auf diese Kostendifferenz darf keinesfalls mit Kürzungen in Bereichen geantwortet werden, die, wie die Kultur, in üppigeren Zeiten als lebensnotwendig eingestuft werden; die Antwort kann nur lauten, den relativen Anteil der Kultur am Gesamteinkommen zu steigern. Kultur und Künste sind unverzichtbar in Krisenzeiten, da die Menschen ihrer noch dringender als sonst bedürfen. Es wäre Zynismus, nicht rationalisierbare Leistungen der öffentlichen Hand zu überantworten, um ihr anschließend vorzuhalten, sie produziere viel zu teuer. Die Fabrik ohne Arbeiter muß zwangsläufig eine höhere Steuerlast tragen, damit die auf nicht rationalisierbare Arbeitsergebnisse angewiesenen Prozesse und Menschen nicht völlig leer ausgehen.

Durch die relative Verarmung breiter Schichten unserer Bevölkerung aufgrund von Arbeitslosigkeit und durch das »Angstsparen« jener, die noch auf der Sonnenseite des Wohlstandes leben, droht die Partizipation an der Kultur nachzulassen. Tagessorgen scheinen dringlicher zu sein als Befriedigung des Bedürfnisses nach Kultur. In der Prestige-Skala der Mehrheit rangiert Kultur nicht sehr hoch; schnelle Autos sind höherwertig.

Die Krise der Kultur und ihrer Teilhabe kann nur bewältigen, wer sie als Teil einer Strukturkrise versteht. Dieser Lernprozeß muß öffentlich nachvollzogen werden, um deutlicher als bisher vermitteln zu können, daß Kultur eine größere Bedeutung hat als das, was mit ihrer Luxus- und Entspannungsfunktion anachronistisch definiert ist. Die Kunst ist nicht nur dazu da (und da irrte Picasso), den Staub des Alltags von der Seele zu waschen. Kultur ist Zukunftsinvestition; sie trägt auf einzigartige Weise zur Bewältigung gesellschaftlicher Anpassungsprobleme und Entwicklungsdefizite bei. Darum gilt es, nicht *an* der Kultur zu sparen, sondern *durch* die Kultur. Was heute in die kulturelle Infrastruktur investiert wird, bewirkt längerfristig Einsparungen im Sozialhaushalt und anderswo.

Sparzwänge bringen keine neuen Impulse in den Künsten hervor. Spitzwegs Dachkammerpoet ist nur eine anachronistische Metapher für künstlerische Inspiration durch Armut. Das sollte auch im Zusammenhang von geplanten Einsparungen beim größten Posten der kommunalen Kulturetats, den Bühnen, beachtet werden. Es wird viel davon gesprochen, daß die Krise des Theaters eine finanzielle sei. Aber befindet sich das Theater nicht immer für irgend jemanden oder für eine Gruppe, und sei es nur für das Feuilleton, in einer Krisensituation?

Insofern Theater kreativ sein soll, glauben jene Kritiker krisenhafte Symptome zu erkennen, die dort das Gewohnte vermissen oder aber das Innovative. Theater war scheinbar zu allen Zeiten besser als sein jeweiliger Status-quo, und es hatte, jedenfalls in unserer Erinnerung, zu allen Zeiten mehr gesellschaftliche Resonanz als heute. In Wirklichkeit aber befindet sich ein nur museales Theater heute genauso wie zu jeder Zeit in einer Krise.

Freie Theater-Gruppen und die wandernden Gastierbetriebe können unsere Stadt- und Staatstheater nicht ersetzen. Permanente Finanzierungssorgen und dadurch ausgelöste Produktionszwänge führen dazu, daß unter den freien Gruppen nur einige professionelle für eine gewisse Zeit ein gleichmäßig hohes Niveau halten können.

Die Tourneetheater halten sich an das simple Erfolgsrezept: Bekannter Boulevardschlager mit einer von Film und Fernsehen her bekannten Starbesetzung garantiert die Kundschaft, die sich von den anspruchsvollen Inszenierungen der Stadt- und Staatstheater überfordert oder in ihren Entspannungsbedürfnissen mißverstanden fühlt. Einbeziehung der freien Gruppen in die öffentliche Theaterarbeit wäre sicherlich für beide sinnvoll. Konkret aber empfehlen sich zur Ausweitung des Theaterangebotes die von den Städten teilsubventionierten Privattheater, weniger die kreativen freien Gruppen. Auch Privatisierung vermag die erhoffte Effektivität nicht zu erzielen. Hoffentlich kommt eines Tages nicht ein notorischer Sparpolitiker auf die Idee, eine privatisierte und am Gewinn beteiligte Armee oder Polizei könnte die Abwehr außenpolitischer Erpressung oder die innere Sicherheit billiger und effektiver organisieren als die Staatsorgane.

Um den Funken zwischen Bühne und Parkett, zwischen Kunst und Gesellschaft zu zünden, bedarf es eines provozierenden, anarchistischen, experimentierfreudigen, engagierten Theaters, das Resonanz beim Publikum findet. Theater, das nur verspielter Klassizität huldigt, kann sich nicht weiterentwickeln, sich nicht verändern – und schon gar nicht die Welt. Theater muß sich seiner historischen Rolle bewußt werden, nämlich Vorhut gesellschaftlicher Entwicklung zu sein, Utopien zu entwerfen, in denen der Mensch die wichtigste Rolle spielt im »Reich der sich selbst zum Zweck gewordenen Menschen« (Svetozar Stojanovic, 1983). Wenn Theater schöpferisch sein will, muß es das Publikum spüren lassen, was Zukunft hat. Die freien Gruppen haben Theater zu einem unbegrenzten Raum gemacht, sie haben mit oft unzulänglichen Mitteln, aber mit dem Zauber der Improvisation und dem Glauben an das Unbedingte häufig die Erwartungen ihres vorwiegend jungen Publikums getroffen, das in den besseren Produktionen der freien Theatergruppen seine akuten Probleme verhandelt findet. »Das Fremdeste, was man erleben kann, ist das Eigene, einmal von außen gesehen«, so lautet das Kunst-Credo Max Frischs, an seiner »Chinesischen Mauer« exemplifiziert.

In dem Maße, wie es unabhängigen Gruppen mit eigener Ästhetik gelingt, neue Themen aufzugreifen und an den Zuschauer zu bringen, Phantasie durch Spiel auszulösen, können neuer Lebensstil und neues Selbstverständnis selbst auf die etablierten Bühnen übergreifen. Wenn statistischer Erfolg *und* publizistische Anerkennung künstlerische Leistungen belohnen, können die etablierten Häuser sich nicht der Verpflichtung entziehen, mit ihrem Apparat alle jene Träume und Utopien zu realisieren, die anderen auf so imaginative Weise nicht gelingen können. Erregendes Theater wird, unabhängig von Gage und Struktur, überall dort gemacht, wo es einer unkonventionellen künstlerischen Leitung gelingt, Künstler zur Mitarbeit an einem Theater für alle zu motivieren, und wo das Theater auf ein engagiertes Publikum trifft, das es zu tragen und zu verteidigen bereit ist. Solches Theater ist notwendig, »damit das politisch Richtige zum menschlich Exemplarischen werde«, wie Brecht meinte.

Toleranz gegenüber Umbrüchen

> »Alle Dinge wenden sich um, alle Begriffe und Kategorien verändern ihren Charakter in dem Augenblick, wo sie unter Kunst betrachtet werden, wo sie sie stellt, wo sie sich ihr stellen.« *Gottfried Benn*

Bei der Betrachtung der noch jungen alternativen Szene im Theater und anderswo sollten wir in Rechnung stellen, daß künstlerische Umbrüche immer enorme gesellschaftliche Aufregung nach sich ziehen. Die erste Opernaufführung im Italien des 17. Jahrhunderts war genauso sensationell, wie es heute eine Rockoper im Opernhaus wäre. Als die Venezianer 1792 ihr Theater La Fenice errichteten, setzten sie inmitten der Französischen Revolution ein kulturelles Fanal gegen die Krisen der Epoche.
In zwanzig Jahren wird sich die junge Generation vielleicht über die Nostalgie wundern, mit der die Älteren an die phonstarken Rockpalast-Nächte der späten 70er und frühen 80er Jahre zurückdenken, während die neue »Soft-Generation« sich womöglich mit Grausen von der elektronisch verstärkten technisierten Musik wendet und lieber den verhaltenen Tönen einfacher Instrumente und menschlicher Stimmen lauscht. Veränderung ist Merkmal der Kultur und ihre Konstante. Auch die Kulturpolitik muß sich für Veränderungsprozesse offenhalten, selbst wenn Teile der Bevölkerung immer gegen Veränderungen sind und wenig Verständnis dafür haben, das Gewohnte zu verlieren.
Dieser Prozeß muß gefördert werden, weil Kultur und Künste in freier Entfaltung wichtige Leistungen erbringen, die nicht substituierbar sind. Auch sollten die Grenzen der Freiheit künstlerischer, wissenschaftlicher und pädagogischer Tätigkeit nicht zu eng gezogen werden. Administrative Eingriffe in den Kommunikationsprozeß Kunst richten meist mehr Schaden an, als sie verhindern möchten. Kulturausgaben sind nicht nur wegen der Wirkungen auf Arbeitsmarkt und auf die Attraktivität einer Stadt Zukunftsinvestitionen; sie häufen in den Köpfen und Herzen der Bürger Schätze an, die keine Krise und kein Bankrott vernichten können. Das als Weg vom Wohlstand zum Wohlbefinden zu charakterisierende Programm für die Kulturpolitik sollte sich dieser humanen Funktion der Kultur bedienen.

4. Neue Medien – neue Kultur?

»Wir müssen aufhören, die Kultur als enzyklopädisches Wissen zu verstehen, wobei der Mensch nur als ein Gefäß gesehen wird, das mit empirischen Daten angefüllt und vollgepfropft werden muß, mit nackten und zusammenhanglosen Fakten, die er dann in seinem Gehirn wie in den Abschnitten eines Wörterbuches rubrizieren muß, um schließlich bei jeder Gelegenheit auf die verschiedenen Anforderungen, die die äußere Welt an ihn stellt, antworten zu können.« *Antonio Gramsci*

Profit geht vor Kultur: Die Dynamik der neuen Technologien

Ein aktuelles Krisenszenario ohne die »neuen Medien« wäre wie ein Shakespeare-Drama ohne Königsmörder. Hinter der ungenauen Sammelbezeichnung »Neue Medien« verbergen sich die zahlreichen neuen Anwendungen bekannter oder zu erwartender Informationstechniken und Kommunikationstechnologien, neben den mehr allgemein beunruhigenden Techniken der Datenspeicherung, der Verarbeitung von Informationen und der Übertragung von Fakten und Fiktionen, vor allem die neuen Möglichkeiten für Fernsehprogramme und Video-Fabrikate, die Umschmelzung der »Welt der Ideen in eine Welt lichtgeschwinder Symbole und Bilder« (Neil Postman).

Die neuen Medien stürzen scheinbar wie ein Naturereignis über unsere Kultur ein, schlagen breite Schneisen der Zerstörung und hinterlassen eine aufgewühlte Kulturlandschaft. Mit ihrem qualitativen Sprung sind die neuen Medien *die* epochale Herausforderung für die Kultur; sie zwingen die Menschen zu unerhörten Anpassungsleistungen, allein schon im unvermeidbaren alltäglichen Umgang. Sie fordern von jedem einzelnen, aber auch von der Gesellschaft insgesamt, sich wertend zu ihnen zu verhalten und sich darüber zu verständigen, was den Mehrheiten wichtig und den Minderheiten wertvoll ist.

Die audiovisuelle Revolution auf den Vehikeln neuer Technologien ist nicht durch Resignation aus der Welt zu schaffen. Die Medien *sind* auch Kultur! Sie eröffnen im günstigen Falle *für* die Menschen neue positive Perspektiven, die mit der Welt auch die Vorstellungen von ihr verändern. Aus dieser Einschätzung stellt sich für Neil Postman die entscheidende

Frage, »was aus dem politischen Bewußtsein und dem politischen Urteilsvermögen in einer Gesellschaft wird, in der dem Fernsehen die Hauptlast bei der Vermittlung politischer Informationen zufällt.«[38]

Die neuen Medien haben ein schlechtes kulturelles Image, wohl auch aufgrund der ihnen von Intellektuellen zugeschriebenen negativen Attribute. Ich warne jedoch vor der Illusion, es könnte durch einen kollektiven Aufstand der Kultur die Anwendung der neuen Technologien nennenswert verzögert oder gar verhindert werden. Ihre Durchsetzung ist von ökonomischer Dynamik diktiert, von weltweiten Kommerzinteressen, die sich wie immer als »Sachzwänge« ausgeben, in diesem Falle als solche des internationalen Wettbewerbs. Es funktioniert das ökonomische Prinzip, wonach erst Bedürfnisse zu wecken sind, damit sie dann befriedigt werden, und alle anderen humanen Gesichtspunkte werden erst einmal beiseitegeschoben. Am Beispiel eines auch von politisch Andersdenkenden geschätzten Mannes wie Manfred Rommel läßt sich zeigen, wie leicht Skrupel überwunden werden. In einer Aufsatzsammlung von 1981 lesen wir: »Je mehr Programme, desto größer die Freiheit, desto mündiger der Bürger – diese Formel stimmt halt nicht. Wird – um Karl Kraus zu zitieren – die Möglichkeit der Vervielfältigung zur Verbreitung des Einfältigen genutzt, zu einem Auswahlspektrum zwischen Donald Duck und Goofy, dann heißt das Thema nicht Mündigkeit, sondern Entmündigung.« In einem späteren Aufsatz ergänzt Rommel: »Eine unreflektierte Vermehrung der Funkprogramme ist kein in sich begründeter Vorzug für den mündigen Bürger; denn die Mündigkeit ist nicht um so größer, je weiter der Bürger den Mund aufsperrt, um während des Konsums von Unterhaltung und Werbung Bier und Erdnüsse zu sich zu nehmen.« Aus solchen Überlegungen folgen programmatische Forderungen, die durchaus in Kontrast zur aktuellen konservativen Medienpolitik stehen: »Es müssen auf jeden Fall genügend Medienangebote übrigbleiben, die den Menschen klüger machen können, die ihn zum Denken anregen und die ihn mit Informationen versehen, und eigentlich müßten die neuen Techniken uns dazu verhelfen, gerade diese Medienangebote zu erweitern. Dies setzt aber meines Erachtens voraus, daß grundsätzlich solche neuen Funk- und Fernsehkanäle nicht zugelassen werden, die sich ausschließlich oder überwiegend durch Werbeeinnahmen finanzieren.«[39]

Baden-Württembergs Ministerpräsident Lothar Späth stellte im Frühjahr 1982 einen Entwurf für ein Landesmediengesetz zur Diskussion, das den bisherigen Binnenpluralismus der öffentlich-rechtlichen Rundfunk- und Fernseh-Anstalten durch den Pluralismus mehrerer Anbieter ersetzen, also privatwirtschaftlich organisierte Medien zulassen will. Das wirtschaftliche Interesse wird mit Programmvielfalt und Wahlfreiheit drapiert; in Wirklichkeit möchte der »Landesvater« der Wirtschaft seines

Bundesländle durch Vorleistungen der Post einen Vorsprung bei der Nutzung der neuen Informations- und Kommunikationstechnologien verschaffen.
So sind der heimische Markt und der staatlich garantierte Absatz dem internationalen Konkurrenzkampf dienlich. Wir haben uns bisher damit getröstet, die These von der Manipulation der Bedürfnisse durch den Kommerz beziehe sich allein auf den individuellen Konsumenten. In Wahrheit wird auf diese Weise auch die gesellschaftliche Konsumtion manipuliert. Das Damoklesschwert der Arbeitsplatzverluste bei zu geringer Vorleistung des Staates gehört zum Requisit in diesem Szenario.
Manfred Rommel modifiziert dann bald seine kulturkritisch-ablehnende Haltung. Er fordert als Präsident des Deutschen Städtetages die Beteiligung der Kommunen bei den Entscheidungen über neue Medien auf allen Ebenen. Zugleich sucht er seinen Frieden mit den neuen Medien zu machen: Wegen des »Zwangs des Wettbewerbs mit anderen Industrienationen ... sind wir manchmal über das eigentlich wünschenswerte Maß hinaus gezwungen, technischen Fortschritt mitzumachen.«[40] Damit bestätigt er indirekt die Befürchtungen von Ivan Illich und anderen Technologiekritikern, denen zufolge die Technik, sofern man sich ihren ökonomisch abgeleiteten Zwängen fügt, eine sich selbst genügende kulturzerstörerische »Megamaschine« produziert.
Im Endbericht der 1973 eingesetzten »Kommission für den Ausbau des technischen Kommunikationssystems« (KtK-Bericht) wird vor einer übereilten Einführung eines bundesweiten Breitbandverteilungsnetzes ausdrücklich gewarnt und statt dessen empfohlen, das Interesse an den neuen Medien auf Pilotprojekte zu verschieben, die dann, wenn auch mühsam, vorbereitet wurden. Nach diesem Bericht schien das Thema vertagt. Aber bereits 1980 sah der damalige Bundesforschungsminister Volker Hauff Ungemach voraus: »Wer also glaubt, daß komplizierte Entscheidungen über umfangreiche und kostspielige Investitionen in neue Netze uns zumindest auf längere Zeit gleichsam wie ein Damm vor der technischen Realisierbarkeit des Fernsehens im Überfluß schützen würden und wir genügend Zeit hätten, uns in aller Ruhe zu überlegen, wie wir die neue Fernsehzukunft gestalten könnten, der irrt. Die Medienzukunft hat in Wirklichkeit schon begonnen.« Mit der Glasfasertechnik und der neuen Generation von Video-Systemen kamen neue Bedrohungen ins Spiel.
Inzwischen war eine neue Bundestagskommission eingesetzt worden, die ebenfalls eher zögerliche Empfehlungen aussprach. Gleichwohl bewies die Praxis von Bundespost und bundesdeutscher Industrie, jetzt forciert auch von der Bundespolitik, daß die Generalentscheidung bereits gefallen war und die Weichen auf freie Durchfahrt gestellt worden waren. Retardierendes Moment sind noch Rückstände der Technologie (wie bei-

spielsweise bei der verschobenen Einführung von BTX), fehlendes Interesse der Benutzer oder zu geringes Vertrauen in die Rendite-Erwartungen. Wo solche Hindernisse beseitigt sind, und sei es durch staatliche Vorleistungen, läuft die Verkabelung auf Hochtouren, werden die neuen Technologien zumindest in den quantitativen Ertrag hineingepuscht. Wie seinerzeit bei der vorgezogenen Einführung des Farbfernsehens sind auch hier weder Bedarf der Nutzer noch gesellschaftlicher Nutzen berücksichtigt worden, sondern allein die Umsatzinteressen einer weiträumigen Industrie. Da in jeder technischen und technologischen Entwicklung bereits die nächste angelegt ist, dürfte der Stand der Dinge bei Erscheinen des Buches schon wieder überholt sein.

Die Vorleistungen des Staates

> »Der Gesellschaft muß klar sein, daß sie nicht dafür zahlt, daß wir sie verherrlichen, sondern daß wir einen demokratischen Prozeß aufrechterhalten, das heißt, alles bekämpfen, was zur Entdemokratisierung, zu Starre und Niveauschwund führen kann.«
>
> *Peter Palitzsch*

Die Lobby der Industrie fordert den Staat immer wieder auf, durch Vorleistungen für die entsprechende Infrastruktur zu sorgen und durch Vergabe von Forschungsaufträgen und Entwicklungskosten, durch Modellhilfen usw. der Wirtschaft den Weg in die internationale Konkurrenz zu ebnen. Dabei steht immer die »Wohlfahrt der Volkswirtschaft« auf der Tagesordnung, selten die Wohlfahrt der Menschen. Alles geschieht mit Hinweis auf die Geißel des internationalen Konkurrenzdrucks, dem die heimische Wirtschaft ausgeliefert sei. Das heißt im Klartext: Notwendig sind risikoreiche und aufwendige Investitionen. Denn »bei den typischen F & E (Forschungs- und Entwicklungs-)Aufwendungen für *öffentliche* Vermittlungssysteme und *private* Vermittlungssysteme und bei einer Lebensdauer pro Produktgeneration von 6 bis höchstens 9 Jahren sind Weltmarktanteile von 3 bis 5 Prozent erforderlich, um die Entwicklungskosten wieder hereinzuspielen«.
In dieser Situation wird der Staat zur Kasse gebeten, ob der Bürger dies nun will oder nicht. Denn »berücksichtigt man die dominierende Rolle der nationalen Postverwaltungen bzw. Telekommunikations-Trägerorganisationen bei der Marktgestaltung insbesondere für Kommunikationsprodukte, so ergibt sich die hohe direkte öffentliche Verantwortung für die internationale Wettbewerbsfähigkeit und damit für das Überleben der nationalen Informations- und Kommunikationsindustrie ... Innovationsbereitschaft muß daher aus Gründen internationaler Wettbewerbsfähig-

keit ein wesentliches Element der Strategien der Trägerorganisation sein, auch wenn diese Innovationsbereitschaft nicht notwendigerweise aus den betriebswirtschaftlichen Gegebenheiten des Netzbetriebes und des Dienstleistungsgeschäfts entspringt.«[41]
Die von Bonn beförderte Eskalation des Systems der neuen Medien hat eine Wirkung wie zur Zeit der Väter-Generation das »Volk-ohne-Raum«-Syndrom, das imperialistische Begehrlichkeiten produzierte. Wer blindlings solchen Sachzwängen vertraut, ohne die Alternativen zu erwägen, opfert der Prosperität eines arbeitsplatzvernichtenden Industriezweigs seine Entscheidungsfreiheit. Als nächstes könnten dann die krisengeschüttelten Stahlwerke und die Rüstungsindustrie die Produktion von immer mehr Waffen für unbegrenzten Export fordern.
Daß die neuen Techniken auch militärisch nutzbar sind, sollte erwähnt werden: Glasfaser-Nachrichtenübermittlung ist nicht »anzapfbar« und damit sicher gegen Abhören und Spionage; und sie ist unempfindlich gegen Störungen durch elektromagnetische Felder, wie sie bei der Explosion von Atombomben in großen Höhen über weiten Gebieten auftreten und wie sie über kleineren Flächen bei jeder Kernwaffenexplosion vorkommen. Über diesen militärischen Nebennutzen schweigen die Verantwortlichen sich aus. Es hat den Anschein, als sei der Atomkrieg, den manche irrsinnigerweise für gewinnbar halten, ohne Glasfasertechnologie nicht führbar. Vielleicht müssen wir deshalb die Frist bis zur Realisierung des BIGFON-Netzes besonders intensiv für Entspannungs-Gespräche nutzen.
Wenn es um Strategien zur Durchsetzung der neuen Medien geht, haben weder moralische noch ethische Prinzipien eine Chance. Vorgehensweisen, die den Linken als Manipulation und Versuchung wider den Geist der Freiheit angelastet wurden, sind hier erlaubt. Christian Schwarz-Schilling, damals noch nicht Postminister, wollte für den IuK-Kommissionsbericht folgenden Erläuterungstext aufgenommen wissen: »Es bedarf konkreter Angebote und praktischer Vorführungen, um sich ein Urteil über die Nachfragewünsche und Bedarf bilden zu können (vgl. Befragungen der Bevölkerung im japanischen Pilotprojekt Hi Ovies, wo Untersuchungspersonen aussagten, daß sie sich über die wirklichen Angebote kein Urteil hätten bilden können, wenn es nicht hier im Pilotprojekt vorgeführt worden wäre; vgl. auch die Marketing-Strategien amerikanischer Kabelfernsehunternehmer. 30% des Budgets sollen für die Information und Marketing-Strategien ausgegeben werden«; 26. 6. 1982)
Nur am Rande: Ich habe, als Mitglied der IuK-Kommission, das Hi Ovies Projekt bei Nagasaki kennengelernt. Es können nur bis zu 500 Haushalte an einen solchen Sender angeschlossen werden, weil das demokratische Prinzip des Projekts darin besteht, daß sich jeder aus seiner Wohnstube, und für alle übrigen Teilnehmer im oberen Drittel des Monitors sichtbar,

einschalten kann. Aufwand und Nutzen einer solchen Spielerei scheinen mir, verglichen mit lebendiger öffentlicher Kulturarbeit, in einem höchst ungleichen Verhältnis zueinanderzustehen.
Wenn demokratische Kulturpolitik durch Angebote und praktische Vorführungen für Stadtteilkultur- oder Zielgruppenarbeit werben wollte, dann wurde ihr von konservativer Seite immer wieder vorgehalten, damit bevormunde sie die Menschen und manipuliere ihre Meinung. Ja, in der Diskussion um Zielgruppenarbeit der Volkshochschulen tauchte sogar das Argument auf, gezielte Werbung z. B. für politische Kurse kollidiere flagrant mit der Verfassung. Peter Gutjahr-Löser warf der politischen Bildung allgemein vor, sie begebe sich in dem Augenblick ihrer verfassungsmäßigen Legitimationsgrundlage, wo sie programmatisch aussagt, daß sie »nicht nur auf den warten darf, der sie sucht, sondern auch den suchen muß, der sie braucht.«[42]
Für die neuen Medien existieren solche Hindernisse nicht. Ihre Programmangebote werden in Modellprojekten mit Millionenaufwand aus Steuergeldern finanziert – nicht um zu testen, ob entsprechender Bedarf besteht, sondern um die entsprechenden Bedürfnisse zu erzeugen und die Nachfrage anzuheizen, getreu dem Diktum Adornos, wonach die Produktion dem Bedürfnis nicht nur ein Material liefert, sondern dem Material auch ein Bedürfnis. Für Stadtteilkultur, für Kultursozialarbeit sind kaum Mittel vorhanden; für sie kann nicht einmal mit sparsamen Modellprojekten geworben werden.

Der Siegeszug der Video-Kassette

»Ängste sind die Tyrannen der Kindheit.«
Benjamin Wolman

In einigen Bereichen haben die neuen Medien sich auch ohne konkrete Nach-Hilfe von oben bereits durchgesetzt. Dies gilt vor allem für die Video-Technik. Lange Zeit hat sie trotz größter Anstrengungen der Industrie nur ein bescheidenes Dasein fristen können: Die ebenso teuren wie komplizierten Geräte der ersten Generation, die jetzt in den Regalen unserer Schulen und Volkshochschulen verstauben und mangels technischem Personal bisher nur selten, wenn überhaupt, sinnvoll genutzt werden konnten, haben damals so gut wie keinen Eingang in Privathaushalte gefunden. Erst mit den handlichen und leicht handhabbaren Video-Kassetten gelang der Software der entscheidende quantitative Sprung, und auch das mit einer ungewöhnlichen Klientel: Weder die Besitzenden noch die Intellektuellen waren die Trendsetter, sondern eher die am Rande der Gesellschaft Lebenden, die sich auf diese Weise Unterhalt suchten.

Zunächst so unauffällig, daß viele von uns es kaum bemerkten, hat sich eine eigene Video-Kultur der türkischen Arbeitsemigranten entwickelt. Sie hatten sich in Deutschland schnell an das Prestige-Gut Farbfernsehgerät gewöhnt. Der die ganze Programmzeit hindurch laufende Farbfernseher gehörte für viele türkische Haushalte, in denen kein Wort Deutsch gesprochen wurde, schon längst zum alltäglichen Geräuschpegel, aber ein eigenes Programm erhielten sie erst, als sie sich im Videoladen türkische Video-Kassetten ausleihen konnten. Bald entstand ein eigener Markt und eigener Schwarzhandel für die auf allen möglichen mehr oder weniger dunklen Kanälen entstandenen und oft schwarz überspielten Video-Kassetten. Der Umgang mit ihnen war für die türkischen Jugendlichen bereits zu einer Zeit selbstverständlich, als unsere deutschen Geistesarbeiter noch nicht einmal gelernt hatten, eine Kassette richtig einzulegen.

Die Kassette hat sich für eine bestimmte Spezies unter deutschen Nutzern eine Marktlücke erschlichen: Heimpornos, Maso-Action-Filme und Fetzer-Movies hatten sich in heimischen Schlafzimmern und Kinderstuben schon ganz schön breitgemacht, bevor der künstlerische Film auf dem Video-Markt auftauchte und bevor die ernsthafte Kassettenproduktion sich durchsetzte. Schließlich bietet die bedienungsleichte Kassette auch viel mehr schlafzimmeradäquaten Komfort als die mühsam in Gang zu setzende Super-8-Projektion; außerdem: Einen Fernseher besitzt jeder.

Wie leicht und wie leichtfertig aufmüpfende Kinder mit der Video-Kassette zu domestizieren sind, das zeigen die bisherigen Fernseherfahrungen. Wenn Kinder und Jugendliche einmal auf den Geschmack gekommen sind, haben sie auch schnell begriffen, wie kinderleicht sie im Video-Shop auch an die »knallharten« Sachen herankommen, die sonst allenfalls noch in Blue-Kinos zu konsumieren sind. Während Schüler am liebsten Karl May, Simmel, Wallace, Asterix oder Science Fiction lesen, sind »videomäßig« derzeit Actionfilme vom Kaliber Menschenfresser- oder ›Zombie‹-Streifen sehr gefragt. Solche »Fetzer-Movies« genannten Sadothriller haben Konjunktur, denn »nichts ist erfolgreicher als der Exzeß«, sagt Andy Warhol, allerdings in Anlehnung an Salvador Dalis surrealistische Kunst.

Es hat wenig Zweck, auf solche ästhetischen und moralischen Entgleisungen mit Entrüstung und Erschütterung zu reagieren. Dennoch genügt es nicht, zur Tagesordnung überzugehen und zu hoffen, alles werde sich schon einpendeln. Am Beispiel Pornographie und Freiwillige Filmselbstkontrolle läßt sich zeigen, wie relativ vernünftig die Gesellschaft reagieren kann. Die weitgehende rechtliche Tolerierung von Pornographie und Aktdarstellung außerhalb des künstlerischen Bereichs hat keinesfalls, wie befürchtet, zu einer Überschwemmung des Marktes und damit zur

Jugendgefährdung geführt. Es hat sich lediglich ein in vielem zwar widerlicher, aber inzwischen doch relativ begrenzter Markt entwickelt. Wirkungsvoller als juristische Maßnahmen war beispielsweise die Frauenbewegung in ihrer kollektiven Gegenwehr.
Mit der Einrichtung ihrer Freiwilligen Film-Selbstkontrolle hat die Filmwirtschaft, um kunstfeindlichen staatlichen Eingriffen vorzubeugen und um ihr öffentliches Image zu verbessern, schon bald nach dem Kriege selbständig für eine Regelung gesorgt, mit der die allerschlimmsten Auswüchse vermieden wurden. Aber eine deutliche Verbesserung der Gesamtsituation ergab sich erst, als der »Junge deutsche Film« mit seiner Qualifizierung des Filmangebotes die Kinokrise der Vergangenheit überwand und den Pornofilm weitgehend in die trüben Etablissements am Rande der Sperrbezirke drängte.

Die Ambivalenz der Verbote

> »Das Fernsehen brachte die Brutalität des Krieges in das Wohnzimmer. Vietnam wurde in den amerikanischen Wohnzimmern verloren, nicht auf den Schlachtfeldern in Vietnam.« *Marshall McLuhan*

Beim Thema »Gewalt und Kinder« kommen gewiß noch andere Wirkungsfaktoren hinzu: Auch im Märchen erscheinen seit altersher Gewalt und Grausamkeit in einer für Erwachsene nicht nachvollziehbaren Weise. Wenn früher Kinder gelegentlich Frösche aufgeblasen haben, dann ist deswegen noch keine Generation von Tierquälern und Menschenfeinden herangewachsen. Zu Folterknechten werden Erwachsene aus ganz anderen Gründen, wie der Nationalsozialismus oder gegenwärtige Folterpraktiken lateinamerikanischer Junta-Diktaturen zeigen. Die Art und Weise, wie Kinder Grausamkeiten verarbeiten, auch jene, die ihnen in den Darstellungen der christlichen Martyrologie und »Heilsgeschichte« gleichsam sanktioniert begegnen, die Aggressivität von Heranwachsenden in den Betongettos der Großstädte, die Repression der Schule, der Frust über vorenthaltene Lehrstellen oder mangelnde Zukunftsperspektive: *diese* Ursachen für die Lust an Aggressionen beseitigt niemand mit Hilfe von Gesetzen, Verordnungen für Jugendschutz oder durch Predigten.
Insofern ist Heinz Hengst zuzustimmen, wenn er ironisch darauf hinweist, daß die Vorstellung von hilflos den Medien ausgelieferten Kindern, die für die Demokratisierung der Gesellschaft und für die Zukunft verloren seien, ausgerechnet bei denen sich großer Beliebtheit erfreue, die sich einbilden, »das Manipulationsspiel der Medienmonopole zu durch-

schauen, obwohl sie selbst eine umfassende Fernseh- und Mediensozialisation hinter sich haben und ihren eigenen Diagnosen zufolge paralysiert sein müßten.«[43]

Sollen wir also alles tatenlos so weiter treiben lassen? Sollen wir zuschauen, wie im Videogeschäft letzte Barrieren gegen niedere Instinkte, Brutalität und Menschenverachtung fallen und wie übelster Hardcore-Porno auch für Kinder und Jugendliche nahezu frei erhältlich ist? Sollen wir zusehen, wenn in einer Gesellschaft, die Befreiung verspricht, aber Abhängigkeit bewirkt, aus Gründen des Kommerz allerletzte Hemmungen fallen?

Die Medaille der gesetzlichen Regelung hat immer zwei Seiten, und unsere Geschichte erinnert uns an die Ambivalenz von Verboten: Auch die Bücherverbrennungen von 1933 wurden von manchen begrüßt, weil dort neben dem »undeutschen Geist« auch Pornographie den Flammen übergeben wurde.

Leo Löwenthal weist in seinem bemerkenswerten Aufsatz »Calibans Ende« darauf hin, daß, sooft Bücher den Feuertod starben, damit die Auslöschung des Zeitgeistes, also von Geschichte, beabsichtigt war, somit die Ausmerzung alles dessen, was als »ungesund« diffamiert oder als nichtkonforme »kranke« Ideen der Vergessenheit anheimfallen sollte: die Ausmerzung ketzerischer Gedanken im Namen von Religionsreinheit durch die Inquisition, die Reinhaltung der Rasse im Namen der Nazis und im Namen von Stalin die Unantastbarkeit der Staatsideologie, die Tilgung aller vorher gedruckten Gedanken im Namen der jeweils nachfolgenden Cäsaren, ebenso wie der Juntas. Mit den Büchern sollte immer auch das Subjekt selbst liquidiert werden. Solche Assoziationen (»wo man Bücher verbrennt, verbrennt man am Ende auch Menschen«) finden sich nicht erst bei Heine, sondern schon bei Shakespeare und Goethe. Wenn Caliban zum Mord an dem Humanisten Prospero anstiftet, fordert er zugleich »... verbrenn ihm auch die Bücher«. Und Goethe erinnert sich in *Dichtung und Wahrheit* als Zeuge verschiedener Exekutionen mit Schaudern, »daß ich auch bei der Verbrennung eines Buches gegenwärtig gewesen bin. Es hatte wirklich etwas Fürchterliches, eine Strafe an einem leblosen Wesen ausgeübt zu sehen«. Die Legion von Bücher-Autodafés in der Menschheitsgeschichte hat immer bewiesen, daß es den jeweiligen Machthabern und Legislatoren nie gelingen konnte, das Gedächtnis späterer Generationen zu blockieren. Schon Tacitus wußte: »Je mehr man die Geisteshelden bestraft, desto größer wird ihr Ansehen.«

Eine schöne Metapher für die Unverlierbarkeit des in Büchern aufgehobenen Geistes gelang François Truffaut mit »Fahrenheit 491« (1966). Bei 491 Grad Fahrenheit beginnt Papier zu brennen. Bevor die pyromanischen Feuerwehrleute alle Bücher, die ihnen in die Finger fielen, den Flammentod sterben lassen, hatten die Menschen sie auswendig gelernt;

jeder sein Lieblingsbuch memorierend, flanieren sie am Sammelplatz des Geistes auf und ab. So überliefern die hommes livres das Gedächtnis der Welt an die Zukünftigen.

Denn die Literatur muß bleiben, was nach Günther Rühle erst recht für das Videozeitalter gilt: »Kern unserer Kultur: Die Literatur, die das Dasein des Menschen bedenkt und ihm seine Menschlichkeit bewahrend vor Augen hält ... Literatur war immer Vermittler von Lebenserfahrung, von Durch- und Überblick. Sie war ein Instrument des Sehens, Erkennens, der Ausweitung der eigenen Existenz.«

Um es so klar wie möglich zu formulieren: Es geht nicht darum, ein neues Medium wie die Videoproduktion in seiner Entwicklung zu beschneiden, sondern allein darum, nicht zu tolerieren, was z. B. sogar die Filmselbstkontrolle (FSK) für jugendgefährdend hält, wenn es sich also um »übersteigerte, anreißerische oder aufdringlich selbstzweckhafte« Gewalt- oder Sexualdarstellungen handelt. Darum handelt es sich bei jenen Schund- und Schand-Produkten, die jetzt in seltener Eintracht von Politik und Elternhaus den Staatsanwalt auf den Plan rufen lassen. In der Tat, angesichts bestimmter Horror-Videos von der Sorte der sog. Fetzer- oder Fleisch-Movies darf man getrost Thomas Manns Diktum in Anspruch nehmen, demzufolge Toleranz zum Verbrechen wird, wenn sie dem Bösen dient.

Das Böse, Grausame und Gemeine ist auch in vielen Werken der Weltliteratur, vor allem der darstellenden Künste wie Theater, Oper, Film, vorhanden – von Shakespeares Königsdramen über Verdis »Troubadour« bis zu Polanskis »Rosemarys Baby« treiben Schurken und Bösewichter ihr Wesen. In der Dramaturgie der Schockeffekte und der Thrillermomente, des Nervenkitzels und des Voyeurismus zeigen die negativen Protagonisten aber nur die schlußfolgernde Moral: Mit der Vernichtung oder Abstrafung der Monster und Maniacs, der Masochisten und Monomanen ist das grausame Spiel am Ende angelangt, der Zuschauer kann aufatmen. Schillers »sittliche Welt« bleibt sichtbar.

Im Horror-Video dagegen, in seiner Summation der entsetzlichen Details, in seiner zynischen und sadomasochistischen »Ausschmückung«, ist alles als Endlos-Schleife angelegt: Fortsetzung sofort, falls man will, bitte nächste Kassette einlegen! Was die griechischen Tragiker die Katharsis nannten, also jenen die Vernunft steigernden dramatischen Effekt, ist den Meat-Movie-Machern ein Fremdwort. Dieter E. Zimmer hat in dem »Zeit«-Aufsatz »Die Zerfetzung des Fleisches« neueste Forschungsergebnisse amerikanischer Psychologen referiert: M. H. Thomas läßt z. B. nicht den geringsten Zweifel aufkommen, daß zumindest Fetzer-Videos von der besonders schlimmen Sorte insbesondere Jugendliche desensibilisieren, was schon gravierend genug wäre. Denn von Video zu Video werden sie von der Null-Bock-Generation mit abflachender Erregung genossen, aber auch Kinder werden wirklichen Gewaltakten gegenüber gleichgültiger gemacht. Daher müsse sich das Genre an »Härte« dauernd selbst übertreffen, um wieder Eindruck zu schinden: »Die Fetzerfilme animieren wahrscheinlich nicht oft zu ›echten‹ Brutalitäten, aber sie stumpfen uns gegen sie ab ... Die Psychologie hat also diese Produkte ganz und gar nicht freigesprochen.« Auch der Kulturpolitiker kann dies nicht, vor allem, wenn er in Rechnung stellt, daß die Video-Industrie in der Bundesrepublik 1984 einen Umsatz von etwa einer Milliarde erzielte und daß davon allein neun Prozent auf jugendgefährdende Produkte entfallen. Insgesamt wurden bisher über 700 Video-Produkte der einschlägigen Art indiziert.

Gleichwohl muß gewarnt werden vor einer vorschnellen zensurähnlichen Gesetzgebung, die potentiellen Bücherverbrennern unter uns Aufwind gibt, so daß sie eines Tages auf den Gedanken kommen können, auch politisch unliebsame Videos, Filme und Bücher als politische Pornographie vor Gericht zu zerren.

Neokonservative Kräfte würden am liebsten gleich mehrere Fliegen mit einer Klappe schlagen. So wird man geplanten Gesetzesnovellierungen besondere Wachsamkeit entgegenbringen müssen. Dank der Aufbereitung öffentlicher Meinung mit Hilfe widerlicher Gewaltpornos hat eine entsprechende Gesetzesvorlage inzwischen Zustimmung gefunden. Mit ihr soll allen Ernstes vorgeschrieben werden: »Bespielte Video-Kassetten, Bildplatten und vergleichbare Tonbildträger dürfen Kindern und Jugendlichen in der Öffentlichkeit nur zugänglich gemacht werden, wenn die Programme von der Obersten Landesbehörde für ihre Altersgruppe freigegeben und die Tonbildträger entsprechend gekennzeichnet sind.«[44]

Die Oberste (Zensur-)Landesbehörde kann leicht bei Orwell fündig werden, aber ihre Bemühungen werden schließlich ergebnislos bleiben, weil Kinder und Jugendliche sich die begehrten Videos ohne Mühe innerhalb der elterlichen Wohnung beschaffen können, also im privaten Hoheitsgebiet, zu dessen Durchsuchung die Staatsorgane bekanntlich eine Legitimation benötigen. Gewaltvideos und harte Pornos gelangen leicht über den Versandhandel diskret ins Haus oder werden unter Freunden und Bekannten ausgetauscht.

Schaden stiften eher »Gummi«-Paragraphen, nach denen alles verboten ist, was »offensichtlich« geeignet scheint, »Kinder und Jugendliche sittlich schwer zu gefährden«, wie es bereits im Jugendschutzgesetz steht. Noch größere Willkür droht, wenn gar § 131 des Strafgesetzbuches dahingehend geändert wird, daß nicht nur die Verbreitung von »Gewaltdarstellungen verherrlichender oder verharmlosender Art« unter Strafe gestellt wird, sondern Gewaltdarstellungen überhaupt, sofern sie die Menschenwürde verletzen. Die angeklagten »Fetzervideos aber verherrlichen und

verharmlosen die Gewalt keineswegs, im Gegenteil, sie überschlagen sich ja in ihrer Verböserung« (Zimmer).
Über den neugefaßten Paragraphen könnte sich durch die Hintertür eine politische Zensur einschleichen. Nach Meinung von Verfassungsrechtlern könnte eine solche Novellierung verfassungswidrig sein, weil damit unter Umständen die gesamte Bandbreite kultureller Produktion dem Moralkodex von Beamten und wechselnden weltanschaulichen Credos von Politikern ausgeliefert würde. Gleichgültig, für welche Regelung der Gesetzgeber sich entscheidet, die Gefahr mißbräuchlicher Nutzung des Gesetzes bleibt bestehen.
Bei der technischen Perfektion des Video-Mediums ist eine Einschränkung der Verbreitung ohnehin schwierig. Zwei Videogerätebesitzer brauchen nur ihre Geräte mit einem Übertragungskabel zu verbinden oder noch ein Zusatzgerät für den Wechsel von einem zum anderen System zwischenzuschalten, und schon ist der kurze Weg zur Raubkopie geebnet. Das Medium ist ja gerade deswegen so interessant, weil es mit relativ einfacher Technik so viele Möglichkeiten bietet. Generelle Verbote werden nur den Effekt haben, daß Schwarzmarkt und die Eigenarbeit angekurbelt werden.
Weil das Geschäft der Verleiher unter solchen Diskussionen leidet, versucht die Branche ihr miserables Image aufzupolieren. So hat sie 1984 an die 2000 Kassetten fernsehwirksam von einer Planierraupe auf dem Düsseldorfer Marktplatz zermalmen lassen, um gegen die »Verteufelung von Videofilmen« und gegen das drohende Verleihverbot für gewaltdarstellende Videos zu protestieren. Außerdem möchte die Branche sich nach dem Vorbild der Filmwirtschaft auch in freiwilliger Selbstkontrolle üben.
Die Geschäftsinteressen der Verleiher sind auch mit Politik verquickt: »Der Bundesregierung sind die von der Videobranche in Aussicht gestellten Firmenpleiten nur recht. Denn die Videorecordersättigung von bald 20 Prozent in der Bundesrepublik blockiert natürlich die groß angelegte Verkabelung von Städten und Gemeinden. Wer will schon Geräte-, Anschluß- und Monatsgebühren zahlen, wenn er seine Spielfilmprogramme (ohne inhaltliche Schnittauflagen) für wenige Märker zu jeder Zeit selber gestalten kann?«[45]
»Durch Kunst ist es uns möglich, uns umzudrehen und *Sodom und Gomorrha* zu sehen, ohne daran zu sterben« (Jean-Luc Godard). Die Horror-Videos aber sind das Gegenteil von Kunst!

Die kulturelle Aneignung des Mediums

Dies sollte Anlaß genug sein, über die spezifische Eigendynamik nachzudenken, die hier aufgrund kommerzieller Triebkräfte eine entscheidende

Rolle spielt. Üblicherweise braucht eine Gesellschaft Zeit, um sich mit so großen Herausforderungen wie den neuen Medien zu arrangieren. Hat sie diese Zeit, so ist nicht ausgeschlossen, daß es zu einem erträglichen Arrangement kommt. Die Sache mit den neuen Medien wird aber dadurch kompliziert, daß die ungehinderte Entfaltung rein ökonomischer Dynamik das Gleichgewicht der gesellschaftlichen Kräfte stört. In allen früheren Gesellschaften, auch in frühen Phasen des Kapitalismus oder den späteren der »sozialen Marktwirtschaft«, konnten die ökonomischen Kräfte nur *neben* anderen wirken und wurden durch kulturelle Faktoren und »moral economy« gezügelt, also durch Wertorientierungen, Religion, Traditionen usw. Heute dagegen trifft die Eigendynamik des Marktes kaum noch auf ein Hindernis. Die gesellschaftlichen Kräfte haben somit keine Zeit, sich auf das Neue einzustellen, und das Wachstum um seiner selbst willen führt zu Überproduktionen, die nicht integriert werden können.
So wäre bei der Entfaltung der neuen Medien darauf zu achten, daß parallel zu ihrer Einführung auch jene Kräfte gefördert werden, die sich schöpferisch mit ihnen auseinandersetzen. Nur so könnten die Medien schließlich *Teil* der Kultur werden – andernfalls wirken sie kulturzerstörerisch. Bei den neuen Medien gilt es genauer als bisher darauf zu achten, ob sie die kulturellen Ressourcen in anderen Bereichen eher schädigen als verbessern. Es ist nicht einzusehen, daß sich eine Gesellschaft der Marktdynamik widerstandslos ergeben sollte.
Es gibt aktive Formen der Auseinandersetzung mit den Medien, auch mit dem Medium Video: So haben Sozialarbeiter als eine Art Gegenstrategie die Produktion von Videofilmen gemeinsam mit Jugendlichen und Kindern entwickelt. Sie haben in spielerischer Weise die Videodroge »Gewalt« thematisiert und mit den Heranwachsenden so aufgearbeitet, daß diese den Produktionen nicht mehr hilflos ausgeliefert sind.
Solche Möglichkeiten zu reagieren haben die Eigenschaft, personalintensiv und also teuer zu sein. Aber selbst wenn uns keine andere Wahl bliebe, als die neuen Medien radikal und schnell einzuführen, dann müßten wir uns eine angemessene kulturelle Verarbeitung und die Finanzierung entsprechender Manpower erst recht leisten können.
Wenn wir der Video-Branche Tür und Tor öffnen wollen, dann sollten wir sie mit entsprechender Steuer auch zur Kasse bitten. Mit den Finanzmitteln könnten Präventivprogramme für die Jugend- und Sozialarbeit entwickelt werden. Wenn wir die Verbreitung des neuen Mediums forcieren wollen, dann sollten wir auch unsere öffentlichen Bibliotheken mit *zusätzlichen* Mitteln ausstatten, um auf dem Sektor der Leih-Kassetten attraktive Angebote machen zu können. Wenn eine solche Alternative in eine neue Medienpolitik eingehen könnte, wären die beschriebenen Gefahren zum Teil zu mildern. Der stark expandierende Markt der neuen

Technologien müßte angemessene Steuern und Abgaben ohne weiteres verkraften können, zumal sie alle Anbieter gleichmäßig träfen und damit keine Wettbewerbsverzerrung bedeuten würden.

Die nationale Medien-Produktion: Das Beispiel Film

> »Die Lage wird dadurch so kompliziert, daß weniger denn je eine einfache Wiedergabe der Realität etwas über die Realität aussagt. Eine Fotografie der Kruppwerke ergibt beinahe nichts über diese Institute. Die eigentliche Realität ist in die Funktionale gerutscht. Die Verdinglichung der menschlichen Beziehungen, also etwa die Fabrik, gibt die letzteren nicht mehr heraus. Es ist also tatsächlich etwas aufzubauen, etwas Künstliches, etwas Gestelltes.«
>
> *Bertolt Brecht*

Eine Reihe weiterer Schwerpunkte einer zukunftsträchtigen Medienpolitik wäre zu erörtern, zum Beispiel die Sicherung einer nationalen Filmproduktion, das heißt der Produktion deutschsprachiger Filme, die in der Bundesrepublik entstehen und damit gewährleisten, daß sie sich mit Problemen und aktuellen Fragen des Lebens in unserem Land auseinandersetzen. Auf diese Weise würde interessanter Stoff auch für Kassetten entstehen. Auch zu dieser Frage hat es in letzter Zeit vehemente Kontroversen gegeben. Ein Bereich, der die komplexen Strukturen sichtbar macht, ist die öffentliche Filmförderung, die nach der »Wende« in der Bonner Politik ins Gerede kam. Hingewiesen wurde auf die Gefahr, daß nur noch Projekte gefördert werden, die statt künstlerischen Impetus zu besitzen nur den Markterfolg anstreben. Engagierte Filmemacher begannen zusammen mit Politikern aller Couleur über Wege nachzudenken, wie man aus der Sackgasse des Wohlverhaltens als Preis für staatliche Gelder herausfinden könnte. Aufgrund unserer Verfassungsordnung war es naheliegend, daß einige SPD-regierte Länder *ihre* Verantwortung für das Kultur-Medium Film entdeckten und Programme der Länderfilmförderung auflegten, die nicht die Wirtschaftlichkeit zum obersten Kriterium erhoben. Auf Anregung der 120 Filmemacher des »Hessischen Filmbüros« ist mit dem Aufbau einer vom Land finanzierten Hessischen Filmförderung begonnen worden, nach der z. B. auch die Produktion von Dokumentarfilmen und Kulturfilmen unterstützt werden kann. Es geht dabei um »landesweite Filmförderung mit einem konsequenten Ausbau der filmischen Infrastruktur auch in der Provinz«.[46]
Der Anfang der »Förderung« mit 1,2 Millionen DM im Jahr 1985 reicht wohl soeben für die Startkosten. Die Lücke zu den gewünschten fünf Mil-

lionen Mark für 1986 erhält die richtige Dimension, wenn man die 200 Millionen für die Hessischen Staatstheater in Betracht zieht.
Die »filmische Infrastruktur« ist deswegen so wichtig, weil sie Produktion *und Publikum* berücksichtigt. Was hilft der beste Film, wenn er kein Publikum erreicht? Die Attraktivität der Kulturstätte Kino, nach dem »Zwischenhoch« der siebziger Jahre wieder stark zurückgefallen, sollte mit allen Mitteln wiederhergestellt werden. Weil die Leihgebühr für Kassettenfilme viel niedriger ist als Kinokarten für zwei und mehr Personen, verbringen viele ihre »Kinozeit« zu Hause. Dieser Trend wird noch zunehmen, wenn erst, wie für 1985 prognostiziert, in jedem zweiten Haushalt ein Videorecorder steht. Eine solche Entwicklung läßt sich nur konterkarieren durch das Kino als attraktiveren Treffpunkt, der mehr und anderes bietet als der Video-Kasten. Dieses andere kann sein: Bild- und Tonqualität (die Leinwand wirkt immer noch eindrucksvoller als der Bildschirm), Ambiente (das Kino, sein Foyer, seine Atmosphäre), Kommunikation (man trifft nette Leute; die Jugendlichen dürfen zwar für Erwachsene vorbehaltene Filme nicht besuchen, sind aber nicht unter Aufsicht der Eltern), die Begegnungen mit Experten (man trifft Schauspieler, Regisseure, Filmspezialisten); schließlich wird über Filme diskutiert beim anschließenden Bier in der vielleicht dem Kino inkorporierten Kneipe. Auch das Freiluft-Kino gehört dazu, das nicht nur als Autokino in günstiger Jahreszeit großen Erfolg haben kann: Als nach der Eröffnung des Frankfurter Filmmuseums mehrere Wochen lang abends unter freiem Himmel am schönen Mainufer Stummfilme von Murnau, Pabst, Lang gezeigt wurden, da waren diese Filme trotz der kühlen Sommernächte ein »Renner«. Ich könnte mir leicht ein Kinomobil vorstellen (nach dem Vorbild des leider ausgebrannten Nürnberger Kinomobils), das im Sommer durch die Provinz rollt und mit Freiluft-Spezialprogrammen, notfalls auch in Kirmeszelten, zumindest seine Unkosten einspielte. Auch ein solches Mini-Unternehmen braucht zum Start eine finanzielle Spritze. Auf jeden Fall ist die kulturelle Kino-Infrastruktur für die Filmproduktion geradezu eine existentielle Voraussetzung. Die Förderung dieser Infrastruktur muß daher Aufgabe einer Landesfilmförderung sein.
Aus diesem Grunde ist Alexander Kluges Polemik gegen das Hessische Filmförderungsmodell unverständlich. Sicher, wer Filmförderung *nur* als Aufgabe der Finanzierung von Filmproduktion betrachtet, auf den mag dieses bescheidene Modell »provinziell« wirken; außerdem läßt sich aus der Sicht des Praktikers an manchen bürokratischen Regelungen, Überreglementierungen usw. Kritik üben. Wenn aber Alexander Kluges Hauptgegner die »allesfressende Macht« der neuen Massenmedien ist, dann kann es nicht nur bei der Koordination der verschiedenen Länderfilmförderungsmaßnahmen und der Herstellung einer Abwehrallianz zwischen Film und öffentlich-rechtlichen Anstalten[47] bleiben, dann be-

darf es vor allem auch eines Publikums, das Lust auf Film im Kino hat. Ein solches Publikum bildet sich aber bei der Verdrängungskonkurrenz der Video-Kultur nicht von selbst.

Oper in Video?

»Durch die absichtliche technologische Zerstörung, durch die absichtliche Schändung der Natur würden die Instinkte weiterhin auf die Vernichtung allen Lebens hinarbeiten.« *Herbert Marcuse*

Auch die klassischen Kunstinstitutionen haben mit den neuen Medien ihre Probleme. Aber statt sich auf das zu konzentrieren, was durch Technik nicht zu ersetzen ist, wollen sie auf den fahrenden Zug aufspringen. Der Bühnenverein versucht jetzt, einen Pool bilden zu lassen, der aus Ressourcen der Theaterträger, Bühnenverleger und der Schauspielergewerkschaft GDBA gespeist werden soll: Man will TV-reife Aufzeichnungen von Theaterinszenierungen auf Vorrat produzieren, die den öffentlich-rechtlich kontrollierten oder kommerziell betriebenen Kanälen und Gesellschaften – geht die Sendeflut erst richtig los – zum Kauf und zu Sendezwecken angeboten werden sollen.
Aber die Vorfinanzierung solcher Produktionen ist selbst in den wenigen solventeren Kommunen schwierig aufgrund der simplen Tatsache, daß unsere Theater kaum über ausreichende Mittel für ihre eigentliche Tagesarbeit verfügen. Auch scheint es zweifelhaft, ob Bühnenkollektive und Solisten in der Phase der Vorfinanzierung auf (Extra-)Gagen verzichten möchten (neben manchen anderen ungelösten bühnenrechtlichen Fragen). Ihre Tantiemen brauchen die Autoren und Komponisten und Verleger dringend; letztere haben ohnehin die kommerziell am besten ausbeutbaren Stücke, besonders Boulevard, für den meistbietenden Produzenten reserviert und damit allen anderen entzogen.
Für Frankfurt habe ich aus anderen Überlegungen, nämlich um unsere exemplarischen, modellhaften Inszenierungen zu dokumentieren, mit Firmen verhandelt, weil das Theater eine ästhetisch einwandfreie Aufzeichnung mit eigenem Apparat oder Heim-Videogerät nicht leisten kann. Man braucht vier bis sechs teure Kameras mit einem Spezialteam; man muß Aufnahmen unter TV-Konditionen herstellen, um konkurrenzfähig gegenüber den Kommerzprodukten zu sein. Das heißt aber auch, das Haus acht Tage lang zu schließen und auf die Abendkasse zu verzichten, weil man nicht in eine Abonnentenvorstellung »hineinkurbeln« kann. Das kostet 15000 DM pro Drehtag, also mindestens 150000 DM pro Schauspiel-Inszenierung, bei Opern ein Mehrfaches. Also käme

allenfalls eine Mischfinanzierung von Fernsehanstalt und/oder Produktionsfirma plus Stadttheater in Frage. Allein jedenfalls kann eine Bühne Inszenierungen mit Sendequalität weder technisch einwandfrei produzieren noch finanzieren. Konsequenz ist, daß TV-Fassungen von Theaterproduktionen nur bei qualitativ hervorragenden oder besonders originellen Inszenierungen oder bei gezieltem Einsatz von Spitzenkünstlern eine Chance bekämen, ausgestrahlt zu werden.
Daß auch kleinere Bühnen Originelles anbieten können, haben Theater wie Heidelberg, Konstanz oder einige Landesbühnen bewiesen. Insofern ist die Größe des Theaters allein kein Maßstab für Qualität oder Innovation. Aber in aller Regel bekommen die kleinen Bühnen nur ausnahmsweise und bei besonderer Originalität TV-Chancen. Die herausragende Qualität zum Beispiel einer Opernproduktion können nur große Bühnen finanzieren. Da allein deren Rang günstigere Sende-Chancen verbürgt, dürfte der Poolgedanke für den »Rest« unserer Bühnenwelt ziemlich illusorisch sein.
Im übrigen wird die Rechnung bislang ohne Wirt gemacht, denn erstens hat z. B. das ZDF gar nicht genügend freie Kapazität, solange jedenfalls, als Mainz nur ganze sechs Operntermine pro Jahr zur Verfügung hat; zweitens kauft Europas größte TV-Anstalt viel lieber – und billiger – Fertigware mit den besten Stimmen der Welt in den USA, als sich selber in risikoreiche Unkosten zu stürzen oder eine teure Co-Produktion mit einer (Staats-)Oper zu finanzieren. Werner Egks Oper »Die Zaubergeige« ist ein Beispiel dafür, wie teuer eine Oper werden kann, wenn sie der Sender in eigenen Studios realisiert. »Die Zaubergeige« kostete bereits 1977 mehr als eine halbe Million Mark. Dagegen ist eine sendefertige MAZ mit Verdis »Aida« vom Opernhaus San Francisco oder mit Verdis »Ernani« von der MET für weniger als ein Drittel des Betrages zu haben, den ein Gemeinschaftsunternehmen mit Berlin, Frankfurt, Hamburg oder München kosten würde. In die Kosten einer Aufzeichnung oder Direktübertragung via Satellit aus dem Lincoln Center teilen sich viele Sendeanstalten von Tokio bis Paris. Hinzu kommt: Wenn jene Usancen des Fernsehens, nämlich Pakete mit hundert Filmen zwar zu kaufen, aber nur die besten davon zu senden, auch mit Blick auf August Everdings Pool-Idee Schule machen, dann produzieren Pforzheim, Hof und Coburg immer in der bangen Ungewißheit, ob sie der Gunst einer Ausstrahlung überhaupt je teilhaftig werden.
Die Frage, ob ein Theater, das mit Modellinszenierungen ins Fernsehen drängt, damit nicht sein eigenes Wasser abgräbt, ist schwer einzuschätzen. Ich bin da zwar nicht so skeptisch, weil auch der »Kintopp« nicht das Theater und das Fernsehen nicht das Kino hat verdrängen können. Ich kann mir sogar vorstellen, daß manche Bürger, die das Frankfurter Theater bisher nicht erreichen konnte, sich nach der Sendung sagen: »Gehen

wir doch dorthin, wo produziert wurde, was für wert gehalten wird, einem Millionenpublikum als exemplarisch ins Wohnzimmer gestrahlt zu werden, und genießen wir unser Theater live.« Wem die Frankfurter Schauspieler und Sänger im Fernsehen gut gefallen haben, der wird kulturellen Lokalstolz entwickeln: Er will »seine« Künstler hautnah erleben. Eine Kombination aus der Werbekraft des Fernsehens und mit ihr stimulierter Hinwendung der Bürger zu ihrem Stadttheater könnte so unter Umständen sogar zu vermehrtem Theaterbesuch führen.
Auch kulturkritische Wertungen traditioneller Art lassen sich bei der Diskussion um die neuen Medien vernachlässigen: Die Oper z. B., so wird befürchtet, könnte »unter die elektronische Unterhaltungslawine geraten und dabei zerrieben werden. Bergs Video-›Lulu‹ neben der ›Elektra‹ von Richard Strauß und den jüngsten Action-Reißern eines Belmondo oder Connery im heimischen Video-Schrank.«[48] Was ist dagegen zu sagen? Hier haben wir es zwar kaum mit »Demokratisierung« von Kunst zu tun, denn der bloße Besitz reicht nicht aus, aber das in den Plattenschrank sortierte heterogene Material war nebeneinander schon immer gut verträglich. Nicht nur junge Leute genießen sowohl BAP als auch Bach, auch wenn sie nicht alle Feinheiten heraushören, wie es sie bei beiden zu entdecken gibt. Die »Feuerwerksmusik« von Händel ist zwar als Freiluftmusik komponiert worden, aber sie schmeichelt unserem Ohr auch im »Kleinformat« der heimischen Stereoanlage von weniger als 100 Watt.
Gewichtiger ist schon die Gefahr, daß sich die Bühnenwelt dem Erfolgszwang von Video und Fernsehen unterwirft und damit deren negativen Normsetzungen. Es soll Schriftsteller geben, die sich, ehe sie eine Liebesgeschichte eingehen, fragen, wie sie ihre Erlebnisse literarisch verwerten können. Ähnlich könnte die Institution über das höhere Ziel der Video-Vermarktung die Bedürfnisse ihres Publikums aus den Augen verlieren. Auf dieses Publikum jedoch kommt es an, mit seiner Hilfe werden erst alle Multiplikator-Effekte mobilisiert, die wiederum das Interesse der anderen Verwerter stimulieren. Wie bei der Institution Kino dürfen auch hier die durch nichts zu ersetzenden Spezifika nicht unterschätzt werden – Besonderheiten, die dem Publikum wichtig sind und auf die die Institution sich vor allem besinnen muß. Jeden Abend »live« präsent zu sein, ist sicher legitimes Interesse, aber auch der Veranstaltungscharakter selbst darf nicht aus dem Blick geraten, das Ambiente, die Möglichkeit lebendiger Begegnung mit den Interpreten, die Gespräche des Publikums untereinander. Einen italienischen Opernenthusiasten könnte niemand bewegen, zugunsten einer Video-Aufnahme auf den Opernbesuch zu verzichten. Wer in Veronas nächtlicher Arena miterlebt hat, wie 22000 Verdi-Fans noch dem verhaltenen Pianissimo mit der Leidenschaft von Connaisseurs lauschen, kann den lebendigen Charakter der Gattung Oper ermessen. »Es gilt nicht nur das volkstümlich sein«, sagt Brecht,

»sondern auch das volkstümlich werden«, was in diesem Fall bedeutet, den kleinen Kreis der Kenner zu erweitern.
Die Künste brauchen Enthusiasten dieser Art, um im Video-Zeitalter überleben zu können. Nur sinnlich-intellektuelle Lust hält Kunst, in welcher Sparte auch immer, lebendig. Nur die Vielfalt einer mit Leben erfüllten Kunst kann zu Leistungen führen, die zum Überleben beitragen. Deswegen können wir auf das Prozeßhafte der Künste nicht verzichten. Sie dürfen nicht durch »Konserven« ersetzt werden, selbst wenn diese in Stereo-Raum-Ton und auf Großbildschirm mit allen technischen Raffinessen ins Haus kommen. Schließlich sind auch Konserven darauf angewiesen, daß irgendwo live produziert wird, daß künstlerische Ausbildung stattfindet, daß Erfahrungen gewonnen und Publikumsresonanz getestet wird. *Diese* öffentlichen Vorleistungen sind für Fernsehen und Video genauso wichtig wie die für den privaten Musikmarkt.

Souveräne Nutzung oder zerstörerische Folgen?

> »Wenn Kunst das ist, was uns erlaubt, Alternativen zu der uns geläufigen Erfahrung wahrzunehmen, mit den Widersprüchen zu leben, welche die Ratio einstweilen nicht oder nie auflösen kann, dann ist sie hinreichend praktisch definiert.« *Hartmut von Hentig*

Über die kulturellen Folgen der neuen Medien läßt sich sagen, daß diese Techniken unter entsprechenden Rahmenbedingungen *im Prinzip* durchaus kulturell verwertbar sind. Jedenfalls führt es zu nichts, sie fortwährend zu verteufeln. Trotz des Mißerfolgs der meisten Kabelpilotprojekte setzen sich die neuen Technologien in zahlreichen anderen Anwendungsbereichen durch, freilich nicht immer in der vorgesehenen Art.
Aber: Die prinzipielle Möglichkeit zur kulturellen Verarbeitung sagt nicht viel über die reale Bewältigung der neuen Technologien! Denkbar sind auch ganz andere Folgen: geistige Verödung und kulturelle Dürre. In einer Diskussion der kulturpolitischen Gesellschaft im »Orwell-Jahr« erklärte der Präsident des Deutschen Städtetages, Günter Samtlebe, Städte und Regionen der Bundesrepublik würden die gleichen Fehler nicht noch einmal wiederholen: Bei der Suche nach Wachstum und Wohlstand hätten sie einst fahrlässig zugelassen, daß unsere Umwelt durch Verkehr und Industrie auf kaum regenerierbare Weise Schaden genommen habe. Heute würden die Städte auf »sanfte«, umweltfreundliche Technologien wie die Datentechnik setzen und daher auch die Verkabelung fördern; sich gegen diesen Fortschritt zu wehren, sei blinde Technikfeindschaft.
Aber wer garantiert uns, daß diese neuen Technologien in den Köpfen

und im Gefühlsleben der ihnen ausgelieferten Menschen nicht ähnliche irreparable Verwüstungen anrichten wie die »alten« Technologien in der Umwelt, etwa in den sozialen Verhältnissen oder im zwischenmenschlichen Leben? Vielleicht ist nicht die immer wieder kritisierte Gewöhnung an Gewalt und Grausamkeit die schlimmste Gefahr; es könnte auch der Wirklichkeitsverlust durch den Bildschirm als Unterhaltungsträger und als Arbeitsmittel bedrohlich werden. Der Bildschirm gibt sich als Gedächtnis der Welt aus, während er in Wirklichkeit die Vergeßlichkeit fördert. »Er ist die schwarze Schreibtafel, auf die man etwas schreibt, das gleich wieder abgewischt wird, damit sie sich nicht mehr daran erinnern können. Ein Bild verjagt das andere« (Pierre Emmanuel in einem Vortrag vor dem Berliner PEN 1982). Als der Held des Films »Willkommen Mr. Chance« aus seiner beschützten Fernsehwelt herausgerissen und der brutalen Welt der Streetgangs in der New Yorker Bronx ausgesetzt wird, was tut er? Mechanisch zieht er seine TV-Fernbediener aus der Tasche, um die Wirklichkeit einfach abzuschalten. Der komische Effekt soll aber lediglich auf die Ersatz-Welt hinweisen, die das Abarbeiten der sinnlichen Realität außer Kraft setzt, einschließlich der sozialen Beziehungen.
Vielleicht liegt der Kern der Zerstörung auch im »trauten Heim«, wo Datensichtgeräte Gespräche und Kommunikation verhindern. BTX-Einkauf, Bildtelefon, Bildschirmkonferenz, Bildschirmunterhaltung, Telespiele und Videoporno reduzieren menschliche Kontakte auf ein Minimum; zwischenmenschliche Kommunikation und Beziehungsarbeit werden noch rudimentärer, und am Ende wird sich die Psychiatrie der so produzierten Beziehungskrüppel annehmen müssen. Dabei ist es nach Peter Handke Aufgabe der Kultur, »das Modell von Wirklichkeit herauszufinden, das am meisten Menschlichkeit und Kommunikation ermöglicht«. Handke bestreitet damit die Existenz nur einer Wirklichkeit. Statt dessen spricht er von Modellen der Wirklichkeit, die Wissenschaftler und Techniker als die Wirklichkeit ausgeben, die aber in Wahrheit nur Abstraktionssysteme zur Verständigung seien.
Wenn wir von Abstraktionssystemen reden, müssen wir auch von Zerstörung reden, die Rudolf Burger die erzwungene Materialisierung des Denkens durch die Maschine nennt. Dieses Denken wird zuvor verdinglicht, um Produktion und Funktionieren des Computers mit seiner bornierten, binären Logik zu ermöglichen.[49]
Die Gesellschaft sollte idealiter ihre Möglichkeiten der unmittelbaren Einflußnahme, auch die der neuen Medien, souverän nutzen, und Souveränität bedeutet, über den Dingen zu stehen und ihnen nicht sklavisch verfallen zu sein. Vor einigen Jahren fand in Köln eine Ausstellung »Rausch und Realität« statt, deren Organisatoren versuchten, Drogen-Gebrauch im Kulturvergleich darzustellen. Ich fand weniger die Tatsache erstaunlich, daß nahezu jede Gesellschaft irgendwelche Drogen für Zu-

stände des Rausches und der Euphorie kennt, viel interessanter erschien mir die kulturelle Einbindung: In funktionierenden, sich über lange Zeit am Leben erhaltenden Gesellschaften ist Drogengebrauch sozial eingebunden und kontrolliert, so daß negative Folgen, wie wir sie bei Alkohol und harten Drogen kennen, weitgehend vermieden werden. Ähnlich ließe sich die suchtähnliche Abhängigkeit von neuen Medien, von Fernsehen und Video, sozial kontrollieren in einer Gesellschaft, die den unkontrollierten Expansionsdrang der neuen Medien durch Gegensteuerung bremst.

Die souveräne Nutzung erfordert eine Reihe von Voraussetzungen:

- genügend Zeit, damit die gesellschaftlichen und kulturellen Kräfte sich auf die Neuerungen einstellen können,
- materielle Voraussetzungen, denn in die Entwicklung der gegensteuernden »lebendigen Kultur« muß genauso viel investiert werden wie in die Infrastruktur der neuen Technologien;
- Abwesenheit von offenem oder verdecktem Zwang; denn schon massive Werbung, vor allem aber Dumping-Preise und aufwendige Markteroberungsfeldzüge sind nichts anderes als strukturelle Gewalt und indirekter Zwang.

»Man kann durchaus bestimmte Anwendungsformen einer Technologie ungenützt lassen, wenn man sie gesellschaftspolitisch für schädlich hält«, meint Peter Glotz in diesem Zusammenhang.[50]

5. Die »Wende« als Kulturkrise: Konservative Realitätsverbote für die Kultur

»Kunst und Freiheit muß man wie das Feuer des Prometheus rauben, um sie gegen die bestehende Ordnung anzuwenden.« *Pablo Picasso*

Die Grenzen des Neokonservativismus

Jürgen Habermas hat im *Merkur* vom November 1983 die neukonservative Intellektuellen-Kritik in der Bundesrepublik auseinandergefächert.[51] Der Neukonservativismus wird in der Bundesrepublik im Gegensatz zu seiner nordamerikanischen Variante nicht von Leuten vertreten, die zuvor eine liberale Phase durchlaufen haben. Er sieht sich in einem kritischen Verhältnis zu den modernistischen Intellektuellen. Der erwähnte Aufsatz von Habermas erscheint daher noch interessanter als seine Dankrede anläßlich der Verleihung des Adorno-Preises in der Paulskirche 1980, weil er weniger die Moderne verteidigt als vielmehr den Neokonservativismus kritisiert und angesichts der Probleme von Umwelt und Ressourcen den Begriff Moderne relativiert, ohne ihn aufzugeben.
»Unregierbarkeit« und Legitimationskrise des Staates resultieren nach konservativer Auffassung zu großen Teilen aus der Inflation von Erwartungen sowie aus der »Erweiterung des staatlichen Aufgabenvolumens«. Dieser Prozeß hängt freilich mit gesellschaftlichen Veränderungen zusammen, was leicht zu zeigen wäre: Indem immer mehr Bereiche dem Markt unterworfen werden, fallen immer mehr »Leerstellen« des Kommerzes dem Staate zu. So erfordert die allenthalben intensivierte marktmäßige Flächennutzung eine Regionalplanung; die zwanglose kommunikative Atmosphäre von Tante-Emma-Läden muß durch Kulturläden und Kommunikationszentren ersetzt werden usw. Gleichzeitig bedeutet extensive Arbeitsteilung immer mehr vom Markt nicht befriedigte Spezialfunktionen und Infrastrukturmaßnahmen oder Vorleistungen der öffentlichen Hand. Da viele Aufgaben dieser Art personengebunden und nicht rationalisierbar sind, werden sie im Vergleich zur automatisierten Produktion und zu Bereichen des Dienstleistungswesens (z. B. Datentechnik) teurer; der Druck der »Kostenkrankheit« macht sich bei den öffentlichen Leistungen besonders nachhaltig bemerkbar.
Die Neokonservativen wollen nun solche vom Marktgeschehen und der Produktivkraftentwicklung verursachten Veränderungen als »An-

spruchsinflation« und »Legitimationskrise« verstehen und durch Rückgriff auf eine nicht weiter problematisierte Tradition und einen soliden Wertkonsens auffangen. Sie interpretieren die Krise als Kulturkrise, die mit den kulturellen Ressourcen an Werten, Traditionen, Religion usw. am besten zu kurieren sei.
Das geistige Klima ist heute vielfach bestimmt von angstvollen »postmodernen« Argumentationen. So möchte die These von der »Unregierbarkeit« unseres Landes aus dem Jahre 1982 weißmachen, daß Stabilität und Prosperität des modernen Industriestaates durch nörgelnde Intellektuelle und notorisch kritische Künstler beeinträchtigt würden. Nach neokonservativer Meinung führen nicht die genannten Strukturveränderungen zur Krise, sondern die Intellektuellen, die Tradition und klassische Tugenden gering schätzen. Daß die Gescholtenen nur auf die strukturellen Krisen und Veränderungen kritisch reagiert haben, kommt den Neokonservativen nicht in den Sinn; ihnen zufolge stiften die »Seismographen« Unruhe. Diffamierung von Intellektuellen und Künstlern, gepaart mit unreflektierter Traditionsbeschwörung, bereiten ein Klima vor, in dem Intelligenz und Kreativität, sofern sie nicht affirmativ sind, als destruktive Elemente verunglimpft werden.
1983 erinnerten wir uns daran, daß 50 Jahre zuvor auf dem Platz vor dem Frankfurter Römer Vertreter von Hochschule und Politik Bücher von Autoren verbrannt haben, deren Beitrag zur deutschen Kultur nur Reaktionäre und Feinde des Geistes leugnen können. Bei unserer moralischen Entrüstung über solche Untaten sollten wir uns die Bereitwilligkeit in Erinnerung rufen, mit der viele Deutsche sich damals zu begeisterten Zeugen des Vandalismus degradieren ließen. Das geistige Klima und die politische Kultur waren bereits in der Weimarer Republik durch autoritären Umgang mit Kunst und Wissenschaft in einer Weise vorbereitet worden, daß größere Teile der Bevölkerung als wir heute annehmen wollen, die Bücherverbrennung begrüßten. Ehrenwerte Professoren hielten die Festreden, beklatscht von hilfswilligen Adepten aus dem NS-Hochschulbund. Die Pogrome trafen auf ein geeignetes Klima.
Der amerikanische Neukonservative Daniel Bell argumentiert differenzierter als seine deutschen Kollegen. Doch auch für ihn sind die »beunruhigend anarchistischen Lebensstile« gern benutzte Kürzel für den Wertewandel als angeblich die Stabilität gefährdende Symptome. In Wahrheit geht es nicht um Stabilität, sondern allein um die »Imperative eines in seinem Antriebsmechanismus unveränderten Wirtschaftswachstums« (Habermas), für das unter Umständen auch die demokratischen Prinzipien Federn lassen müssen. Die ökonomische Entwicklung führt in vielen Teilen der Ersten, vor allem aber der Dritten Welt zur Zerstörung der jeweiligen für die soziale und kulturelle Stabilität notwendigen Werte und Traditionen – ein Widerspruch, der die Neukonservativen nicht wei-

ter bekümmert. Die Dynamik des europäischen Marktes und die Macht des freien Welthandels setzen an der europäischen Peripherie und in der Dritten Welt gigantische Prozesse der Kultur- und Traditionszerstörung in Gang, die in der Weltgeschichte einmalig sind. Kultur und Tradition sind jedoch nicht nur für uns, sondern auch für andere Völker unverzichtbare Werte, und daher dürfen wir nicht tatenlos zusehen, wie die Kulturen der Dritten Welt durch Import- und Exportpraktiken der beiden Machtblöcke usurpiert werden.

Die Mittel, mit denen sich Menschen der betroffenen Völker widersetzen, sind für uns zum Teil fragwürdig und keineswegs überall human. Die Furcht, die »Seele der eigenen Kultur« zu verlieren und keine Zeit zu haben, all das zu adaptieren, was sie unter Bewahrung der eigenen Identität benutzen können, führt nicht selten zu Regressionen, wie wir sie seit einigen Jahren im Iran beobachten. Aber Europäer, Amerikaner und Japaner müssen sich fragen, ob sie nicht an solchen Rückschritten eine gehörige Portion Schuld tragen. Statt die Interessen und Bedürfnisse der in jenen Ländern lebenden Bevölkerung genauer zu erkunden, haben sie sich damit begnügt, eine zur Spitze der Gesellschaft zählende willfährige Minderheit zu europäisieren. Sterile Exponenten unserer Kultur, sind sie zu Verwesern unseres Wirtschaftssystems geworden.

Nicht nur der »Kulturexport«, auch die Verwandlung aller »Kulturgüter« in Waren und die Verflachung aller kulturellen Aktivitäten zu Formen der Produktion von Konsumartikeln stellen eine subtile Form der Kulturzerstörung dar. Die von Abendländern, Amerikanern und Japanern auf den »Rest der Welt« verbreitete Kultur ist selbst fragwürdig geworden, und um so fragwürdiger ist es, daß wir aufgrund unserer ökonomischen Stärke ältere, unabhängige Kulturen sich selbst entfremden. Unsere Kultur ist nur so viel wert, wie sie Anteil hat an jener Hoffnung, die wir nach Walter Benjamins Worten um der Hoffnungslosen willen haben.

Jürgen Habermas kommt in dem eingangs zitierten Aufsatz zu dem Schluß: »Die Neukonservativen vertauschen Ursache und Wirkung. An die Stelle der ökonomischen und der administrativen Imperative, der sogenannten Sachzwänge, die immer weitere Lebensbereiche monetarisieren und bürokratisieren, immer weitere Beziehungen in Waren und Objekte der Verwaltung verwandeln« – an die Stelle dieser gesellschaftlichen Krisenherde setzen die Neokonservativen das Gespenst einer »subversiven Kunst«.

Dieser kulturelle Neukonservativismus, aber nicht nur er, betont bei künstlerischen Werten und kulturellen Institutionen wieder stärker die soziale Komponente und gesellschaftsbildende Funktion. Auch in der politischen Diskussion werden neuerdings die besonderen Leistungen des kulturellen Systems für die Gesellschaft hervorgehoben, desgleichen die Erfahrungen früherer Generationen sowie die stabilisierende Rolle der nicht in Frage gestellten Tradition. Arnold Gehlen legt besonderen Wert auf die »regulierende Kraft archaisch-naturwüchsiger Institutionen« (Habermas), etwa von Religion und Kirche – wobei freilich nur die sozialen Bindungskräfte einer Glaubensüberlieferung als »Kontingenzbewältigungspraxis« (Lübbe), eine Rolle spielen, während die »Gültigkeit des religiösen Glaubens« sich auflöst. Die Intellektuellen gelten als »Agenten«, die Kulturrevolutionen vom Zaune brechen. »Alle Erscheinungen, die sich nicht dem Bild einer kompensatorisch befriedeten Moderne fügen, werden personalisiert und moralisiert«, auch die »sozial unerwünschten Nebenfolgen eines politisch richtungslosen Wirtschaftswachstums«.[52] Das Vokabular der Intellektuellenschelte ist im »Wörterbuch des Unmenschen« nachzulesen. In diesen Kontext gehören auch die Kritik an einem Bildungssystem mit Chancen für alle sowie die Slogans vom »Mut zur Erziehung« und vom »gesunden Traditionsbewußtsein«.

Der Irrtum des Neokonservativismus besteht darin, daß er den Künsten (und dem kulturellen System) nur statische, nur stabilisierende Funktion zuschreibt, etwa indem er ihnen die Vermittlung von legitimierenden »ewigen Werten« überträgt. Doch die Künste bieten noch wichtigere Mittel zur Anpassung an die Zukunft, zur Orientierung an einer veränderten Realität. Mit anderen Worten, die Künste (und das gesamte kulturelle System) haben nicht nur stabilisierende, bewahrende Sozialfunktionen, sondern auch die eines die Gesellschaft begleitenden vitalen Prozesses, der notwendige neue Einschätzungen von Werten und Sinnorientierungen hervorbringt.

Mit der Betonung der kritischen, womöglich sogar destruktiven Aufgabe von Kunst und Künstlern wende ich mich gegen ein altes Mißverständnis des Kulturpessimismus. Nicht nur Oswald Spengler denunziert die plurale, tabubrechende, sozial wirksame Kultur als bedrohlich für eine formierte, starke Gesellschaft, deren Massenleiden durch entpersönlichte kollektive Wohlfahrt verwaltet wird.

Wir müssen in der heutigen Krise ein erweitertes Verständnis von Kultur gewinnen. Kultur ist auch Orientierung des Menschen in seiner Welt und Gestaltung dieser Welt. So können auch von jenen Faktoren, die der Kultur heute so schwer zu schaffen machen, positive Wirkungen ausgehen, wenn sie ein neues Bewußtsein über die Aufgaben der Kultur schaffen. Wem die Gewißheit abhanden gekommen ist, Wohlstand könne soziale Konflikte lindern und private wie gesellschaftliche Sinngebung bieten, ist zunächst völlig desorientiert, aber er wird empfänglich für neue Impulse individuellen und öffentlichen Selbstbewußtseins. Wenn Kultur vor dieser Aufgabe versagt, treten andere Kräfte an ihre Stelle. Angesichts apokalyptischer Gefahren ist Kultur wichtige Zukunftsinvestition, und sie ist, als humanes Kapitel, unverzichtbar im strikten Wortsinn.

Filmpolitik – ein Lehrstück in Zensur

> »Den Mut haben, die Wahrheit zu schreiben, obwohl sie allenthalben unterdrückt wird; die Klugheit, sie zu erkennen, obwohl sie allenthalben verhüllt wird; die Kunst, sie handhabbar zu machen als eine Waffe; das Urteil, jene auszuwählen, in deren Händen sie wirksam wird; die List, sie unter diesen zu verbreiten.« *Bertolt Brecht*

Die politische Wende in der Bundesrepublik konnte das Kulturleben nicht unberührt lassen. Die Politik versorgte Kabarettisten und Satiriker wieder mit Stoff, führte zum Zusammenrücken der Kulturproduzenten und lieferte der parlamentarischen wie der intellektuellen Opposition Themen en masse. Bei der Bedeutung der neuen Medien ist es sicher kein Zufall, daß zum ersten größeren Gefecht auf dem Felde des Films geblasen wurde. Als »Akt der obrigkeitlichen Gewalt, begleitet von klerikalen Schalmeienklängen« bezeichnete Wolfram Schütte die Filmpolitik des Bundesinnenministers Friedrich Zimmermann.
Der Anlaß kam wie gerufen. Ein »Gespenst« erhielt unerwartete Popularität. Herbert Achternbuschs melancholische Passionsposse »Das Gespenst«, vordersinnig oder tiefgründig zu interpretieren und zu genießen, erregt den Zorn professioneller Christen. »Ein blasphemisches Machwerk, das die religiösen Gefühle des weitaus überwiegenden Teils unserer Bevölkerung mit Füßen tritt«, meinte CSU-Landtagsfraktionsvorsitzender Gerold Tandler. Bundesinnenminister Zimmermann beobachtet »schwerwiegende Verletzungen des Empfindens größter Teile unserer Bevölkerung«, und eine große Anzahl von Gläubigen, Priestern und Leserbriefschreibern sekundiert ihm.
Der Fall Achternbusch wirft zwei Fragen auf: Einschränkung der Kunstfreiheit und besonderer Schutz religiöser Überzeugungen. Zunächst zu letzterem: Nichtchristen, Karteichristen, Opportunitätschristen bilden statistisch eine stattliche Zahl, die nicht als »kleine Minderheit« beiseite geschoben werden kann. Sie müssen es sich gefallen lassen, von Kanzeln, von kirchlichen Zeitungen und anderen Medien wegen ihrer Überzeugungen und ihrer Lebenspraxis kritisiert und verunglimpft zu werden. Der Offenbarungs- und Wahrheitsanspruch des Christentums relativiert alle anderen Überzeugungen, kanzelt nichtchristliche Lebenspraxis ab und verletzt die Würde der nichtreligiösen Überzeugungen. Wer Nichtchristen und andere Sünder mit Verdammnis bedroht, der beleidigt doch deren Lebensgestaltung und Menschenwürde. Ja, wer ex cathedra christliche Normen von Liebe und Sexualität propagiert, der diskreditiert damit die intimsten Gefühle der anderen (aber häufig auch ihrer eigenen Mitglieder). Manche Christen suchen die irdische Friedenssehnsucht

vieler Menschen zu entwerten, indem sie unterstellen, Frieden sei allein durch ihre Religion realisierbar. Wenn ein Eiferer öffentlich die weltanschaulichen Gefühle von Nichtchristen verletzt, weil er den Absolutheitsanspruch seiner Religion vertritt, dann hat kein Nichtchrist die rechtliche Handhabe, sich darüber zu beschweren. Manche Fanatiker greifen dabei zu Mitteln des Wortes, der freien Meinungsäußerung, also nicht einmal zu den Mitteln der Kunst, der das Grundgesetz einen besonderen Freiheitsspielraum zubilligt. Die weltanschaulichen Gefühle von Nichtchristen sind offensichtlich ein geringwertigeres Rechtsgut als diejenigen von Christen. Nur weil »der religiös normal empfindende Durchschnittsmensch« Ärgernis an dem Film findet, wurde »Das Gespenst« auch ausgerechnet im sozialistischen Österreich verboten.
In der Bundesrepublik ist der Film (bisher) nicht strafwürdig. Mit einer albernen Begründung hat die 23. Strafkammer des Landgerichts München I ein entsprechendes Verfahren abgelehnt: Der Film gehöre in die nicht strafbare Kategorie des »Läppischen, Albernen und Geschmacklosen«, und es fehle ihm ein »Mindestmaß an Format, das erforderlich wäre, um einen objektiven Anhänger der christlichen Religion tiefer als oberflächlich zu berühren«. Wichtiger als dieses Urteil war die im Zusammenhang mit dem »Gespenst« ausgesprochene Verweigerung der zugesagten letzten Rate von 75 000 DM der Förderprämie von 300 000 DM für den Film »Das letzte Loch«, die Herbert Achternbusch von einer unabhängigen Jury zuerkannt worden war. Der »Gespenst«-Skandal war der Auftakt der Diskussion um die Änderung der Bundes-Filmförderung. Zur Erinnerung: »*Erstens* gibt es eine nach wirtschaftlichen Kriterien ausgerichtete Filmförderung, die von der Filmförderungsanstalt in Berlin (FFA) verwaltet wird. Ihre Gelder gewinnt sie aus der sogenannten Filmabgabe, einem von jeder Kinokarte abgezweigten Prozentsatz. Die FFA gibt solchen Filmen eine Prämie, die im Kino erfolgreich waren, stärkt also die Starken, um Hollywood standhalten zu können. Außerdem fördert die FFA Filmprojekte, die kommerziellen Erfolg versprechen. *Zweitens*: Das Bundesinnenministerium fördert Filme nach ausschließlich künstlerischen Gesichtspunkten. Ein vom Minister unabhängiges Gremium prüft Drehbücher und gibt talentierten jungen Leuten quasi ein Startgeld. Vorteil: Unbekannte Leute haben eine Chance. Nachteil: Das ›Startgeld‹ deckt meist nicht mehr als zehn bis zwanzig Prozent der Gesamtkosten, und bei der Suche nach weiteren Geldquellen (Fernsehen, private Produzenten) kommt das anfängliche Konzept oft unter kommerzielle Räder. Außerdem vergibt das Innenministerium die Bundesfilmpreise, und zwar gleichfalls nach Qualitätskriterien.«[53]
Die neuen Förderungsrichtlinien des BMI, nur unzureichend diskutiert und (zunächst) gegen den Widerstand der FDP vorangetrieben, verändern die Auswahl-Gremien und die Kriterien der Förderung. Die geför-

derten Filme sollen in Zukunft »breite Kreise der Bevölkerung« ansprechen. »Das Modell, das sich Friedrich Zimmermann zur Filmförderung seines Ministeriums hat ausarbeiten lassen, ist ihm auf Paßform zugeschnitten. Was künftig gefördert werden soll, bedarf seines ersten und letzten Wortes. Der frühere Auswahlausschuß wird zu einem ›Sachverständigengremium‹, dem Expertisen über die ökonomischen Erfolgsaussichten eines Stoffes vorliegen, die ihm von der ›Filmförderungsanstalt‹ zuvor geliefert wurden. An die FFA sollen, in konsequenter Logik, die Anträge ohnehin gerichtet werden – statt wie bisher an das Bundesinnenministerium. Wozu bedarf es da überhaupt noch eines (gar fünfundzwanzigköpfigen) ›Sachverständigengremiums‹, so doch Zimmermann dessen A und O sein soll?«[54] Wolfram Schütte kommentiert an anderer Stelle: »Der Minister wird künftig ja höchstselbst seinen submissest vorschlagenden Gremien vorsitzen. Die Angst, die solchem Denken innewohnt, ist die Furcht vor der unkontrollierten Abweichung, der geistigen Freiheit, also vor der Kunst.«[55]

Dagegen opponieren die Filmemacher mit ästhetischen Kriterien. »Die Sehnsucht nach der Schnulze der fünfziger Jahre«, meint Volker Schlöndorff und weist darauf hin, daß »Erfolg ... im Film nicht vorhersehbar ist«.[56] Robert van Ackeren schreibt: »Was wir brauchen, sind riskantere, mutigere, persönlichere Filme, und das, was Herr Zimmermann jetzt fordert, ist im Grunde genommen das genaue Gegenteil.«[57]

Betont werden auch ökonomische Aspekte: »Kultur ist Europas Stärke, sie ist der letzte der Bodenschätze, und es liegt an uns, ob sie noch blüht, wenn die Steinkohle abgebaut und der letzte Erdöltropfen geflossen ist. Aber es ist mir zu schäbig, Kunst wegen ihrer Wirtschaftlichkeit zu verteidigen« (Schlöndorff).[58] Die Filmemacher kritisieren die demokratiefeindliche Grundstruktur der Förderung: »In der Form, der Struktur könnte das Zimmermannsche innenministerielle Filmförderungsmodell genauso gut dem Kopf des polnischen Generals Jaruszelski entsprungen sein.«[59] Für Schlöndorff weist das Procedere nach Moskau, die Regisseure trauen Zimmermann gar eine neue »Reichsfilmkammer« zu.[60] Mit den neuen Förderrichtlinien wird über den Anlaß hinaus die »Legalisierung einer totalen politischen Vor- und Nachzensur« (Wolfram Schütte)[61] angestrebt – die, würde sie östlich der Elbe und südlich der Mexico Bay geübt, heftigster internationaler Kritik sicher wäre.

Die negativen Stellungnahmen der verschiedenen Verbände änderten nichts mehr an den neuen Richtlinien. Die Filmemacher erfahren, was in anderen Bereichen ebenfalls gang und gäbe ist: Macht diskutiert nicht. Anhörungen, Einsprüche usw. erscheinen Wolfram Schütte als »Farcen zynisch geplanten Leerlaufs.«[62] Außer einigen geschickten Relativierungen – so sei das ja gar nicht gemeint, und es gehe nur gegen das »pseudokünstlerische Experiment«, das nur der »Selbstbefriedigung« diene, und

er sage weiterhin »ja zur Phantasie und zum Experiment«,[63] macht Zimmermann keine Zugeständnisse.
Die Reaktionen der Betroffenen sind deutlich. Die »Arbeitsgemeinschaft der Filmjournalisten« rät ab, sich in die neuen Gremien berufen zu lassen, und schreibt in einem offenen Brief an Zimmermann: »Wir sehen uns außerstande, ›fachkundige Persönlichkeiten‹ für ein Gremium zu nominieren, mit dessen Entscheidungen Sie dann nach Gutdünken umspringen. Schon auf Grundlage der bisherigen Richtlinien haben Sie mehrfach Entscheidungen des Ausschusses suspendiert; da Sie Ihre Eingriffsmöglichkeiten in den neuen Richtlinien drastisch erweitert haben, werden Sie sich künftig wohl noch weniger Zurückhaltung auferlegen. Wozu brauchen Sie überhaupt ›fachkundige Persönlichkeiten‹, wenn deren Fachkunde Ihnen so wenig gilt, daß ganz und gar Fachunkundige das letzte Wort haben?«
»Haben nicht die Konservativen immer die Kunst gegen die Massen verteidigt?« fragt Schlöndorff[64] angesichts der Favorisierung des »Publikumsgeschmacks«. Aber es geht um anderes; es ist ein Stellvertreterkrieg, denn nur für den Film gibt es ein Bundesgesetz. Von einer »Waffe im Kulturkampf gegen die Aufklärung«[65] spricht Freimut Duve anläßlich der Zurückstellung der Prämiierung von drei von den zuständigen Gremien empfohlenen Filmen (u. a. »Zeitgeist« und »Verführung«). Hier gibt sich nicht nur eine Parallelität zu erkennen, sondern auch ein Zusammenhang zwischen der Hast Zimmermanns beim Film und Schwarz-Schillings bei den neuen Medien[66]: Es geht darum, neue Fakten zu schaffen.

Die alltägliche Zensur

> »Ich mißbillige Ihre Auffassung, aber ich werde dafür kämpfen, daß Sie sie ausdrücken können.«
> *Voltaire*

Solche Zensurfälle und Unterwerfungsappelle wie beim Film sind nur die Spitze des Eisbergs. Durch die Vorbilder auf höchster Ebene sieht sich eine Alltagspraxis legitimiert, deren Übereifer (oder Eifer) sonst leichter korrigiert werden könnte. Vielleicht ist es kein Zufall, daß auch der Burgdorfer Bibliotheksskandal wie die Filmzensur, im ersten Quartal 1984 seinen Gipfel erreichte. Das Muster ist gleich: Moralische Entrüstung als Aufhänger, gefolgt von angemaßter Kunstrichterkompetenz politischer Beamter. Auch in diesem Falle existentielle Folgen für den beteiligten Bibliothekar.
Wegen des exemplarischen Charakters lohnt sich eine ausführlichere Dokumentation. Stadtdirektor Horst Bindseil in Burgdorf (Niedersachsen) »ließ mehr als ein halbes Hundert Bücher aussortieren, die er und seine

Fahnder für pornographisch halten. Wie gefährdet Schnüffler sind, die überall ›Schweinkram‹ (Bindseil) wittern, zeigte sich, als sie auch ein Buch mit dem Titel ›Bikini‹ mitgehen ließen. Das Buch schäkert jedoch nicht mit dem zweiteiligen Badeanzug, sondern beschreibt die Folgen des Abwurfs von Atombomben auf das Bikini-Atoll. Weil Bindseil weiterschnüffeln ließ, wer sich in Burgdorf den ›Schweinkram‹ ausgeliehen habe, ist eine Datenschutzaffäre, und weil dem Leiter der Bücherei, Mieslinger, fristlos gekündigt wurde, auch noch ein Arbeitsgerichtsprozeß entstanden.«[67]

Die Protestreaktionen der Bibliothekare waren eindeutig, aber statt sich betroffen zu zeigen, entläßt der Stadtdirektor den Büchereileiter Hans-Peter Mieslinger unter anderem, weil er (nachdem er unter Druck die Namen der Entleiher einiger Bücher weitergegeben hatte) eine Anfrage beim niedersächsischen Datenschutzbeauftragten gestellt hatte – worauf dieser meinte, dies sei zwar rechtens, weil es sich nicht um eine Weitergabe von Daten an »Dritte« handele, eine Entlassung wegen dieser Anfrage aber sei »mit dem Geist des Datenschutzrechts unvereinbar«.[68] Nachdem die erste Kündigung am Widerspruch des Personalrates scheiterte (Mieslinger genoß als Personalratsmitglied besonderen Kündigungsschutz), wurde er im Frühjahr 1984 entlassen, zu einer Zeit, als er nicht mehr dem Personalrat angehörte. »Bindseil versah die neue fristlose Entlassung mit der zusätzlichen Begründung, Mieslinger sei mitverantwortlich dafür, daß Burgdorf in der Öffentlichkeit als Provinznest diffamiert worden sei. Als Teilnehmer der Talkshow ›Leute‹ des Senders Freies Berlin habe der Bibliothekar zur ›Hetze gegen die Stadt‹ beigetragen.«[69]

Eine in Bindseils Kreisen erwünschte Haltung praktizierte die Büchereileiterin in Lemgo: Dort war eine Broschüre »Bücher zur Bundestagswahl 1980«, verfaßt von zwei Bibliothekarinnen aus Bielefeld, auf Kritik der lokalen CDU gestoßen, weil darin die Titel eines Engelmann- und eines Augstein-Buches zu Franz Josef Strauß aufgeführt waren (wie es der Informationsaufgabe einer öffentlichen Bücherei angemessen ist). Die Bibliothekarin in Lemgo bekannte öffentlich ihre Unaufmerksamkeit und tat Buße, indem sie die Bibliographien zerriß.[70]

Zur Buchmessenzeit 1983 wurden die Buchproduzenten durch die Aktivitäten des Staatsanwaltes aufgeschreckt: In Buchhandlungen in Hannover und München ließ er durch die Polizei Bücher beschlagnahmen, deren erotischen Inhalt er als Skandal empfand, Bücher, die zum Teil schon jahrelang im Handel waren und – wie Anais Nin – längst kanonisierte Klassiker sind.[71] »Der Skandal fängt an«, sagt Karl Kraus, »wenn die Polizei ihm ein Ende macht«.

Die klimatischen Folgen solcher Handlungen kann man sich leicht vorstellen. Das Vertrauen in die Institution Bibliothek wird nachhaltig er-

schüttert. Zweifel entstehen, ob man sich auf ihre Dienstleistung verlassen kann – und ob man sich ihrer ohne Furcht vor Denunziation bedienen darf.
Eingriffe in die Freiheit der Kunst kennen keine Parteigrenzen. Blamabel für die SPD war die »Affäre Godde« in Essen: In einer mit Intendantenmustervertrag und mit der Freiheit der Kunst nicht zu vereinbarenden Formulierung war dem Intendanten Ulrich Brecht eine Vertragsformulierung vorgelegt worden, in der es hieß, auch künstlerische Entscheidungen wie Spielplan, Engagement, Besetzung »bedürfen der Mitzeichnung durch den Verwaltungsdirektor und sind dem Kulturdezernenten rechtzeitig als Verfügungsentwurf vorzulegen, stehen also unter Genehmigungsvorbehalt«.[72] Und in einem Schreiben betonte Kulturdezernent Godde auch noch ausdrücklich, er werde »nicht zögern, Genehmigungen zu versagen«, wenn es Konflikte zwischen ökonomischen und künstlerischen Fragen gebe. Schlimmer noch: Ausdrücklich wurde die »soziale Akzeptanz« als Kriterium für die Spielplangestaltung herangezogen.[73] Das ist nur eine andere Formulierung für Zimmermanns »Publikumserfolg«.
Und wenn der SPD-Wissenschaftsminister Rolf Krumsiek in Düsseldorf den Kunstprofessor Bazon Brock nicht nur dazu bewegt, einen amerikakritischen Satz aus einem »1984«-Kunstkalender-Vorwort zu streichen, sondern dann auch noch das ganze Vorwort durch ein eigenes ersetzt,[74] dann ist auch dies ein Zeichen parteiübergreifenden Fehlverhaltens.
Indirekte Zensur in den Rundfunkanstalten, also außerhalb der kommunalen Kulturpolitik, ist zwar ein »Dauerbrenner«, aber auch sie ist seit der »Wende« noch intensiver geworden. Der Fall Franz Alt begleitete den Höhepunkt des Friedensherbstes 1983; die »Säuberung« des »Deutschlandfunks« fand 1983 allmählich statt.[75]
Zensur ist gewiß kein Privileg der Bundesrepublik. Am ausgeprägtesten wird sie in Südafrika gehandhabt, wo sogar bedruckte T-Shirts der Zensurbehörde vorgelegt werden müssen. Und die »Zeit« weiß 1982 zu berichten: »In Warschau wurde jetzt Solschenizyns ›Iwan Denissowitsch‹ verboten; das wäre keine Nachricht – handelte es sich nicht um Warschau, Indiana, USA. Die Verketzerung des antisowjetischen Ketzers ist nur die Konsequenz einer neoreaktionären Hysterie, die durch Amerikas Schulbibliotheken, Universitätsausleihen und öffentliche Bücherhallen rast. Wie auf dem schönsten Höhepunkt der McCarthy-Ära, als Kontrolleure die Amerika-Häuser von den Büchern der Dos Passos oder Erskine Caldwell ›reinigten‹, wehrt sich der neue Gehirnwaschzwang in USA gegen Malamud, Kurt Vonnegut, Philip Roth und Mario Puzo.«[76]
Wen wundert's, wenn auch klassische Symbole westlicher Freiheit unter verstärkten Druck geraten. Im RIAS Berlin wurde 1983 demonstriert, daß es für diesen Sender in dem »politischen Gebilde« West-Berlins eine

US-Aufsichtsbehörde gibt: »Zwei Mitarbeiter von RIAS-Berlin, die sich in unterschiedlichen Sendungen mit den Themen Frieden und Nicaragua auseinandergesetzt haben, können in der bisherigen Form nicht mehr weiterarbeiten.« Der eine, Rainer Clute, hatte im Herbst 1983 in einer Klassik-Sendung die »Wandlung der Friedensmusik vom Feiern des Sieges zum Warnen vor weiteren Kriegen« demonstrieren wollen – ihm wurde vorgeworfen, für eine Musiksendung sei seine Moderation zu ausführlich gewesen. Der Redakteur eines Literaturmagazins, Hans-Georg Soldat, hat »durch die Ausstrahlung eines Reiseberichts aus Nicaragua, der sich kritisch mit dem Verhalten der Amerikaner in diesem Land auseinandersetzte, die Ebene eines Literaturmagazins verlassen«.[77] Inzwischen weiß man, daß aus den USA der Wunsch laut wurde, die Arbeit des RIAS stärker zu kontrollieren.
Auf diese Weise wird nicht nur das Rechtsgut »Freiheit der Kunst« oder der Meinungsäußerung verletzt, empfindlich gestört wird auch die Fähigkeit der Gesellschaft, sich mit ihrer eigenen Realität schöpferisch auseinanderzusetzen.

Das Beispiel der Goethe-Institute

> »Die Lücke zwischen wirtschaftlicher Größe und provinzieller Kulturpolitik der Bundesrepublik Deutschland ist zu groß. Die deutsche Kulturpolitik hat noch vieles nachzuholen.« *Günter Grass*

Nur mit Sorge lassen sich die Fälle politischer Bevormundung und Denunziation der Arbeit unserer Goethe-Institute im Ausland verfolgen. Da legt der Botschafter der Bundesrepublik in Sri Lanka sein Veto gegen eine vom Goethe-Institut in Colombo vorgesehene Privatvorführung von Wolfgang Petersens Film »Die Konsequenz« ein, was seit dem Rahmenvertrag des Goethe-Instituts mit dem Auswärtigen Amt von 1978 zuvor erst zweimal geschehen war. Da wird im Zusammenhang mit einer Staatsvisite unseres Bundeskanzlers in Japan die Existenz einer Video-Kassette mit und über den Bundestagsabgeordneten General a. D. Bastian im Goethe-Institut zu Kyoto zur politischen »Affäre« hochgespielt. Da wird Kritik geübt am Auftreten von angesehenen Persönlichkeiten des öffentlichen Lebens und der Künste in Goethe-Instituten, nur weil sie andere Auffassungen als die der Bundesregierung zu vertreten wagen, und zwar in Fragen, von denen jeder Zeitungsleser im Ausland weiß, daß sie, wie das Thema Frieden, derzeit in der Bundesrepublik auf breiter Ebene umstritten sind. Da meldet in der Sitzung des Filmausschusses der Münchener Zentrale des Goethe-Instituts im April 1984 der Vertreter des

Auswärtigen Amtes »aus haushaltsrechtlichen Erwägungen« sein Veto gegen Filme an, deren Titel ganz andere Gründe vermuten lassen. Zusammen mit dem Runderlaß vom 11.8.1983 und mit der Kürzung der Mittel ausgerechnet für Wortveranstaltungen verunsichern solche Vorfälle die Leiter und Mitarbeiter der Goethe-Institute. Welch seltsame Blüten seit Kohls Kyoto-Visite vorausschauender Gehorsam in den Goethe-Instituten treiben kann, läßt sich am Beispiel eines westeuropäischen Instituts ablesen. Wie ich erfahren habe, entfernt der Direktor höchstselbst »Spiegel« und »stern« als vermeintlich linke Postillen aus Goethes Regalen, sooft ein offizieller Repräsentant der »Wende-Politik« ins Haus steht.

Die bekannten, aber sicher nicht vollzähligen Fälle von Eingriffen in die bisher gerühmte Autonomie der Goethe-Institute lassen folgende grundsätzliche Feststellungen geboten erscheinen:

1. Die Pflege auswärtiger Kulturbeziehungen darf nicht auf die Aufgabe reduziert werden, das Ansehen unseres Staates durch kulturelles Dekor zu verschönern und die Bundesrepublik als Kulturstaat in der Welt attraktiv zu machen. Kulturelle Beziehungen sollten autonom sein, nur in dieser selbständigen Form können sie die »dritte Säule« unserer Außenpolitik bilden. Wie die auswärtige Wirtschaftspolitik die Sicherung von Waren-Export und Rohstoff-Import kaum zur Unterstützung der Sicherheitspolitik betreibt, so kann auch die Auswärtige Kulturpolitik nicht zur direkten oder indirekten Unterstützung anderer Bereiche der Außenpolitik dienen; sie ist zuallererst Mittel zur Mehrung kulturellen Reichtums und kultureller Beziehungen um ihrer selbst willen.
2. Die auswärtige Kulturpolitik bedient sich aus guten Gründen der Mittlerorganisationen, weil sie größere Spielräume besitzen als die diplomatischen Vertretungen. Das sollte aber nicht nur für »Schönwetterzeiten« gelten – die Glaubwürdigkeit dieser Arbeit hängt davon ab, daß die Klientel der Goethe-Institute in ihnen nicht einen verlängerten Arm der diplomatischen Vertretungen und damit der jeweiligen Bundesregierung sieht. Dieser Grundsatz verbietet Kontrolle und Bevormundung durch die jeweiligen Botschaften.
3. Die Mitarbeiter und Leiter der Goethe-Institute im Ausland sind nach Qualitätskriterien ausgewählte Fachleute, die sich durch einen erfolgreichen Berufsweg und durch persönliche Integrität ausgewiesen haben. Ihnen »Takt« und »Fingerspitzengefühl« zu verordnen, ist eine Anmaßung. Daß einige mehr, andere weniger wagen, hängt von den Persönlichkeitsstrukturen ab. Die 130 Goethe-Chefs müssen sich von der Auslandsvertretung nicht die aktuellen Sprachregelungen für ein »wirklichkeitsgerechtes Deutschlandbild« vorschreiben lassen. Die in den meisten Fällen ohnehin praktizierte vertrauensvolle Zusammenarbeit mit den Botschaften kann nicht dekretiert werden.

4. Kulturfunktionäre diktatorischer Regimes mögen in aller Welt vor Hochachtung erstarren, wann immer von ihren Staatsoberhäuptern die Rede ist. Demokratische staatliche Institutionen leben von der Anerkennung und Sympathie, die sie bei der jeweiligen Bevölkerung genießen. Im Ausland einen anderen Eindruck erwecken wollen, als es den liberalen Gepflogenheiten zwischen »oben« und »unten« in der Bundesrepublik entspricht, ist nicht nur bedenklich, sondern auch ineffektiv.
5. Auf administrativem Wege erzwungenes Wohlverhalten und intellektuelle Kontrolle bringen auch kurzfristig keinen Nutzen, denn der größte Teil unserer Künstler, Schriftsteller und Wissenschaftler, also unsere besten Botschafter im Ausland, werden keine Konformitätsklauseln unterschreiben. Bevormundungen sind auch langfristig schädlich. Das Bild eines toleranten, offenen und geistig-kulturell lebendigen Staates erzeugt bei den lokalen Eliten anderer Nationen mehr Sympathien als Rücksichtnahmen an falscher Stelle und künstlich harmonisierte Kultur. In Umkehrung eines Lenin-Wortes wäre für bundesdeutsche Kulturinstitute Vertrauen besser als Kontrolle.
6. Auswärtige Kulturpolitik soll unseren Partnern ein Bild davon vermitteln, was hierzulande »an geistiger Auseinandersetzung und fruchtbarer Unruhe tägliche Wirklichkeit« ist; so heißt es in den immer noch zeitgemäßen Leitsätzen für die auswärtige Kulturpolitik von 1970. Soll das nach der »Wende« nicht mehr gelten? Dann müßten die Künstler und Kulturschaffenden sich überlegen, wie sie ihre Auslandsauftritte anders organisieren lassen oder die Organisation selbst in die Hand nehmen. Aber vom Verband der Schriftsteller oder anderen organisierten Auslandstourneen von Grass oder Böll, Kluge oder Achternbusch, Staeck oder den »Scheibenwischern«, können das für die auswärtige Kulturpolitik erstrebenswerte Alternativen sein?
7. Künstler reagieren sensibel auf alle offenen oder getarnten Versuche, ihre Freiheiten einzuschränken. Für sie ist Freiheit kein Luxus, sondern produktive Arbeitsvoraussetzung. »In der Kunst sind die herrschenden Gefühle und Gedanken nicht die Gefühle und Gedanken der Herrschenden« (Hermann Glaser). Kunstfreiheit sollte nicht nur für den Geltungsbereich des Grundgesetzes, sondern auch für Institutionen der Bundesrepublik außerhalb ihrer Grenzen gelten.

In seiner Kunst spiegelt ein Volk sein Innerstes, und in ihren Künstlern eine Nation ihre Wirklichkeit; eine Regierung dokumentiert nirgends besser als in ihrem Verhältnis zu den Künsten und den Künstlern den Grad ihrer Toleranz und Freiheitsliebe. Romain Rolland meinte, wer den Geist eines Volkes durch seine Kunstwerke in sich aufgenommen habe, bleibe immer von ihm durchdrungen und könne das Volk besser verstehen als ein anderer, bis in seine Politik hinein. Auswärtige Kulturpolitik kann also nur ein Ziel haben: Statt zur Imagepflege beliebig benutzbare Künstler und affirmative Kunst zu exportieren, sollten Schriftsteller und Künstler eine Chance bekommen, in den Hauptstädten der Welt und, noch besser, in den Junta-Diktaturen aufzutreten, um als kritische Begleiter gegenwärtiger Gesellschaft und Politik den Fortschritt zu garantieren. Schon Schiller hielt Künstler für berufen, »auf die dürftige Geburt der Zeit den Maßstab des Unbedingten« anzuwenden. Vor allem durch diese Form souveräner Selbstdarstellung kann die Bundesrepublik ihre Glaubwürdigkeit als freiheitlicher und demokratischer Staat unter Beweis stellen. Nicht die *Hegemonie* der deutschen Kultur, sondern ihre *Autonomie* vorzuführen, könnte Regimen mit eingeschränktem Weltverständnis wie in Südafrika oder in Chile zu denken geben.

Die Freiheit der Kunst ist kein Objekt der jeweiligen politischen Opportunität. Sie läßt sich nicht von wechselnden Mehrheiten ganz oder teilweise suspendieren. Nicht zuletzt aufgrund ihrer »Weltbürgerschaft« kennen unsere Künstler Mittel und Wege, sich gegen offene und öffentliche Formen der Zensur und gegen Entmündigung zur Wehr zu setzen. Viele sind bereit, ihre intellektuellen Möglichkeiten notfalls auch spektakulär einzusetzen. Wie sehr eine intolerante Behandlung von Künstlern dem Ansehen eines Landes schadet, hat der Fall Harald Naegeli gezeigt: Kaum eine andere Aktion hat das liberale Image der Schweiz derart ramponiert wie die auf Veranlassung seines Heimatkantons durchgesetzte Inhaftierung des »Sprayers« von Zürich. Schon aus pragmatischen Gründen scheint es daher wenig sinnvoll, den Lebensraum der Künste zu beschneiden und die Selbstdarstellung der Künstler aus der auswärtigen Kulturpolitik auszuklammern.

Das Problem der auswärtigen Kulturpolitik ist nicht das Vetorecht der Außenpolitik. Die wenigen gravierenden Fälle sind (noch) marginal geblieben. Das eigentliche Problem sind vielmehr die psychologischen Folgen. Als vor einigen Jahren das Gerücht aufkam, in einer West-Berliner Bibliothek würden die Benutzer politischer Bücher von der Rasterfahndung des Bundeskriminalamtes erfaßt, da hatten die Nebenfolgen dieses Gerüchts die schlimmsten Auswirkungen: Das Vertrauen in die Institution war gestört und ängstliche Gemüter warnten sogar vor Büchern weit unterhalb der Ebene wirklicher politischer Radikalität.

Ähnlich verhält es sich auch mit dem Vertrauen in die Arbeit der Goethe-Institute. Nicht das Veto, nicht die amtlichen Vereinbarungen sind das Fatale, sondern die dissonanten Zwischentöne, die ein mißliches Klima anzeigen. Da ist etwa in einer Diskussion davon die Rede, daß man natürlich auch die problematischen Folgen deutscher Industrieansiedlungen in Brasilien im Ausland diskutieren könne – die Frage sei nur, ob dies »sachlich oder giftig« geschehe. Wir kennen aus der bundesdeutschen Realität den Fall, daß die Polizei am Arbeitsplatz erschien, nur weil sich ein Heranwachsender nach südamerikanischen Engagements seines Betriebes erkundigt hatte. Oder nehmen wir den Fall einer Lehrerin, die, gestützt auf kirchliche Dokumente, gewisse Praktiken deutscher Firmen in Brasilien im Unterricht behandelt hatte und daraufhin den insistierenden Besuch der zuständigen Regierungsdirektorin des Kultusministeriums (NRW) bekam.

Die »Gemeinsamen Feststellungen« von Auswärtigem Amt und Goethe-Institut »zur Anwendung einiger Bestimmungen des Rahmenvertrages« vom Oktober 1983 enthalten einige zweifelhafte Formulierungen: Zwar soll das »kulturelle Leben«, das zu vermitteln ist, »die gesamte Lebenswirklichkeit« der Bundesrepublik einschließen und die »Vielfalt der vertretenen Meinungen möglichst breit und vollständig« wiedergeben – was natürlich die Regierungsmeinung einschließt; immerhin sollen aber auch »kritische Äußerungen« frei geäußert werden können. Aber natürlich soll bei der Auswahl darauf geachtet werden, den »Respekt vor dem Grundgesetz und den Verfassungsorganen der Bundesrepublik« zu wahren. Wie denn? In jeder Zeile? Läßt sich das überhaupt dekretieren? Andernfalls soll ein Vertreter der Botschaft oder des Kulturinstituts gehalten sein, unmißverständlich deutlich zu machen, daß Schriftsteller oder Referenten nur für sich selbst sprechen. Außerdem muß dieser Beobachter »unverzüglich« einen Bericht über einen solchen Vorfall abgeben. Können diese Ermessensvorbehalte jenes repressionsfreie, experimentierfreudige kulturelle Klima schaffen, das jedenfalls innerhalb der Bundesrepublik grundgesetzlich verankert ist? Unter solchen Klauseln hätte der »Nonkonformist« Thomas Mann mit seiner Kritik am Nachkriegsdeutschland nie im Auftrag eines Goethe-Instituts im Ausland lesen dürfen.

Daß Programmplanungen sich nach »regionalen und sektoralen kulturpolitischen Vorgaben anhand einer Vorlage des AA« richten müssen, beruhigt schon fast wieder; Programmplanungen werden mit dem AA erörtert, und man spricht von »Einigungsversuchen auf der Arbeitsebene«, worunter eher Schlichtungsmaßnahmen nach der Satzung des Goethe-Instituts zu verstehen sind. Was sich auf dieser schwankenden »Arbeitsebene« in der alltäglichen Praxis abspielt, mag sich jeder selbst ausmalen.

Im allgemeinen werden den Künsten, deren Autonomie nicht mit Politikferne zu verwechseln ist, besondere Aufgaben zugeschrieben, und deswegen ist auswärtige Kulturpolitik die »Dritte Säule« der Außenpolitik, also ein selbständiger Bereich. Zugunsten dieser Selbständigkeit bedient sich das AA der Mittlerorganisation wie Goethe-Institut, Inter Nationes, DAAD usw.

Timm Ulrichs umschreibt die gesellschaftliche Funktion des Künstlers als Pfadfinder, Wegbereiter und Schrittmacher folgendermaßen: »Mögen auch Spezialisten anderer Disziplinen in ihren separiert-partikularen

Fachgebieten fachmännisch Vorschau und Futurologie betreiben: sie können es nicht im Hinblick auf eine allgemeine, synoptische Kunst/Lebenspraxis, die mit solchem pars pro toto sich niemals begnügen wird. Nur Kunst noch zielt auf den ganzen, ungeteilten Menschen.«[78]

Wissenschaft, Künste und Kulturleben dürfen unter keinem noch so schön drapierten Vorwand an der Beschäftigung mit der Realität, mit ihren Problemen und Widersprüchen gehindert werden. Die »Schere im Kopf« wird für immer mehr Menschen modisches Accessoire; SWF-Intendant Hilf hat sie im Falle des Moderators Franz Alt ausdrücklich als Arbeitsinstrument des Journalisten verteidigt. Diese Schere bedeutet aber Reduzierung von Realität, und die Folge sind auf Dekoration reduzierte Künste. Mit solcher Verkürzung schadet sich die auswärtige Kulturpolitik nicht nur selbst, sondern auch den Interessen aller Bürger.

6. Kultur schafft Perspektiven

»Kultur, verstanden als Lebensweise, ist vielleicht die glaubwürdigste, die beste Politik.«
Richard von Weizsäcker

Arbeit und Brot im kulturellen Bereich

Die Überwindung der Krise ist eine Herausforderung an die analytische Kraft der Kunst, die visionären Kräfte der Künstler; sie sind aufgerufen, nicht nur mit ästhetischen Mitteln, sondern auch mit ethischen Prinzipien darauf zu reagieren. Außer den ökonomischen und gesellschaftspolitischen gilt es auch, die immateriellen Folgen der Krise zu beseitigen. Mit Hilfe des auf den Künsten beruhenden Reflexionsprozesses sollte nach Adorno der menschliche Geist über Materie und Zufall triumphieren.

Ehe ich auf diese Aufgabe der Künste näher eingehe, möchte ich einen kurzen Blick auf ihren materiellen Beitrag zur Existenzsicherung und zum Krisenmanagement werfen. Gerade in wirtschaftlich prekären Situationen, in denen sich öffentliche und private Investitionstätigkeit auch in ihrer Auswirkung auf den Arbeitsmarkt messen lassen muß, ist es wichtig, sich die arbeitsmarktpolitische Komponente des gesamten kulturellen Bereichs klarzumachen. Kultur ist genauso, vielleicht sogar mehr als manche anderen Sektoren des wirtschaftlichen Lebens, ein wichtiger Arbeitsmarktfaktor. Kulturausgaben mit dem Argument zu kürzen, die freiwerdenden Mittel würden aus arbeitsmarktpolitischen Gründen anderswo dringender gebraucht, ist Heuchelei: Denn im Kulturbereich lassen sich Arbeitsplätze noch leicht vermehren, ja in der Regel sind sie dort sogar billiger einzurichten als anderswo – womit nicht gesagt sein soll, daß Kultur als Beschafferin billiger Arbeitsplätze anzusehen sei.

Im »Vorbericht« für den Arbeitskreis Kultur des Deutschen Städtetages von 1983 wird daran erinnert, daß Kulturausgaben nicht nur im gesellschaftspolitischen, sondern vor allem auch im wirtschaftlichen Sinne rentierliche Investitionen für die Zukunft bedeuten können. Obwohl diese Investitionen in nichts geringerem als in humanem Wachstum angelegt sind, möchten die Kommunen sie nur auf den sogenannten »Freizeitwert« bezogen und als Maßnahmen zur Steigerung der Attraktivität

einer Stadt verstanden wissen. Daß eine Ausweitung des Freizeitangebotes auch Einfluß auf den Arbeitsmarkt hat, wird dabei übersehen.
Andreas J. Wiesand und Karla Fohrbeck haben in ihrer Studie über den Musikmarkt festgestellt, daß dort bei einem Jahresumsatz von 25 Milliarden DM mehr als 225 000 Erwerbstätige Arbeit und Brot haben und sich auch mit der Tätigkeit weitgehend identifizieren können. Ein Dauerarbeitsplatz im öffentlichen Musikbereich kostet 67 000 DM pro Jahr.[79]
Öffentliche Mittel machen von der Gesamtsumme, in der von der Oper über die Konzerte bis zum Musikunterricht an Schulen und Musikhochschulen alles inbegriffen ist, nur rund ein Zehntel aus. Allein die Kirchen stellen von der Gesamtsumme etwa 100 Millionen.
Fast die Hälfte des gesamten Musikumsatzes fällt auf Handel, Vermittlung, Verbreitung; 36 % auf Produktion und Vertrieb. Zum Vergleich sind einige Umsatzzahlen aus der Industrie interessant: Steinkohlebergbau mit Kokereien registrieren einen Umsatz von 19,4 Milliarden DM mit 190 000 Beschäftigten; Schiffbau, Luft- und Raumfahrzeugbau haben 8,9 Milliarden DM Umsatz mit 119 000 Beschäftigten. Diese beiden Branchen wurden allein wegen ihrer hohen öffentlichen Subventionen zum Vergleich herangezogen. Oder nehmen wir die Hersteller von Büromaschinen, EDV-Geräten und anderen technologischen Apparaturen, die vom Staat enorme Investitionen als Vorleistungen für ihre Produktion verlangen. Sie haben 4,2 Milliarden DM Umsatz und 70 000 Beschäftigte.
Bei der Würdigung des Expansionspotentials im kulturellen Bereich kommt der Symbiose von öffentlichem und privatem Sektor besondere Bedeutung zu: »In öffentlicher Regie ausgebildete und teilweise auch dort (teilzeit-)beschäftigte Künstler und Musikerzieher sind auf die Einkommen und Verbreitungsmöglichkeiten des Privatmarktes dringend angewiesen. Auf der anderen Seite würden Qualitätsprodukte der Schallplattenindustrie ohne die im öffentlichen Bereich tätigen Interpreten und z. T. auch Urheber nicht erscheinen können, wäre auch die umfangreiche einheimische Herstellung von Musikinstrumenten ohne die Absatzmöglichkeiten z. B. bei Musikschulen kaum denkbar.«[80]
Der musikalische Gesamtmarkt lebt offensichtlich »überwiegend von den Ausbildungs- und (regelmäßigen) Verdienstmöglichkeiten, die der Staat, die Gemeinden und öffentlich-rechtlichen Einrichtungen durch das von ihnen beschäftigte Personal bereitstellen«.[81] Im Klartext heißt das: ohne öffentliche Ausbildung, ohne die Nebentätigkeit beamteter Musikpfleger kein (oder weniger) privater Musikmarkt.
»Prosaischer Merkur huldigt Polyhymnia«, kommentierte 1982 das Presse-Info der Frankfurter Messe die Verleihung des ersten »Frankfurter Musikpreises«. Wie die genannten Zahlen dokumentieren, hat »Merkur« in der Tat allen Grund, den Künsten zu huldigen. Die ökonomischen Folgewirkungen der öffentlichen Kulturausgaben sollten auf jeden Fall

bedacht werden – zumal die Musik im ökonomischen Verwertungszusammenhang genauso viel oder wenig »produktiv« ist wie Butterberge oder Kohlenhalden. Der Musikbereich ist im Vergleich zur übrigen Privatwirtschaft eher wenig konzentriert und hat mit vielen mittelständischen Betrieben auch hohe Folgewirkungen für den lokalen Arbeitsmarkt.
Ein Arbeitnehmerhaushalt mit vier Personen und mittlerem Einkommen investierte 1981 etwa 35 DM pro Monat direkt oder indirekt in sein Musikinteresse. Der Musikmarkt hat noch unausgeschöpfte Wachstumschancen. Er war übrigens bereits wesentlich größer, wie der statistisch belegte »Musiker-Schwund« ausweist. Während 1950 noch 63 Berufsmusiker unter 100 000 Einwohnern gezählt wurden, waren es 1980 nur noch 27. Der Ausländeranteil in unseren Orchestern ist zwischen 1960 und 1980 von 1,7 auf 16,6 Prozent gestiegen, hat also das Zehnfache erreicht. Diese Zahlen müssen auch für unsere Musikausbildung als Alarmsignal gelten. Sie zeigen aber auch, daß ein Bereich, in dem Rationalisierung kaum möglich und personengebundene Vermittlung unverzichtbar ist, noch einen großen Personalbedarf hat. Eine Regionalisierung bis in die kleinsten Gemeinden könnte dazu führen, entwickelte Formen der Musik fester als bisher einzubürgern: Auch das Repertoire der Gesangvereine verdient neue Impulse auf breiter Ebene.
Diese Zusammenhänge sollte im Hinterkopf behalten, wer die öffentliche Kulturförderung vorschnell ersetzen möchte durch Markt und Mäzenatentum: Das wäre das Ende vieler Bereiche. Auch dem Streit über die Kosten der Oper und der gern damit verquickten Frage nach ihrer Existenzberechtigung wäre damit schnell ein Ende gemacht. Mit der Oper ist es ähnlich wie mit der Elektrizität: Sie muß erzeugt, vermittelt und gebraucht werden, um vorhanden zu sein. Von den 67 DM, die 1980 pro Kopf des Bundesbürgers von Bund, Ländern und Gemeinden für Kultur ausgegeben wurden (ein Zehntel dessen, was Verteidigung kostet), entfallen 26 DM auf Musikförderung. Mit diesem relativ hohen Anteil werden auch extrem teure (weil personalintensive) Bereiche wie Oper und Symphonieorchester bestritten.
Bei professionellen Bühnen wird der Arbeitsmarktfaktor evident, wenn wir daran denken, daß die 379 Bühnen der Spielzeit 1982/1983 (mit 172 000 Plätzen) 16 903 künstlerische Mitarbeiter beschäftigten, davon 4221 Musiker (Deutsches Bühnenjahrbuch 1984). Dazu kommen wohl fast neunmal so viele technische Mitarbeiter, eine ganze Anzahl gelegentlich beschäftigten Personals und weitere beschäftigungsrelevante Folgeeffekte. Die öffentlichen Theater gaben allein 1,8 Milliarden DM aus, davon 1,5 Milliarden DM als »verlorene« Zuschüsse. Oder nehmen wir weitere Zahlen aus einem anderen darstellenden Kunstsektor: Filmherstellung, Verleih und Kino machten 1979 2,1 Milliarden DM Gesamtumsatz.[82]

Um das arbeitsmarktpolitische Gewicht der Kultur richtig einschätzen zu können, kann man auch auf das weniger spektakuläre Beispiel der Bildenden Künstler zurückgreifen. Schon in den Jahren 1970/1973 wurden in der Bundesrepublik 14260 selbständige und 17260 unselbständige Künstler registriert: Diese mehr als 31500 Arbeitsplätze sind eine stolze Zahl, die etwa der damaligen Größenordnung des Stammwerkes der Adam Opel AG entspricht, von dem die Stadt Rüsselsheim und ihr Pendler-Einzugsgebiet »leben«. Das Gesamtumsatzvolumen des bundesdeutschen Kunstmarktes betrug 1972 etwa 1,021 Milliarden DM, was, auf das heutige Preisniveau hochgerechnet, eine Summe von etwa 1,735 Milliarden ergäbe.
Da von diesem Umsatz durchschnittlich etwa 35 Prozent auf Material sowie auf Fremdleistungen von Künstlerbedarfherstellern, Druckern, Gießerei-Werkstätten usw. entfallen, werden so zusätzliche Arbeitsplätze vor allem in hochspezialisierten kleineren Betrieben gesichert. Eine Störung des Kunstmarktes bzw. Schrumpfung durch Desinteresse bei der Klientel hätte direkt und indirekt »Freisetzungen« von Arbeitskräften zur Folge, die anderswohin kaum vermittelbar wären und folglich den Sozialetat belasteten.
Auf einen weiteren Arbeitsmarkteffekt der Bildenden Kunst macht Günter Drebusch aufmerksam: Künstler verändern die »Sehgewohnheiten«, und »durch diese Veränderung werden zugleich die visuellen Bedürfnisse der Menschen verändert«, die ihrerseits »die Form- und Farbgebungen von Konsumgütern« prägen.[83] Fast alle Stile unseres Jahrhunderts haben die Gestaltung von Gebrauchsgütern beeinflußt: Vom Flacon bis zur Karosserie, vom Eßbesteck bis zum Wolkenkratzer wurde die Ästhetik funktionalen Zwecken unterworfen und umgekehrt. Die Künste lieferten Impulse für Mode-Trends und für Mode-Wechsel, freilich im komplizierten Wechselspiel von epochalem Wandel und dessen Niederschlag sowohl in der Kunst wie im Lebensgefühl ihrer Konsumenten. Nun mag man dagegen einwenden, Kunst »heize« so den schädigenden, umweltzerstörenden Wechsel der Moden kräftig mit an; sie tut dies aber in viel langsameren Zyklen, als wir dies vom Innovationstempo der Mode-Industrie her kennen. Unter den gegenwärtigen Bedingungen ist sie so ein zumindest ökonomisch relevanter Faktor.
Solche Auswirkungen sind jenen verwandt, welche die Ausbildung von Schauspielern, Sängern, Musikern usw. sowie die ganze öffentlich subventionierte Musikproduktion auf die Kulturindustrie ausüben. In all diesen Fällen handelt es sich um nichts weniger als von der privaten Wirtschaft fraglos übernommene Vorleistungen der öffentlichen Hand bzw. der ambitionierten Künste zugunsten kommerzieller Verwertung.
Die bildenden Künste haben auch technische Innovationen wie Fotografie, Film, Lithographie, Siebdruck oder die Anwendung von Silikon-

Kautschuk oder Hartschaum so entwickelt, daß sie auch zur industriellen Verwertung taugen. Mit ihrer Multifunktionalität haben sie anderen zu wirtschaftlichem Erfolg verholfen.
Ein anderes Beispiel für Arbeitsmarkt-Folgewirkungen der Kultur liefert die Denkmalpflege: Durch öffentliche Initiativen werden hier Mittel freigesetzt, die letztlich dem Arbeitsmarkt zugute kommen, nicht zuletzt deshalb, weil personalintensive, nicht rationalisierbare Leistungen erforderlich sind: »Wenn dem Eigentümer eines denkmalwerten Wohnhauses ein Zuschuß von 20000 DM aus der öffentlichen Kasse zu den Kosten von 100000 DM geboten wird, fängt dieser Eigentümer garantiert mit dem Sanieren an; niemand läßt sich ein 20000 DM-Geschenk entgehen. Rechnet man dieses Beispiel hoch auf 200 Millionen DM öffentliche Zuschüsse, dann locken diese 200 Millionen weitere 800 Millionen privater Gelder heraus, so daß insgesamt eine Milliarde Mark in die Wirtschaft gesteckt werden, wo sie mehr bewirken, als es jedes noch so sorgsam ausgetüftelte Beschäftigungsprogramm vermöchte.«[84]
Ein Bundesland wie Nordrhein-Westfalen ist schließlich auch bereit, 4,7 Millionen DM für eine neue Spielbank in der Hüttenarbeiterstadt Dortmund als Subvention zuzuschießen, um 350 neue Arbeitsplätze mitzuschaffen.[85] Das sind umgerechnet etwa 13000 DM direkter Zuschuß pro Person; dafür arbeiten anderswo, in den »freien Gruppen« z. B. manche Menschen länger als ein Jahr.
Bei solch evidenten Zahlen sollten Parteien, Verbände und öffentliche Hand schon aus pragmatischen Gründen Kultur und Künste intensiver als Faktoren des Arbeitsmarktes berücksichtigen.

Arbeitsmarkt und »alternative Kultur«

> »Jugendliche sind bereit, viel Zeit und Arbeit zu investieren, wenn sie Verantwortliche eines kulturellen Prozesses sind und nicht Objekte eines höheren Kulturwillens.« *Klaus Zehelein*

Arbeitsmarktpolitisch besonders bedeutend ist derzeit der Bereich der »Alternativen«, nämlich jener neben der institutionalisierten öffentlichen Kulturförderung entstandene, nur zum Teil von ihr integrierte Bereich freier Kulturgruppen, autonomer Kulturzentren und der Kultur der »neuen sozialen Bewegungen«. Der statistische Überblick über die gesamte Breite dieser Bewegung fehlt; Schätzungen lassen jedoch die Bedeutung ahnen.
Etwa 40% aller »Alternativprojekte« sollen (1981) im Bereich von Kunst, Kultur und Kommunikation angesiedelt sein – das wären etwa

5000 Gruppen in der Bundesrepublik und Berlin (West). Die inhaltliche Vielfalt reicht, orientiert man sich an einer für die Kulturmesse Unna 1984 zusammengestellten Studie, von im Werkvertrag zu verpflichtenden Bildhauergruppen über Musik- und Theatergruppen, freien Bildungsstätten bis zu stadtteil- oder zielgruppenorientierten Kultur- und Kommunikationszentren.[86]
Für eine Stadt wie Frankfurt hat eine (bisher unveröffentlichte) Studie[87] den bedeutenden Stellenwert der freien Kulturszene bestätigt. 14 intensiv untersuchte Frankfurter Einrichtungen (vom Kulturzentrum über Programmkinos bis zu Szene-Zeitschriften) hatten 1983 einen Umsatz von (grob geschätzt und sicher nicht sehr präzise) zusammen 5,6 Millionen DM – sie erhielten insgesamt 427000 DM kommunalen Zuschuß, wobei nicht jede dieser Einrichtungen überhaupt Zuschüsse bekam. 12 Einrichtungen (ohne die beiden untersuchten Zeitschriften) zählten 1983 ca. 789200 Besucher (im Vergleich dazu: Städtische Bühnen Frankfurt in der Spielzeit 1983/1984: 393966 Besucher).
Die untersuchten Einrichtungen sind nicht die einzigen ihrer Art in Frankfurt; de facto dürften sich die Zahlen vielleicht noch mit einem Faktor zwischen 1,3 und 1,5 multiplizieren lassen.
Die Einrichtungen bedeuten neben dem Umsatz Arbeitsplätze. »In den 14 untersuchten Einrichtungen wurden im Jahr 1983 insgesamt 74 hauptamtliche Mitarbeiter beschäftigt (darunter eine Arbeitsbeschaffungsmaßnahme). Hinzu kommen weitere 5 Mitarbeiter aus dem ›technischen Bereich‹, die ihren Lebensunterhalt zum allergrößten Teil (›etwa 90%‹) aus der Arbeit in einer der Kulturinitiativen bestritten haben ... Zu den 79 Arbeitsplätzen muß man 32 Kleinunternehmer hinzurechnen. Sie haben entweder mittelbar durch selbständige Arbeit in einer der Kulturinitiativen ihren Lebensunterhalt bestritten (in der Hausener Brotfabrik z. B.). Oder aber sie haben regelmäßige Aufträge (z. B. Druck/Satz) von den betreffenden Einrichtungen erhalten, so daß sie von dieser Arbeit leben konnten.
Rechnete man die arbeitsmarkt- und die mittelstandpolitischen Effekte, die sich durch die Arbeit der Kulturinitiativen ergeben haben, zusammen, so ergäbe das eine Zahl von 111 Arbeitsplätzen. Darüber hinaus arbeiteten im Jahr 1983 *151 Personen* zeitlich befristet für die 14 Einrichtungen – auf der Ebene von Honorarverträgen, als Aushilfen oder freie Autoren. Durch ihre Arbeit verdienten sie sich eher ein ›Zubrot‹ als ein regelmäßiges Ein- oder Auskommen. Die Zahl der ehrenamtlichen Mitarbeiter ist erstaunlich hoch. Im Jahr 1983 waren es 152 Personen, die aus Idealismus – und das heißt hier: ohne Vergütung – Kulturarbeit betrieben haben. Ohne das Engagement der Ehrenamtlichen – das kann hier vorwegnehmend gesagt werden – wären die Überlebenschancen so mancher Initiative relativ gering oder bei Null ... Ausbildung im Sinne des Berufs-

bildungsgesetzes wird in keiner der untersuchten Einrichtungen betrieben. Gleichwohl: Personen, die in einen Kulturbetrieb neu ›einsteigen‹, erwerben sich dennoch Kompetenzen: organisatorische (Programmplanung), betriebswirtschaftliche (Rechnungswesen), soziale (›Verhandlungskompetenzen‹) und technische Kompetenzen (Filmvorführung/Anlagenbau) ...«

Viele der Einrichtungen kombinieren Kultur mit Gastronomie, wobei der Kulturbetrieb oft aufrechterhalten wird, obwohl er Verluste einbringt – sicher ist das nicht nur selbstlose Kulturfreundlichkeit, sondern trägt auch zur Attraktivität der Einrichtung bei. Aber erstaunlich ist es eben doch.

Die meisten der genannten Einrichtungen organisieren Veranstaltungen. Sie bedeuten Nachfrage für die Tätigkeit von Filmemachern, Schauspielern, Musikern und bewirken auch darüber Arbeitsmarkteffekte. Die »Hausener Brotfabrik« z. B. führt 22 Kulturveranstaltungen pro Monat durch, bei denen jeweils durchschnittlich 6 Personen auftreten; d.h. 132 Personen erhalten einen mehr oder weniger gut bezahlten Auftritt im Monat – bei 20 Arbeitstagen pro Person, jeden Auftritt mit allem drum und dran als Arbeitstag gerechnet, wären das rechnerisch 6,5 Personen, die als künstlerisches Personal allein dort vollzeit nachgefragt würden.

Alle 14 Einrichtungen zusammen führten 1983 6408 Veranstaltungen durch. Davon waren allerdings 3832 Filmvorführungen; von den verbleibenden 2576 Veranstaltungen waren vermutlich viele unbezahlte oder Ein-Mann-Veranstaltungen, so daß sich die Zahlen der »Brotfabrik« dafür nicht hochrechnen lassen. Es bleibt dennoch insgesamt ein beachtlicher Nachfrageeffekt.

Nach einer anderen Hochrechnung[88] organisierten in Frankfurt am Main 1983 etwa 20 alternative Zentren und freie Institutionen mit 115 Mitarbeitern mindestens 345 Veranstaltungen im Monat, bei denen durchschnittlich jeweils vier Künstler auftraten. Von ihnen werden somit statistisch 1386 Künstler-Arbeitstage nachgefragt. Nach der gleichen Hochrechnung waren es mit gastronomischen Nebenbetrieben, technischem Personal usf. derzeit (1984) um die 800 Personen, die in Frankfurt wesentlich von der Szene der »alternativen Kultur« leben. Zynisch gewendet, wäre das gewiß eine konkurrenzlos billige Form der Arbeitsplatzförderung.

Auch in der Szene der Kleinkünstler, der Liedermacher, der freien Musikgruppen und unabhängigen Theater haben Tausende von sogenannten »mittelständischen Existenzen« kleiner, freiberuflich Tätiger nicht nur Selbstverwirklichung gefunden, sondern auch einen Mindestlebensunterhalt. Streichungen hier machen daher wie in vielen anderen Fällen eines Tages um ein Vielfaches höhere Mehrkosten im Sozialetat notwendig.

In der öffentlichen Diskussion sollten wir darauf beharren, daß nicht nur Investitionsmittel Arbeitsplätze schaffen oder sichern, sondern daß sogenannte konsumtive Ausgaben häufig noch viel größeren Effekt erzielen.

Sie gelten zudem als höchst elastische Nachfragebereiche, in denen Überschußproduktion durch die selbständige Suche nach neuen Abnehmern kompensiert werden kann.
In diesen Bereich gehört als Modell auch die »Kulturkneipe«, etwa nach dem Vorbild eines soliden und erwachsen gewordenen Jugendzentrums. Sie scheint mir prinzipiell eine nachahmenswerte Einrichtung zu sein. In vielen unserer Städte existieren solche Kneipen mehr oder minder am Rande des Existenzminimums; ihre Besonderheit besteht darin, daß neben preiswerten Speisen und Getränken auch kulturelle »Häppchen« verschiedenster Art in mehr oder weniger organisierter Form angeboten werden: vom regelmäßig durch kulturell ambitionierte Münchener Kneipen tingelnden Mundartsänger bis zu den Diskussionsabenden, Kabarettkünsten oder Ausstellungen im Frankfurter »Club Voltaire«. In der »Mainmetropole« reicht das Spektrum inzwischen von der »Batschkapp« über den Jazzkeller und die Musikkneipe nach dem Erfolgsrezept des »Sinkkasten« bis zu den verschiedensten Szene-Cafés. In der Regel handelt es sich um privatwirtschaftlich organisierte Einrichtungen, häufig getragen von Vereinen oder Kollektiven; gelegentlich (wie der »Sinkkasten« in Frankfurt) werden sie als Kultureinrichtungen mit Subventionen für einzelne Produktionen, mit Mietvergünstigungen oder mindestens durch Ausnahmegenehmigungen gefördert. Den Gastronomen und den dort auftretenden Künstlern werden so Arbeit und Leben gesichert. Für die Vitalität der kulturellen Szene einer Stadt ist der Beitrag der »Kulturkneipen« ein längst unverzichtbares Ferment geworden.
Diese erfinderische Szene spontaner Kultur und schöpferischer Alltagsimpulse ist in gärender Bewegung. Die Konflikte reichen von den (nachlassenden) Drogenproblemen bis zur aufgezwungenen Sozialarbeit, von der Unterwerfung unter Profit-Gesichtspunkte wie bei den Baghwan-Discos bis zum Protest der Mitarbeiter der Berliner »Mehringhof«-Kneipe, die sich darüber beklagen, daß das Publikum sie nur noch als Bierzapfer mißbrauche und sie kaum mehr dazu kämen, noch etwas von ihren politisch-kulturellen Ambitionen über die Theke zu bringen. Die Kulturkneipen sind inzwischen aus der Großstadt nicht mehr wegzudenken. Hier klingt so etwas wie Sartres »Utopie der Offenheit« an, nach der Selbstverwirklichung heißt, daß jeder über »sein tiefstes Sein sprechen« kann. Hier ist vielleicht der kommunikative Ort, aus dem eine Gesellschaftsform sich Anregungen verschaffen könnte, »in der jeder sich jedem ganz geben wird« – in der authentischen Begegnung.
Öffentliche Hilfe ist legitim – die Stadt Wien hat sogar die Wiener Kaffeehausmusik in den wenigen noch verbliebenen Cafés klassischen Wiener Typs mit Zuschüssen versehen, damit die Tradition dieser alten K. u. K.-Kaffeehauskultur nicht ganz verlorengeht. Die öffentliche Förderung muß nicht nur aus finanziellen Zuwendungen bestehen; das gilt auch für

die anderen Bereiche bürgernaher Kulturarbeit, die im bescheidenen Rahmen privatwirtschaftlich als Kreativ-Shops mit Kursen für Töpfer und Weber, Schreiber und Maler oder für Tanz-, Theater- und sonstige Workshops organisiert sind – Freiräume, die mit Übungen in Sensibilität auszufüllen sind. Förderung und Hilfe können auch einfach nur Ermutigung, Anerkennung, Ehrung und dergleichen sein – einschließlich der gelegentlichen Präsenz politisch Verantwortlicher, die solche Einrichtungen aufwerten und dem Publikum als seriös vermitteln (Vorsicht: In typischen Szene-Kneipen könnte der Besuch auch zum Knall-Effekt werden).

Nicht nur wegen der gesellschaftlich wichtigen Innovationsschübe und des Kreativitätspotentials dieser Gruppen, sondern auch wegen ihrer arbeitsmarktpolitischen Bedeutung ist es daher legitim, die »alternative Kultur« zu ermutigen und zu fördern.

»Staatsknete« überhaupt zu akzeptieren, also öffentliche Förderung in irgendeiner Form, gilt für manche alternativen Projekte auch im Kulturbereich als verpönt: Abhängigkeit fürchtet, wer seine Kalkulation erst einmal auf öffentliche Zuschüsse berechnet hat. De facto ist jedoch die Zahl der »Totalverweigerer« relativ niedrig, und in direkter oder indirekter Form sind in fast alle Aktivitäten auch öffentliche Mittel eingeflossen.

In vielem ist die Förderung freier Kulturinitiativen vergleichbar mit Vereinsförderung.[89] Traditionelle Vereine allerdings spielen für die Arbeitsplatzbeschaffung nur eine untergeordnete Rolle. Unbürokratische Förderung, eine gewisse Risikobereitschaft, Beratung und sonstige Hilfestellung, z. B. auch im Umgang mit Behörden und Ämtern, bleiben als integraler Teil der Förderung in beiden Fällen wichtig.

Darüber hinaus ist bei den freien Gruppen ein besonders hohes Maß an Toleranzbereitschaft notwendig. Der Stadtstaat Hamburg hat bei der Förderung seiner Stadtteilkultur ein besonders differenziertes System administrativer Förderungsmuster für die Arbeit freier Träger entwickelt[90]: Es reicht von offengelegten allgemeinen Kriterien der Förderung über Beratung, Ausfallbürgschaften, Bereitstellung von Räumlichkeiten bis zur direkten finanziellen Förderung. Mit Hilfe »abgekoppelter« Bereiche freier Träger und Initiativen kann eine Kommune auf diese unkonventionelle Weise eine Förderung gewährleisten, die sowohl arbeitsmarktpolitisch als auch bezüglich der sozialen Folgewirkungen höchst effizient zu werden verspricht.

Nach ihren Wünschen an die Stadt gefragt, wollen – wen könnte das angesichts der meist prekären Finanzsituation »am Rande des Abgrunds« wundern? – fast alle untersuchten Frankfurter Gruppen mehr Geld (bis auf die, die sich dadurch nicht in Abhängigkeit begeben wollen). Räumlichkeiten bzw. Hilfen bei der Bau-Unterhaltung bzw. Sanierung stehen an zweiter Stelle. Bei den meisten erscheint auch der Wunsch nach Er-

leichterung der Werbung, sei es in kommunalen Einrichtungen, sei es zu ermäßigten Kosten bei der Städtereklame (verständlich und legitimierbar, zumal ihre Arbeit als »gemeinnützig« gelten muß, oft auch entsprechend anerkannt ist).
Ein weiterer Wunsch, der bei fast allen auftaucht, bezieht sich auf indirekte Hilfen: Beratung, bis hin zur Betriebsberatung, eine Anlaufstelle bei der Stadt usw. »Viele Initiativen erhoffen sich eine zentrale Anlauf- und Kooperationsstelle bei der Stadt, die sich um *alle* Belange freier Kulturarbeit zu kümmern hätte und der Zersplitterung städtischer Zuständigkeiten möglichst effektiv entgegen wirken könnte. Deutlich wird dies etwa beim Galluszentrum, das Kultur- *und* Jugendarbeit miteinander zu verbinden sucht. Die Zuständigkeiten für die beiden Bereiche sind aber bei zwei Dezernaten (Kulturamt und Jugendamt) angesiedelt.«[91]
Besonders wichtig scheint mir der Hinweis auf die notwendige Kombination der Hilfe *verschiedener* Dezernate (Soziales und Jugend sowie Kultur im besonderen; daneben auch noch Bau- bzw. Grünämter wegen der Räume und Freiflächen). Zahlreiche Trends in der Sozialarbeit, wo die Arbeit mit Gruppen sich immer häufiger auch ästhetischer Ausdrucksformen bedient, und der Kulturarbeit, die ihre Verankerung im Milieu sozialer Gruppen sucht, legen es nahe, vor allem gemeinsamen Projekten von Kultur und Sozialem (bzw. Jugend) Aufmerksamkeit zu schenken. Koordinierte und koordinierende kommunale Beratungskapazität könnte die Chancen entsprechender Projekte entscheidend verbessern.
Dies gilt auch für die Einbeziehung von Ausbildungs-, Umschulungs- oder Arbeitsbeschaffungsmaßnahmen. Erstaunlich für die Frankfurter Einrichtungen (und im Vergleich vermutlich eher untypisch) ist die Tatsache, daß nur einige wenige ABM-Stellen vorhanden sind. Dies steht im Kontrast zu den besonderen Chancen, welche solche »freie Träger« im Rahmen der Arbeitsmarktpolitik heute genießen. Hans E. Maier und andere haben die Bedeutung »kleiner freier Träger« als Partner bei Arbeitsbeschaffungsmaßnahmen betont. Kommunen und Wohlfahrtsverbände können, wiewohl sie noch Reserven haben, nur begrenzt als Träger von Arbeitsbeschaffungsmaßnahmen auftreten: Das »Arbeitsförderungskonsolidierungsgesetz« (der Name ist sicherlich ein Produkt einer Verwaltungsvereinfachungsförderungsversuchseinrichtungsstudie) hat es Trägern erschwert, ABM-Mitarbeiter zu gewinnen – dies u. a. als Reaktion auf die Kritik, Kommunen ersetzten »Planstellen und reguläre (Pflicht-)-Aufgaben durch Arbeitsbeschaffungsmaßnahmen«[92] – ausgenommen sind nur schwervermittelbare Arbeitslose. Freie Träger – Selbsthilfe- und Initiativgruppen eingeschlossen – werden damit wichtige Partner des Arbeitsamtes.
Die zitierte Studie nennt Frauenhausprojekte, Jugendtreffs, Dritte-Welt-Projekte, Arbeitslosenhilfe-Organisationen, Ehe- und Familienbe-

ratung, Ausländer-Organisationen. Mit Geschichtswerkstätten und Kommunikationszentrum ist innerhalb dieser Beispielsammlung bereits die »Sozialkultur«, die »alternative Kulturszene« vertreten. Für ABMs gibt es im Bereich der freien Gruppen, wie u. a. die regionalen Unterschiede praktizierter AB-Maßnahmen zeigen, noch Reserven. Potentielle Träger haben jedoch Schwierigkeiten, sich den entsprechenden Rahmenbedingungen anzupassen. Nicht nur grundsätzliche Ressentiments gegen die (indirekten) staatlichen Fleischtöpfe und die Gefahr der Abhängigkeit, sondern auch (politische) Berührungsängste und Furcht vor dem bürokratischen Prozeß erschweren den Kontakt. Um so wichtiger wäre daher auch hier Betreuungs- und Beratungskapazität, mit der die Verbindung zwischen den potentiellen Trägern und dem Arbeitsamt hergestellt wird.
Arbeitsbeschaffungsmaßnahmen sind »individuell hilfreiche und gesellschaftlich nützliche Alternativen zur Arbeitslosigkeit«.[93] Sie bieten für die Träger und Einrichtungen, vorausgesetzt, sie genügen § 92 Arbeitsförderungsgesetz, sind im öffentlichen Interesse und verfolgen gemeinnützige Zwecke oder beleben den Arbeitsmarkt, oft kurzfristig die einzige Möglichkeit, hauptamtliche Mitarbeiter zu gewinnen. Bei weitgehender Autonomie helfen sie die Zeit bis zu anderer Finanzierung zu überbrücken. So ist es z. B. »bei neuen, noch unerprobten Dienstleistungen im öffentlichen Sektor relativ schwer, die Geldgeber von der Notwendigkeit der Dienstleistung zu überzeugen«. Insgesamt läßt sich behaupten: »Kleine freie Träger werden durch Arbeitsbeschaffungsmaßnahmen überhaupt erst in die Lage versetzt, in den kommunalen Gremien mit harten Argumenten und Praxiserfahrung für ihre Projekte einzutreten, und gleichzeitig ist es für die kommunalen Vertreter nach einer zweijährigen Laufzeit erfolgreicher Projekte nur schwer möglich, die Notwendigkeit und die Nützlichkeit des Projektes in Frage zu stellen.«[94]
Daß dies dennoch nicht immer gelingt, haben die Erfahrungen der Modellversuche Künstlerweiterbildung[95] gezeigt – eine Chance bleibt es immerhin.
Die AB-Maßnahme kann durch die zeitlich begrenzte Finanzierungshilfe die Erprobungs- und Anlaufphase ermöglichen (»Anlauffinanzierung«). Es sind Sachkostenzuschüsse und Abschlagszahlungen möglich. Nötig ist allerdings eine Eigenbeteiligung von 20 bis 40 %. Hier könnten Kreditvermittlung und Bürgschaften der Kommune sinnvoll sein. Die Erfahrungen mit ABM im Kulturbereich sind eine Ermutigung, »daß sich längerfristige Arbeitslose ... nicht nur ehrenamtlich bei Vereinen und Initiativen betätigen, sondern diese mit Hilfe von ABM selbst gründen«.[96] Dies läßt sich auch empirisch bestätigen: Oft stoßen die späteren hauptamtlichen Mitarbeiter als ehrenamtliche Helfer zu den Projekten.

Natürlich gibt es auch Nachteile. Es handelt sich mehr oder weniger um das Prinzip »Windhundverfahren«, das den Schnellsten ihre bürokratisch-organisatorische Gewitztheit belohnt, weniger das inhaltliche Engagement. Die Unsicherheiten bei der Verstetigung gefährden das Engagement bzw. verführen und zwingen zu starker Fluktuation. Gerade im Kulturbereich aber kommt dem entgegen, daß zahlreiche kreativ tätige Personen ohnehin keine feste Anstellung im Dauerjob anstreben, sondern ihrer Qualifikation wegen häufiger wechseln wollen. Natürlich kann auch die Furcht vor der »Problemverlagerungsstrategie« der öffentlichen Hände nicht ganz beseitigt werden. Aber mit manchen Widersprüchen muß man leben, zumal Kultur ja einen einzigartigen dynamisierenden Effekt besitzt: Das Aushalten der Widersprüche auf dieser Ebene macht die Artikulation anderer auf anderen Ebenen möglich.

Es gibt freilich auch Probleme, die auf der Ebene der Arbeitsbeschaffungsmaßnahme *nicht* gelöst werden können. Bei den freien Gruppen im Theaterbereich sind zwei Aspekte wichtig: Einmal müssen die Gruppen in die Lage versetzt werden, sich zu konsolidieren und ausreichend Zeit für Produktionen zu besitzen; meist stehen sie für diese unter extrem starkem Zeitdruck. Ihre Existenzbedingungen hängen aber auch ab von denjenigen ihrer Abnehmer, ihres Publikums. Damit sind nicht allein (wenngleich auch) die Einzelbesucher, auf die es letztlich ankommt, gemeint, sondern auch die einschlägigen Mittler wie Spielstätten, Jugendzentren, Kultur- und Kommunikationszentren: Wenn *diese* mit Existenzsorgen zu kämpfen haben, dann schlägt das voll auf die Gruppen zurück. Gruppenförderung und Publikumsförderung gehören also voll zusammen. Es lohnt sich daher, auch einen Blick zu werfen auf die Kaufkraft, die im Kulturbereich aufgewendet wird.

Kultureller Neomerkantilismus: Kulturmarkt alternativ

> »Der Kulturindustrie eignet ein Moment der Rationalität der planvollen Reproduktion des Niedrigen.«
> *Theodor W. Adorno*

Aus der Einsicht in die beschäftigungspolitische Bedeutung des kulturellen Bereichs auf allen Ebenen leitet Dieter Kramer seine Forderung nach einem »kulturellen Neomerkantilismus« ab.[97] Er empfiehlt, statt einer forcierten Verkabelung der Bundesrepublik wenigstens einen Teil der dafür notwendigen öffentlichen und privaten Kaufkraft auf lebendige Kultur umzupolen und dafür auszugeben. Nur 1 Prozent dieser Ausgaben als Kaufkraft für Kultur in unseren Städten und Stadtteilen zurückzuhalten, würde dort lebendiges kulturelles Leben ermöglichen – und Arbeitsplätze erhalten.

»Bleibe im Lande und nähre uns redlich«, sagten im 18. Jahrhundert die Merkantilisten zum Taler und förderten systematisch Produktionen und Markt innerhalb der (oft recht engen) Grenzen der jeweiligen Territorien. Die bisher fast stetig wachsende Kaufkraft, die wir für Teilhabe an Kultur und Befriedigung von Freizeitbedürfnissen auszugeben bereit sind, wenigstens teilweise in dem Bereich zu halten, in dem lokale Künstler, Kunstvermittler oder Kulturproduzenten und Freizeitunternehmer am Werk sind, ist gewiß eine interessante Perspektive, zumal von einem breiten Unterbau der Künste auch die Spitzenleistungen profitieren. Dem Nationalökonomen mag solches Denken anachronistisch sein, weil schließlich die Kabelinvestitionen auch Arbeitsplätze schaffen, wenn auch vielleicht woanders (und ob in gleichem Maße, das mag umstritten bleiben). Für den Kulturpolitiker aber ist der Sperling in der Hand allemal wichtiger als die Taube auf dem Dach. Lebendige, von Personen vermittelte Kultur ist für die Leistungen, um derentwillen uns Kultur wichtig ist (und derentwegen sie nicht rationalisierbar ist), unverzichtbar und deswegen in aller Regel wichtiger als Konserven. Hinzu kommt aber der lokale Egoismus, von dem schließlich auch die Kommunen leben – müssen sie doch notwendigerweise untereinander und mit den vorgeordneten Gebietskörperschaften konkurrieren.

Marktforscher und Kulturpolitiker haben keinen besonders guten Draht zueinander, und ich würde mich auch heftig dagegen wehren, Kulturprozesse Marktgesichtspunkten unterzuordnen. Qualität – und damit meine ich sowohl das, was der Kommunikationsprozeß Kunst als solche bezeichnet, als auch die »Qualität« der gesellschaftlichen Funktion der Künste – läßt sich nicht an Umsatzzahlen messen. Sie trägt genau wie Grundlagenforschung in der Wissenschaft ihren Sinn in sich selbst, und die Künste sind bezüglich der gesellschaftlichen Entwicklung so etwas wie Grundlagenarbeit. Das ändert freilich nichts daran, daß weite Bereiche der Künste auch auf den Markt angewiesen sind – siehe Musikmarkt. Und hier genauer zu wissen, *was* sich mit *welcher Dynamik* da abspielt, das ist schon wichtig.

Kulturökonomie als Kaufkraftforschung auf dem Kultursektor, nicht wegen der Absatzstrategien der Kulturindustrie betrieben – damit ließe sich die Grundlage für Entscheidungsprozesse in der Kulturpolitik schon verbessern. Ich nenne nur einen Aspekt, der auch eine marktspezifische Seite hat: »Singles« sind derzeit eine große Bevölkerungsgruppe, die bereit ist, viel zur Überwindung ihrer Kommunikationsarmut zu investieren – schon versuchen privat-wirtschaftlich organisierte »Freizeitclubs« da abzusahnen. Ich betrachte es jedoch als eine fatale Entwicklung, wenn »Kommunikation« wie Peep-Shows kommerziell entwickelt würde; der Freizeitkommunikator als Zwischending zwischen Psychiater und Prostitution – daß letzteres Geschäft bereits in hohem Maße psychohygienische

Funktionen wahrzunehmen hat, bestätigen alle einschlägigen Erfahrungsberichte. Da ist mir das Modell der stadtteilspezifischen Kultur- und Kommunikationszentren lieber.
Es wäre z. B. auch wichtig zu wissen, ob denn wirklich die verschiedenen »alternativen« Szene-Cafés und Kneipen sich zu Tode konkurrieren oder ob da noch Reserven sind. Derzeit haben vermutlich die Marktstrategen der Bierbrauereien einen besseren Überblick darüber als die Kulturpolitiker.
Immerhin scheint der »Kaufkraft-Approach« auch quantitativ interessant. Voraussetzung für die Effizienz einer solchen politisch eher harmlosen Strategie ist die Existenz produktiver Bereiche, die täglich nachgefragte Güter und Dienstleistungen anbieten oder Devisen für den Import sichern. Als unbestritten gilt, daß nicht alle von Kultur leben können, so wenig wie der Boom des niederen Dienstleistungssektors in den Vereinigten Staaten dazu führt, daß sich Arbeitslose ausreichend ernähren können, wenn nur noch »Hamburgers«, Pommes Frites und dergleichen gekauft würden.
Unsere Kaufkraft ist noch lange nicht aufgezehrt. Nach Berechnung der »Deutschen Gesellschaft für Freizeit«[98] werden ein Zehntel unseres Bruttosozialprodukts allein im Freizeitbereich aufgebracht. Andere Quellen sprechen gar von einem Siebentel bei vier Millionen Beschäftigten – das wären mehr als in der Automobilindustrie.[99] Die Werte hängen von der Berechnungsgrundlage und den Auswahlkriterien ab – in jedem Fall sind die Zahlen groß genug, daß Konsequenzen daraus gezogen werden sollten.
Auf Kultur und Freizeit entfallen etwa 20 Prozent der privaten Ausgaben; die individuellen Freizeitbudgets sind in der Bundesrepublik in dem relativ kurzen Zeitraum von 1965 bis 1981 immerhin um 420 Prozent gestiegen. Das Freizeitbudget, das Arbeitnehmerfamilien mit mittlerem Einkommen für Heimwerken, Kino, Theater, Sport, Urlaub usw. ausgeben, umfaßte laut Angaben des Statistischen Bundesamtes 1981 jährlich 5075 DM. Davon entfielen 1561 DM auf den Urlaub und 759 DM auf die nicht berufsrelevante Nutzung des Autos. Im »Urlaub« sind natürlich auch viele »autonome« Reproduktionsleistungen sowie die Substitution notwendiger Fremdleistungen durch Eigenarbeit enthalten. Viele der Ausgaben etwa für Garten, Heimwerken usw. sind sicherlich nicht »umpolbar«, denn sie kompensieren die Löcher in Familien-Budgets.
In nahezu allen Ausgaben-Bereichen liefern sich die Anbieter einen harten Kampf um die Marktanteile – mit »Tricks«, die man nur euphemistisch als Werbung bezeichnen kann. Aber warum soll nicht auch die Kultur, einschließlich des »Stiefkinds« Soziokultur, zum Kampf um Marktanteile, allerdings mit lauteren Methoden, ermuntert werden? 537 DM gab die repräsentative Durchschnittsfamilie 1981 für Radio und Fernse-

hen aus, 91 DM für Foto und Super 8, aber nur insgesamt 128 DM für Theater und Kino.[100] Mit dem Kauf elektronischer Hard- und Software der Kulturindustrie werden zwar auch Arbeitsplätze gesichert, aber vielfach in hochrationalisierten ausländischen Produktionsbereichen; der Arbeitsmarkteffekt im Inland ist relativ gering. Wenn nur ein Bruchteil dieser Kaufkraft auf lebendige, personenvermittelte Kultur umgelenkt würde, wären bedeutende Auswirkungen auf den inneren Arbeitsmarkt zu erwarten.

Ähnliches läßt sich über den bundesdeutschen Alkoholkonsum sagen. Wenn unsere Mitmenschen schon so viel trinken, warum sollen sie mit ihrer Leidenschaft nicht den Umsatz von »Kulturkneipen« im nahen Wohnumfeld steigern und damit deren Existenz sichern?

Der Freizeitmarkt ist in vielerlei Hinsicht kulturpolitisch interessant. Wir sollten ihn nicht einfach profitsüchtigen internationalen und nationalen Geschäftemachern überlassen, die uns alle Jahre wieder mit Produkten à la mode zu neuen Ausgaben veranlassen möchten. Auch sollten wir durch entsprechende Anreize das brachliegende intellektuelle und künstlerische Kapital unserer Jugend aktivieren: »Allein in der neuen Jugendbewegung haben fast die Hälfte aller Aktivitäten etwas mit künstlerischen oder kulturellen Dingen zu tun.«[101] Wer diesem unkonventionellen kulturellen Milieu Arbeitsplätze schafft und damit Prozesse kultureller Aneignung und Entwicklung in Gang bringt, tätigt darüber hinaus noch eine wertvolle gesellschaftliche Investition.

Einige einschränkende Bemerkungen scheinen mir jedoch auch angebracht. Wie ein von den Künsten stimulierter Modenwechsel zur Zerstörung nicht regenerierbarer Ressourcen beiträgt, so ist es für das System der sozialen Sicherung zumindest zwiespältig, wenn sich im »alternativen« Bereich oder in der kulturellen »Schattenarbeit« Strukturen bilden, die unweigerlich zum sozialen Dammbruch führten, würden sie von der freien, also der Kapitalverwertung dienenden Wirtschaft, übernommen. Wenn linke Politiker wie Henning Scherf bekennen, daß sie wegen der betroffenen Menschen nicht anders handeln können, dann gestehen sie damit ein, daß die pure Marktstrategie der Krisenüberwindung unser sozialkulturelles System einer Zerreißprobe unterwirft, deren Ausgang ungewiß ist. Es kann nicht geduldet werden, daß auf der einen Seite öffentliches Personal »freigesetzt« wird und damit öffentliche Leistungen entfallen, die anschließend durch vom Arbeitsamt finanzierte befristete Arbeitsbeschaffungsmaßnahmen erbracht werden. Auf diese Weise muß das Personal auf die Sicherheit des Arbeitsplatzes verzichten, und die Kommune spart Geld zu Lasten der Betroffenen und der Versichertengemeinschaft.

Freisetzung von Kaufkraft im kulturellen Bereich kann auch andere systemfeindliche und kulturwidrige Konsequenzen haben. Das ist der Fall,

wenn etwa vorgetäuschte Museumsformen der Geschichtsaneignung an Manager geraten, die nur am Mammon interessiert sind. Das hat Dieter Kramer am Beispiel museumsähnlicher »Freizeitparks« beschrieben: »Dekoration, Fassade, Fun und Unverbindlichkeit statt persönlichkeitsbeeinflussendes Erleben – sonst nichts.«[102] Bei öffentlichen Verwaltungen wächst die Bereitschaft, auch bisher kommunal oder staatlich betriebene Einrichtungen solchen merkantilen Gesichtspunkten zu unterwerfen, sei es durch Privatisierung, durch die Bildung von Betriebsgesellschaften oder dadurch, daß die Ausgaben abhängig gemacht werden von der Höhe des Einnahme-Solls. Das geschieht dann, wenn etwa Freilichtmuseen nach den fragwürdigen Usancen von Freizeitparks organisiert werden. Der ehemalige Leiter des Rheinischen Freilichtmuseums Kommern, Adelhart Zippelius, hat heftige Kritik an der Kommerzialisierung von Teilen des Angebots dieser Einrichtung geübt, einer Kommerzialisierung, wie sie eine clevere Betriebsgesellschaft jetzt handhabt.[103] Zippelius macht darauf aufmerksam, daß auf diese Weise jene Rummelplatz-Tendenzen produziert werden, die 1958 bei der Gründung dieses Freilichtmuseums aus kulturpolitischer Sicht befürchtet wurden. In Perioden geringerer Steuereinnahmen besteht Gefahr, daß sparwütige Politiker und Haushaltsexperten sich gewisse Vorschläge der Geldbeschaffung zu eigen machen nach dem Beispiel der Amerikaner, die durch Erlöse aus kommerzieller Tätigkeit in den Museen einen erheblichen Teil ihrer Ausgaben bestreiten. Eine solche »Verschlankung« des Budgets hat jedoch schlimme Folgen:
In Kommern können z. B. die Museums-Besuche für Behinderte jetzt nicht mehr ohne weiteres organisiert werden. Früher wurden sie aus Spenden finanziert, die bei der Vorführung des Brotbackens (mit Duldung des Rechnungsprüfungsamtes) anfielen. Seit das Brotbacken unter den neuen Bedingungen der Betriebsgesellschaft ökonomisierend ausgewertet wird, entfallen diese Spenden.

Gravierender noch wirkte sich die »ökonomische Museumsführung« auf zentrale Vermittlungsaufgaben des Museums aus. Zippelius belegt dies am Beispiel handwerklicher Vorführungen. »Der Backvorgang wird nicht erläutert. Zwei Bäcker arbeiten in der Backstube wie Computer; sie schauen nicht von ihrer Arbeit auf... Was als volkskundliche Demonstration zur Veranschaulichung der Ausstellungsobjekte des Freilichtmuseums gedacht war, wird hier zum reinen Ladenbetrieb degradiert: Der Informationsgehalt fürs Publikum ist gleich Null, der Umsatz dagegen blüht.« Die Bäcker, die den Besuchern früher geduldig Erläuterungen geben konnten, müssen nun, unter Leistungsdruck, auf jede Vermittlungsarbeit verzichten.

Ein auf diese Weise gewinnträchtig betriebenes dörfliches Handwerk in einem (Freilicht-)Museum vermittelt ein historisch völlig falsches Bild: »Wenn ... die Weberin am Webstuhl in einem Bauernhaus im Museum kleine Sets oder Tischdeckchen herstellen soll, oder wenn in der Töpferei Blumenvasen, in der Dorfschmiede Hufeisen in Serie produziert werden und dies alles zum Verkauf an die Besucher angeboten wird, dann zerbröckelt das mühevoll aus vielen Einzelheiten zusammengesetzte Mosaik der bäuerlichen Selbstversorgung und einer ihr entsprechenden Wirtschaftsführung.«[104]

Soweit trieben es nicht einmal die im »Fundraising« geübten amerikanischen Museen: In Washingtons Smithsonien-Museum werden die Werkstätten im historischen Ambiente und in originalgetreuer Arbeitsweise vorgestellt. Geradezu vorbildlich ist Vermittlung historischer Lebensformen und Handwerksweisen im Anthropologischen Museum in Mexico City.

Die spezifischen Bildungsaufgaben kommen bei Souvenir-Verkäufen vieler Museen zu kurz: Wenn Bruchstücke römischer Ziegel ohne sichtbaren Erkenntniswert oder ersichtliche ästhetische Bedeutung von einer öffentlichen Institution wie dem Archäologischen Park Xanten mit »Zertifikat« verkauft werden, dann hat dies mit Aufklärung und mit Bildungsvermittlung nicht mehr viel zu tun. Die Fetischisierung des Originals, die Verwandlung von Erlebnissen in Waren und die Weckung von Besitztrieben (»Haben« statt »Sein« in Analogie zu Erich Fromms ethischen Kategorien) lenken von einer lebensbezogenen Aneignung ab, statt sie zu fördern. Im übertragenen Sinne gilt dies auch für Replikate, Postkarten und Bücher, vor allem dort, wo sie wie auf dem Trödelmarkt angepriesen werden.

Vor diesen merkantilen Methodec deu Abschöpfens von Kaufkraft für kulturelle Zwecke ist zu warnen, denn sie sind kulturwidrig. Doch es verträgt sich durchaus mit kulturellem Ethos, wenn Besucher und Nutzer kultureller Einrichtungen darauf aufmerksam gemacht werden, daß auch Künstler und Kulturproduzenten leben müssen und einen legitimen Anspruch auf Bezahlung haben. Kapitalverwertung kultureller Zwecke und Gewinnmaximierung künstlerischer Produkte sind etwas anderes als die Existenzsicherung von Künstlern.

Kultur als Sozialhygiene

> »Wozu führen denn letzten Endes die Erkenntnisse des Geistes, wenn man nicht einmal von den Höhen der Weisheit herunterklettert, ihre Erkenntnisse auf das tägliche Leben anwendet und das zu formen versucht nach ihrem Ebenbilde?« *Kurt Tucholsky*

Künstler und Kulturarbeiter schaudert bei solcher Dominanz des Materiellen und der damit einhergehenden vordergründigen Legitimation von Nützlichkeiten. Die aktuelle Politik will freilich auch in der Kulturpolitik

nicht völlig darauf verzichten. Doch wir wollen versuchen, dem gesellschaftlichen Zweck der Kultur und ihrer Funktion in der Gesellschaft allmählich immer näher zu kommen. Kultur ist nicht Überbau, sondern Basis menschlicher Tätigkeit.
Das Beispiel Musikmarkt ließ bereits erkennen, daß Musik mehr ist als bloß emotionaler Ausgleich für den überwiegend materialistisch geprägten Tageslauf. Sie ist ein Akt schöpferischen Umgangs mit der Umwelt und kreativer Aneignung unserer Welt. Ihre Funktion, Gefühlen Ausdruck zu verleihen, den Ohren außer Genuß auch akustische Erkenntnisfähigkeit zu vermitteln, ihre Rolle bei der sozialen Symbolbildung und ihr Beitrag zum gesellschaftlichen Leben sind Grundlagen ihrer ökonomischen Verwertung. Musik ist ein stärkeres, effektives Mittel der Kommunikation als jede andere Kunst, wenn auch Adorno ihre Funktion der Kommunikation gering schätzte und als Lärm bezeichnete, der die Stummheit der Gebannten übertönt.
Das kulturelle System wird seit langem für die gesellschaftliche Stabilisierung in den Dienst genommen. Dieser Vorgang ist so alt wie Kunst und Herrschaft. In jüngerer Zeit wird er thematisiert mit Antonio Gramscis Stichwort von der »Hegemonie« einer Klasse über die anderen, einer Hegemonie, die auch mit Hilfe der Kultur aufrechterhalten wird.
Die »soziale Kulturarbeit« war spontane Antwort auf Krisensymptome in der zweiten Hälfte der siebziger Jahre. Viele der uns neu erscheinenden soziokulturellen Ansätze sind in den USA bereits seit vielen Jahren verbreitet. Besonders an der amerikanischen Ostküste und in Kalifornien wird soziokulturelle Arbeit ganz offen gefordert und organisiert. Kurt Eichler berichtet aus den späten 60er Jahren über die USA: »Studentenrevolte, Anti-Vietnam-Krieg-Demonstrationen, die wirtschaftlichen Auseinandersetzungen, die radikale Bürgerrechtsbewegung und in erster Linie die Rassenkonflikte mit den bewaffneten Straßenkämpfen legten die sozialen Defizite des reichsten Landes der Erde offen und schufen ein politisch brisantes Unsicherheitspotential für die herrschende Klasse. Als Reaktion auf diese Entwicklungen verkündigte Präsident Johnson den ›Kampf gegen die Armut‹ ... Zu den Maßnahmen gehörten u. a. ein Kunst- und Kulturteil, der freilich anfangs oft nicht mehr als eine einfache Freizeitunterhaltung darstellte. Die Angebote wandten sich vor allem an die schwarze Bevölkerung und an andere ethnische Minderheiten in den Gettos der Großstädte, wo die virulenten Unruheherde waren.«[105]
Diese zielgruppenorientierte und stadtteilbezogene Kulturarbeit wurde zum bestimmenden Element der kulturpolitischen Konzeption nordamerikanischer Städte. Wenn auch kaum bekannt, stehen Zielvorstellungen wie die geschilderten hinter vielen soziokulturellen Aktivitäten auch hierzulande. Solche Maßnahmen waren in den USA direkt mit Polizeiaufgaben verbunden: »Ein Beispiel ist die Urban Action Task Force, die im

›heißen Sommer‹ 1968 in 13 ›potentiell explosiven‹ Stadtteilen New Yorks eingerichtet wurde, eine lokale, interdisziplinäre Verwaltung darstellte und direkter als sonst die Stimmungen der Einwohner registrieren und darauf reagieren sollte. Die Task Force hatte die objektive Funktion eines einheitlichen Frühwarn- und Vorbeugesystems. Auf das von ihr beeinflußte Kulturangebot ist auch die heutige Konzentration von Sommeraktivitäten in den Wohngebieten der amerikanischen Kommunen zurückzuführen.«[106]

Im Vordergrund dieser »Task Force« stand der Auftrag, »die Straßen ruhig zu halten«. Mit Hilfe subtiler Stadtpläne, welche die Wohnviertel entsprechend ihrem vermuteten Unruhepotential bewerteten, wurde genau festgelegt, wo, wann welche Sommerprogramme organisiert werden sollten oder besser nicht. Es ist freilich festzuhalten, daß auch solche »Arbeit vor Ort« wegen der notwendigerweise immer noch offenen Form der Kunst mehr bewirkt als bloße Pazifizierung der Betroffenen.

Programme dieser Art sind in den USA, aber auch in Großbritannien, bereits »Schnee von gestern«. Die Wünsche der vom ökonomischen System abgeschriebenen Armen und die arbeitslosen Jugendlichen werden nicht mehr durch Kultur kanalisiert, sondern diszipliniert durch nackte Not, und wenn es denn sein muß, durch Organe der Polizei; Integration wird gar nicht mehr angestrebt, da Gesellschaft und Arbeitsmarkt keinen Bedarf mehr anmelden. Die »Zweidrittel-Gesellschaft«, bei uns noch Schreckgespenst, ist dort längst Realität.

Mit Beginn des Jahres 1984 haben sich in den USA Künstler, Kritiker und Intellektuelle zu einer kulturellen »konzertierten Aktion« zusammengeschlossen, an der sich Galerien, Kirchen, Kabel-TV, Magazine usw. beteiligen. Deren von »The village Voice« veröffentlichte Programme kultureller »events« kündigt eine »ganz Amerika umfassende Mobilisierung« von Künstlern an, die Gründung von Dichterbrigaden sowie Teach-ins und Paint-ins. Diese implizite Systemkritik wird von ihren Gegnern als unheilige Allianz von Künstlern, Akademikern, Kritikern und Aktivisten und als bedenkliches Zeichen neuerlicher Politisierung der Kunstszene mit Hilfe von Steuergeldern betrachtet.[107] Hilton Kramer will in solchen »ideologischen Extravaganzen« nur Unverfrorenheit erkennen, Extravaganzen, die darin liegen, ausgestellte Arbeiten zu politischen und gesellschaftlichen Zwecken zu mißbrauchen, um den Betrachter aufzurütteln und ihm aktuelle Probleme mit Mitteln bewußt zu machen, die Marcuse als »Subversionsästhetik« bezeichnete. Doch »schlechte Kunst ist schlechte Kunst, welchem politischen Zweck sie auch immer dient«, jedoch nur, wenn »schlecht« mit »einfach« verwechselt wird. Aber wie so häufig ist auch in der Kunst das Einfache der notwendige Gegenpart des Komplizierten, des schwer Vermittelbaren. Hilton Kramers Position ist ehrenwert, sie ist aber für die Praxis unerheblich, denn Engagement des

Künstlers ist noch kein Widerspruch zur Qualität: Schlecht kann sowohl politische wie unpolitische Kunst sein. Auch Edward Bond hält Kunst für hilfreich bei der Lösung sozialer Probleme, denn »Kunst hat sich immer mit der Barbarei ihrer eigenen Zeit beschäftigt«.

Dieses lebendige, sozial verantwortungsbewußte Amerika wiederentdeckt zu haben, ist das Verdienst von Ausstellungen wie »Das andere Amerika«.[108] Es ist dieses Amerika, in dem Thomas Mann sich heimisch gefühlt und in dem er seine Vision von der »sozialen Demokratie« entwikkelt hat, von der »Versöhnung von Freiheit und Gleichheit, der individuellen Werte und der Anforderungen der Gesellschaft. Dieser Ausgleich ist aber niemals vollendet und endgültig erreicht, er bleibt eine immer aufs neue zu lösende Aufgabe der Humanität; und wir fühlen, daß heute in der Verbindung von Freiheit und Gleichheit das Schwergewicht sich nach der Seite der Gleichheit und der ökonomischen Gerechtigkeit verlagert, vom Individuellen also nach der Seite des Sozialen. Die soziale Demokratie ist heute an der Tagesordnung – nur in dieser geistigen Form und Verfassung, als eine zum Sozialen gereifte Freiheit, die gerade durch freundwillige Zugeständnisse an die Gleichheit die individuellen Werte rettet, als ökonomische Gerechtigkeit, die alle ihre Kinder fest an sich bindet, kann die Demokratie dem Ansturm eines entmenschenden Gewaltgeistes standhalten...«[109] Wie weit sind solche Träume von der Wirklichkeit der Neo-Marktwirtschaft entfernt, in der die Freiheit der (wirtschaftlichen) Betätigung vor aller sozialen Gerechtigkeit, vor aller Gleichheit rangiert!

Eine Erinnerung an die Gemeinschaft der Künstler und der Künste ist auch in der brutalsten Instrumentalisierung der Kultur für die Zwecke der sozialen Pazifizierung enthalten, und daher ist sie mir immer noch lieber als zynische Abkoppelung der zur Dekoration verkommenen Künste von der sozialen Realität. Auch die Franzosen, durch die »animation socioculturelle« mit Formen sozial aktiver Kunst vertraut, legen wieder entsprechende Programme auf: »Um einen neuen ›heißen Sommer‹ in den großen Vorstädten, in denen viele Ausländer leben, zu vermeiden, hat die Regierung am Wochenende einen Plan ›Vorbeugung Sommer 1983‹ vorgelegt. Er sieht für rund 100000 Jugendliche, die nicht in die Ferien fahren können, Unterhaltungsprogramme und Kurse vor. Im vergangenen Jahr war es durch ein ähnliches Projekt gelungen, die Verbrechensquote im Sommer in einigen Städten um bis zu 30 Prozent zu senken, nachdem es 1981 schwere Zwischenfälle mit Jugendlichen gegeben hatte.«[110]

In der Bundesrepublik dürften wir froh sein, wenn kulturelle Zweckprogramme wenigstens unter den Aspekten von Sozial- und Kulturarbeit realisiert würden. Die gegenwärtige Situation freilich gibt zu der Vermutung Anlaß, daß die hohe Politik bisher bewährte Integrationsversuche unter dem Blickwinkel vordergründiger Krisenbewältigungsstrategien für entbehrlich hält. Wenn dennoch in unserem Lande die diversen Vorstellungen der alternativen Kultur noch nicht in Bausch und Bogen verdammt werden, so wohl nur deshalb, weil seit den 70er Jahren Kultur einen politisch hohen Stellenwert erhalten hat, den keine Gesellschaftsanalyse übersehen kann. Wer mit Oswald Spengler von »Künstler-Inflation« spricht, verweigert sich damit der Notwendigkeit, »die Tausende von schreibenden, malenden, weltbetrachtenden Bewohner unserer Großstädte als echte Künstler und Denker zu bezeichnen« und zu fördern.

Kultur als Rettungsanker in der Krise

> »Die Verflachung unseres Lebens und die geistige Zerrissenheit unserer Zeit fordern eine verstärkte Besinnung auf die Güter der Kultur.«
>
> *Deutscher Städtetag*

Aus Frankreich kommen aber auch ganz andere Töne. Mit einer für Europa ungewohnten Intensität und mit großem Einfallsreichtum hat die Regierung François Mitterrands auf den Wirkfaktor Kultur gesetzt: Gelenkte Kultur als Impuls der Wirtschaft, so etwa ließe sich das Programm von Kultusminister Jack Lang interpretieren. Der von François Mitterrand initiierte Kongreß »Kreation und Entwicklung« vom Februar 1983 unternahm den Versuch, »die weltweite Krise, die uns die Wirtschaft und die Technik eingebrockt haben, unter dem Aspekt der kulturellen Errettung vom Übel zu bedenken«.[111]

Felix Guattari hat auf dem Kongreß seine Auffassung von dem Leitthema wie folgt erläutert: »Der einzige Sinn, den wir dem Begriff Kultur in modernen Gesellschaften noch mit gutem Gewissen beilegen können, ist der einer Produktivkraft, die auf die Infrastruktur der Gesellschaft einwirkt. Keine industrielle Entwicklung, kein ökonomischer Fortschritt ist heutzutage denkbar unabhängig von der Existenz mächtiger Produktionsbasen sozialer Subjektivität.«[112] (Ich verstehe darunter den Strom von Zeichen, Bildern, Kenntnissen, Formen neuer Sensibilität und Sozialität, der durch die dritte technisch-industrielle Revolution ausgelöst wurde und der mit der Einführung neuer Informations- und Kommunikationssysteme verknüpft ist.)

Guattari hat sich auch Gedanken darüber gemacht, wie die Formen jener kulturellen Förderung im Sinne einer solchen Perspektive zu präzisieren wären: »Wir brauchen deshalb einen neuen Typus von institutionalisiertem Markt, der sich als Vermittler einschaltet zwischen dem kapitalistischen Markt und den staatlichen Kontrollorganen«. Er möchte damit kulturelle Aktivitäten ermutigen, um mit deren Hilfe die Gesellschaft aus den Pfaden »utilitaristischer Vernunft« herauszuführen und die sinnlose Verschwendung kollektiver Energien zu beenden.

Doch die utilitaristische Vernunft schlägt bei den französischen Regierungsprojekten mit einer Intensität durch, die neue Probleme heraufbeschwören muß. Mitterrands Berater Jacques Attali (»Die kannibalistische Ordnung«) fordert, daß Frankreich seine Kräfte auf Elektronik, Biologie, Informatik und Energie konzentriert,[113] und insofern hat auch die Anstrengung, mit der in Frankreich die neuen Medien entwickelt werden, mehr mit Utilitarität zu tun als mit Kultur.

Für Kritiker ist diese neue Linie allzu merkantil und technologiefromm. Nicht zuletzt aus diesem Grund kündigen ausgerechnet linke französische Intellektuelle Mitterrand die Gefolgschaft. »Die Kulturindustrie ist die Zukunftsindustrie. Wer in die Kultur investiert, investiert in die Wirtschaft«, hatte Mitterrand auf dem erwähnten Kongreß erklärt,[114] und vielleicht kommt in eben dieser These am besten das schlimme Mißverständnis zum Vorschein, wonach in einer Krise kulturelle Kreativität dadurch konkrete Hilfe bieten könne, daß sie *Wachstum* produziere. Unter dem Thema »Krise und Kreativität« stand der Kongreß zunächst, dann unter »Création et développement«. In Wirklichkeit werden Kräfte zur Überwindung der Krise eher durch Analyse von Ursachen und Perspektiven geweckt, durch das *intellektuelle* »Produzieren« der Krise, von dem Umberto Eco auf diesem Kongreß sprach. Nach Ansicht vieler Fortschritts-Kritiker kann die Krise eben nur durch Verzicht auf das technisch Machbare und damit auf einen Teil des »Wachstums« im traditionellen Sinne überwunden werden.

Ist nun Jack Langs Vorstellung eines *kulturellen* Auswegs aus der Krise wirklich so absurd, wenn man die Vorstellungen der Ökonomie bedenkt, die allein in noch mehr Wachstum eine Lösung sehen – oder in der modernsten Variante, in einem vom Menschen abgekoppelten »qualitativen« Minus-Wachstum? Jack Langs Absicht, in jedem Ort über 30000 Einwohner mit Hilfe des Staates ein Kino einzurichten, ist jedenfalls eine realistische Utopie, mit deren Realisierung auch die Filmproduktion angekurbelt würde.

Diese Utopie setzt auch andere Akzente, die über den vordergründigen Nutzen hinausweisen. So setzt Kulturminister Jack Lang auf einen engen kulturellen Kontakt mit der »Dritten Welt«. Das führt dazu, daß Filmabkommen zwischen Frankreich und Dritte-Welt-Ländern abgeschlossen werden (und zwar nicht nur mit Frankophonen) und daß im französischen Fernsehen Beiträgen aus der »Dritten Welt« mehr Platz als bisher eingeräumt wird.[115] Dies ist mehr als nur ein raffinierter Trick, Märkte mit den Mitteln des Kulturaustausches zu erschließen; es ist auch eine kulturelle Öffnung, über die die französische Bevölkerung für die Probleme der

Zukunft sensibilisiert werden kann. In dieser Utopie steckt natürlich eine gehörige Portion politischen oder gar hegemonialen Kalküls, das jedoch allemal attraktiver ist als Wachstum ohne Menschen.
Kulturelle Begehrlichkeiten zu wecken und künstlerische Substanzen zu ökonomisieren, kann man als »Kulturalismus« bezeichnen und kritisieren – geben solche Programme der Kultur doch Vorrang vor der Ökonomie. Aber kann die Ökonomie mehr zur Überwindung der Krise leisten?
Jean Lebrun hat in »Esprit« (März 1984) die neue Kulturpolitik des Quai d'Orsay einer kritischen Analyse unterworfen und ist zu dem Schluß gekommen, die Verbindung von Kultur und Ökonomie sei eben die Kehrseite der Anerkennung und Förderung von Kultur seit jener Zeit, die er als »Ende der Verachtung« bezeichnet. Als weiteres Problem erkennt Lebrun die Institutionalisierung der Avantgarde durch den Staat, ein Vorgang, der zum vorzeitigen Ende dieser »Vorhut« führe. Die mit jährlich acht Milliarden Francs finanzierte Konjunktur der französischen Kultur unter der Ägide von Jack Lang läßt unterdessen erste negative Elemente erkennen, die einerseits in der Gleichsetzung seiner Person mit der neuen Kulturpolitik begründet sind, andererseits in dem Vorurteil, Langs kulturpolitischer Elan diene nicht nur der Popularisierung, sondern vor allem der Politisierung von Kultur, wenn nicht sogar ihrer Verstaatlichung. Lebrun führt das wachsende Unbehagen an Jack Langs Amtsführung auf dessen zunehmende »Ideologisierung des kreativen Schaffens« zurück, worin er eine Art neuen Feudalismus zu erkennen glaubt. Beschwichtigend fügt er jedoch hinzu, daß die Schwelle zu einer Staatskultur in Frankreich freilich noch lange nicht überschritten worden sei.
Daß solche voreiligen Verdächtigungen sich kontraproduktiv auswirken können, belegen Reaktionen auf Langs Strategie der Dezentralisierung, die von allen seinen Vorgängern, einschließlich Malraux, trotz aller Lippenbekenntnisse vernachlässigt worden war. Der neue (rechtsgerichtete) Bürgermeister von Brest entfernt aus seinem Maison de la Culture alles, was er für linken Kehricht hält, getreu seiner Devise: »Lieber Chantal Goya (ein Schlagerstar) als Bert Brecht!« Die »agents provocateurs« unter den Künstlern werden in Pension geschickt. Statt kritischer Gegenwartsliteratur beherrschen brave Klassiker die Bühne; die haben bei Rezessionen zeitgenössischer Kultur stets Konjunktur. In Belfort wird zwar wie nie zuvor Kultur konsumiert, doch deren Qualität ist auf einem beklagenswerten Tiefpunkt angelangt.[116] Kulturelle Schrebergartenpolitik hatte Lang allerdings nicht im Sinn, als er zum zentralen Thema der dezentralisierten Kulturpolitik die »Vermittlung« erklärte.
»Die Kraft der Völker liegt in der Kultur ihrer Massen«, meinte noch vor 1914 der linksliberale Friedrich Naumann.[117] Sollte dies heute in anderer Form wieder gültig sein?

7. »Kulturelle Identität«: Bei sich selbst sein und in Einklang mit der Umwelt leben

»Das vorrangigste Problem der Kultur besteht darin, Herr des transzendentalen Ichs zu werden, gleichzeitig das Ich des wirklichen ›Ichs‹ zu sein. Deshalb überrascht das völlige Fehlen von Mitgefühl und Verständnis für die anderen wenig. Ohne ausgezeichnete Kenntnis unserer selbst kann man nicht wirklich die anderen kennen.« *Novalis*

Definitionsübungen zu »Identität«

Jack Langs Kulturpolitik wird nicht nur als Beitrag zur wirtschaftlichen Krisenüberwindung verstanden; das zeigt das Echo auf sein Auftreten im In- und Ausland. Sein Plädoyer für die Kultur auf der UNESCO-Konferenz in Mexiko faßten viele junge und unterdrückte Nationen als Ermutigung auf zur Suche nach dem eigenen kulturellen Weg, der eigenen Identität. Mit dem Begriff »Identität« aber geraten wir auf ein kulturelles Feld, auf dem sich Nebennutzen und Haupt-Sinn des Kulturellen unentwirrbar miteinander vermischen.
Der Begriff »Identität« ähnelt jenen semantischen Irrgärten, die um manche anderen Wörter gezogen werden, um ihren Sinn zu verschleiern. Gegen die verbale Vergewaltigung von Begriffen ist Karin Reschke beim Frankfurter Römerberggespräch 1984 mit schönen Worten zu Felde gezogen mit der Klage, daß es »rundherum von Schlachtfeldern wimmelt, viele Wörter krank und siech darniederliegen, und täglich kommen neue hinzu, auf Krücken oder in Maßanzügen, in Leichenhemden, auch in Abendkleidern, denn die Wörter lieben gerade ihres kränkelnden Zustandes wegen die Verkleidung ...«[118]
Wie »Freiheit« zum Feldzeichen geworden ist, mit dem sich schmückt, wer mit ihrer Verteidigung nicht viel im Sinn hat, so wird »Identität« als ein dekorativer Fleck im Flickwerk politischer Rabulistik benutzt. Der Begriff wird häufig genug auch verhunzt, um die Verweigerung der Identitätsbildung zu kaschieren: »Getto« und »Homeland« heißen die neuen Reservate, in denen Identität nicht gedeihen kann, weil sie die Entwicklung von Persönlichkeit unmöglich machen. Nur in Übereinstimmung mit sich selbst, mit seinen gesellschaftlichen Möglichkeiten kann der Mensch Identität finden und behaupten.
Ehe wir jedoch weiter argumentieren, sollten wir uns darüber verständi-

gen, was wir mit »Identität« eigentlich meinen. Ursprünglich war sie ein philosophischer Begriff, der dann von der Psychologie übernommen und schließlich von der Kulturpolitik entdeckt und vereinnahmt wurde. Hermann Bausinger schreibt 1982 in einem Gutachten für die Deutsche UNESCO-Kommission:

»Das analytische Konstrukt der Identität bezeichnet die Fähigkeit des einzelnen, sich der Kontinuität seines Lebens und damit auch seiner ›Einmaligkeit‹ über alle Wechselfälle und Brüche hinweg bewußt zu bleiben. Die Ich-Identität wird dabei überhaupt erst sichtbar und verständlich in ihrer sozialen Dimension. Die individuelle Fähigkeit zur Identität ist von der Gesellschaft her organisiert und begrenzt. Identität ergibt sich aus den Interaktionen mit den anderen. Will der einzelne sich als identisch erfahren, so muß er sein eigenes Verhalten und die Erwartungen der anderen in eine ausgewogene Beziehung bringen; er muß gesellschaftlichen Ansprüchen genügen, darf sich aber dabei nicht aufgeben – er muß also auch in der Lage sein, Erwartungen zu enttäuschen. Dies ist dann ohne Verlust des sozialen Kontaktfeldes möglich, wenn er seine eigenen Ziele und Verhaltensnormen mit denen der anderen koordiniert, wenn er sich also bis zu einem gewissen Grade mit anderen identifiziert.«[119]

Kulturelle Identität setzt sich nach der Theorie weitgehend aus sozialen Komponenten zusammen: »Identifikation mit einer Gruppe ist nicht nur an das tatsächliche interaktive Verhalten gebunden, sondern schließt auch gemeinsame Regeln des Verhaltens ein und zielt auf gemeinsame Inhalte: Ziele, Werte und Normen.«

Die universale Bedeutung der kulturellen Identität ist weithin unbestritten. Das Kulturelle ist vor allem in Krisenzeiten und bei gesellschaftlichen Umbrüchen »ein Instrument zur Regulierung des Umgangs mit der sozialen und sonstigen Umwelt, und es muß nach solchen Zwangsänderungen jedesmal neu justiert werden.«[120]

Mit Identität ist so vornehmlich das »Bei-sich-sein« gemeint: Sich im Einklang befinden mit dem, wie sich jemand selbst sieht und sich sein Leben vorstellt. Das hat nichts mit falscher Bescheidenheit zu tun; Spannung zwischen dem, was jemand ist, und dem, was er sein möchte, ist bis zu einem gewissen Grade sogar notwendig, doch diese Spannung darf nicht lähmend wirken, darf nicht zur Flucht in den Voluntarismus und nicht zum »Aussteigen« verführen.

Identität bedeutet aber auch: In einer Kultur verwurzelt zu sein, sich darin heimisch zu fühlen, bedeutet: Teilhabe an gemeinsamen Überlieferungen, an Gesellschaft, an Erlebnissen und Lernprozessen, nicht zuletzt auch an einem gemeinsamen System von Werten und Normen.

Nach Antonio Gramsci bedeutet Kultur Organisation und Disziplinierung des eigenen Ichs und damit »Inbesitznahme der eigenen Persönlichkeit und die Erlangung eines höheren Bewußtseins, mit dem man dazu kommt, den eigenen historischen Wert zu verstehen, die eigene Funktion im Leben, die eigenen Rechte und Pflichten.«

Kultur ist mehr als eine zufällige Struktur, mehr als ein beliebiges System von Werten und Normen. Kultur ist immer auch Gestaltung von Wirklichkeit; sie ist die besondere Form, in der die Realität empfunden, bewältigt, gestaltet und bewertet wird; das betrifft auch die von Menschen geschaffene oder veränderte Realität. Kultur ist also auch mehr als ein Symbolsystem; sie ist vielmehr ein wertbesetztes System des Handelns, ja eigentlich *ist* sie die Wertbesetzung des Handelns.

So gesehen läßt sich zwar von verschiedenen kulturellen »Modellen« sprechen, mit denen die Menschen sowohl die natürliche als auch ihre selbst geschaffene Umwelt unterschiedlich interpretieren oder gestalten. Aber bei allen Unterschieden sind diese Modelle der materiellen Realität doch immer gesellschaftlicher Reproduktion, Naturgesetzen, Geographie oder Geschichte verhaftet, und dies schränkt die Möglichkeiten der Entscheidung für eines der Modelle ein.

Am deutlichsten bewußt wird uns dieses Gebundensein an der materiellen Realität, wenn wir uns die bescheidene Perspektive unserer eigenen Kultur vor Augen halten: Wenn auch Beherrschung der Natur in den letzten zwei, drei Jahrhunderten als höchstes Prinzip gilt, so haben wir uns die Natur doch nicht wirklich untertan gemacht. Sie rächt sich mit ökologischen Katastrophen, für die das Waldsterben nur ein aktuelles Symptom ist. Sie bedroht auch unser kulturelles System, indem sie seine bisherige Existenz in Frage stellt. Und zur Kultur gehört auch die Zukunft, die eine Gesellschaft für ihre Kinder und Enkel vorbereitet.

Nicht nur für das Individuum, auch für die Gesellschaft hat Identität immer mit Realität zu tun. Auch für eine Gesellschaft ist es von entscheidender Bedeutung, daß sie ihr Handeln mit dem in Einklang zu bringen versucht, was Ernst Bloch die »Potenz-Latenz« der Dinge nennt, das heißt, daß sie realitätsangemessen handelt und das nicht nur »tüchtig« im Sinne einer zweckfreien Sekundärtugend. Nicht akzeptabel sind daher Planungsperspektiven, die nicht einmal die halbe Lebenszeit einer Generation erfassen, sondern die Ressourcen der Enkel vergeuden und noch den Ur-Ur-Enkeln die Hypotheken solchen Handelns aufbürden.

Thomas Mann hat 1948 in einem Brief an Heinz-Winfried Sabais mit Bezug auf die Bigotterie »endgültigen Wahrheitsbesitzertums« in der Sprache seines Joseph-Romans von »Gottesklugheit« gesprochen, von der Klugheit des Menschen, seinen Willen mit dem Gottes in Einklang zu bringen und nicht in Zuständen zu verharren, über die »Er mit uns hinaus will«. Das Gegenteil wäre »Gottesdummheit«, eine Verfassung, »die notwendig zu Katastrophen führt, und worin die Katastrophe denn auch schließlich als Ausweg gewollt wird. In ihr lebt seit langem, was wir die ›westliche Welt‹ nennen wollen, obgleich die Einsicht in das vom Weltgeist Geforderte nachgerade ziemlich weit nach Westen, bis an den Atlantic, reicht. Die Demokratie will nicht wissen, daß sie nur in der Gestalt des Sozialismus überhaupt noch moralische Existenz hat. Eher, daß sie es zugibt, wirft sie sich dem Faschismus in die Arme ... und zündet die Welt an.«[121]

Für ein angemessenes Verständnis von Identität in unserer Zeit ist es wichtig zu wissen, daß in der Lebenspraxis der Individuen, aber auch von Völkern und Gesellschaften, Identität trotz aller scheinbaren Stabilität nur als Ergebnis eines *Prozesses* anzusehen ist, also nicht als statischer Zustand. Nicht eine Zeiten und Geschichte überdauernde ethnische oder kulturelle Kontinuität ist entscheidend, denn sie ist schließlich nur einer der Rohstoffe, aus denen Identität sich aufbaut. Identität ist Produkt *aktiver* Auseinandersetzung. Es wäre also absurd, wenn man einen Menschen oder ein Volk in seiner überkommenen Kultur gleichsam konservieren wollte (wie im »Homeland« oder ethnischen Getto); es muß vielmehr darum gehen, Möglichkeiten der *Produktion* von Identität zu schaffen bzw. zu besitzen, die den jeweiligen Lebensbedingungen angemessen sind.

Eine »Zerrüttungsklausel« für internationale Kulturbeziehungen?

> »Die ideologischen Mittel zur Produktion von Herrschaft sind gemacht aus dem Material der Träume von Freiheit der Beherrschten selber.«
> *Rudolf Burger*

Eines der Felder für die Diskussionen um »Identität« hat die internationale Entwicklungspolitik besetzt. Das hier entwickelte Gegenkonzept »kultureller Identität« ist eine Offensive gegen die öden »Modernisierungsprojekte«, die nichts anderes im Schilde führten, als der übrigen Welt marktwirtschaftliche oder sozialistische Modelle aufzudrücken.

Die bundesdeutsche Entwicklungshilfe ist aufgrund des Scheiterns mancher sicherlich gut gemeinter Einzelprojekte auf die »soziokulturellen Faktoren« aufmerksam geworden. Kostspielige Unternehmungen hatten hier soziale und kulturelle Strukturen zerstört und mehr Schaden als Nutzen gestiftet. Über die Einschätzung von Projekten kursierte unter Eingeweihten schließlich der zynische Satz: »Wenn's nachher nicht schlimmer war als vorher, kann ein Projekt als erfolgreich gelten.«

Nach Hildegard Hamm-Brücher müssen Industrieländer »sich viel mehr als bisher mit den geistig-kulturellen Voraussetzungen und Bedingungen des Partners auseinandersetzen und die möglichen soziokulturellen Wirkungen und Folgen westlicher Hilfe mitbedenken«.[122] Dieser Forderung ließe sich entgegenhalten, daß man sie auch als dezenten Hinweis interpretieren kann, daß sich Unterwerfung, also Einbeziehung in den Weltmarkt, nur dann erreichen lasse, »wenn man mit der nötigen Geschicklichkeit vorgeht – das Ziel aber bleibt das gleiche. Die geforderte Anerkennung des Rechts auf eigene Identität bleibt eine Heuchelei, wenn sie nicht auch das Recht einschließt, sich von der erzwungenen ›Entwicklung‹ abzukoppeln. Und dieses Recht bleibt eine formale Angelegenheit, solange die Finanz- und Handelsbeziehungen selbst einen nur punktuellen Ausstieg unmöglich machen. Die KSZE-Schlußakte von Helsinki (1975) sieht für die Handelsbeziehungen der beteiligten (Industrie-)Staaten eine ›Zerrüttungsklausel‹ vor: Der Handel soll so erfolgen, daß auf den Inlandsmärkten die inländischen Erzeugnisse vor konkurrierenden Waren so geschützt werden, daß ›keine ernstliche Schädigung – gegebenenfalls eine Marktstörung bzw. Marktzerrüttung – entsteht oder zu entstehen droht‹.«[123] Eine ähnliche »Zerrüttungsklausel« wäre auch für die Kultur angebracht, vor allem für die Staaten der Dritten Welt mit ihren nach Millionen zu zählenden Verhungernden. Eine solche Klausel sollte auch den Schutz der Kultur vor permanenter Zerrüttung durch ökonomische Pressionen garantieren.

Der Wunsch jeder Kultur nach Fortbestand in eigener Verantwortung und Würde ist berechtigt. Dazu bedarf es auch der Anerkennung des mit dem modernen Stichwort »moral economy« bezeichneten Sachverhalts. Auch in unserer eigenen Geschichte spielte das marktwirtschaftliche Credo nie die Hauptrolle; immer waren auch Kriterien der »moralischen Ökonomie« als kulturelle Normen neben und über dem Markt wichtig. Heute möchte der internationale Neo-Liberalismus am liebsten allen Ländern, vor allem Schuldnerländern, vorschreiben, in welchen Bereichen die kulturellen Normen ihrer »moral economy« durch marktwirtschaftliche Prinzipien zu ersetzen sind. Auch mit Auflagen des internationalen Weltwährungs-Fonds (IWF) wird letzten Endes (negative) Kulturpolitik betrieben und kulturelle Identität zerstört.

Ein konsequentes Programm kultureller Identität läßt sich leichter formulieren als in konkrete Politik umsetzen. Damit sind wir bei dem Problem der Realisierbarkeit des Wünschenswerten, des Notwendigen, bei dem, was Bausinger die »Hypotheken des Programms Identität« genannt hat. Bausinger setzt dem aus der euroamerikanischen Perspektive stammenden »Exotisierungseffekt« das Programm einer *pluralen* Identität entgegen: Danach müssen *innerhalb* jeder Gesellschaft die Individuen die Chance erhalten, zwischen verschiedenen Formen kultureller Verwirklichung frei zu wählen.[124] Aber dieses Konzept ist in dieser idealisierten Form wohl eher für hochindustrialisierte Gesellschaften geeignet als für weniger entwickelte Länder der Welt.

»Dem Fortschritt glauben heißt nicht glauben, daß ein Fortschritt schon geschehen ist. Das wäre kein Glauben.« *Franz Kafka*

Die Fragen der Identität und der verschiedenen »kulturellen Modelle« müssen auch im Kontext des Fortschritts-Begriffs diskutiert werden, der seit der Aufklärung nie mehr so weitgehend problematisiert worden ist wie heute. Alfred Schmidt hat sich bei den »Römerberg-Gesprächen« 1983 dazu geäußert: Für die Aufklärung ist der Gang der Geschichte nicht umkehrbar, wenn auch, was die Perfektibilität angeht, unabschließbar. Das bereitet heutzutage gravierende Probleme: »An Condorcets klassischem Rezept fällt uns Heutigen dreierlei auf«, meint Alfred Schmidt. »Erstens ist es völlig jenseits aller Erwartbarkeit für Condorcet, daß der Fortschritt einmal den zeitlichen Bestand des Planeten ernsthaft gefährden könnte. D. h. wie der Natur drinnen und draußen dieser stürmische Prozeß bekommt, wird nicht weiter diskutiert, weil das Natürliche gesamtaufklärerisch mit dem Vernünftigen einfach identifiziert wird.«
Zweitens können nach Condorcet Rückschritte den Fortschritt als solchen nicht diskreditieren, da es sich bei ihnen »immer nur um kurzfristige Störungen oder Verzögerungen des im übrigen unaufhaltsamen Gangs« handelt.
Drittens werde der Stufengang von Condorcet nirgends unter dem Aspekt studiert, ob er etwa auch »zu unwiederbringlichen Verlusten« führt. »Der Gedanke einer durchgängigen, quantitativen Steigerung der Macht des Menschen über die Natur und dann auch über seine Verhältnisse rangiert vor der Frage nach dem zumindest relativen Eigenrecht der einzelnen von der Gattung durchlaufenen Etappen.«[125]
Die Frage nach der kulturellen Berechtigung auch »vorwissenschaftlicher Bewußtseinsformen« stellt sich für solches Denken nicht. In Hegels Stufengang der Geschichte hat das Problem der Kulturzerstörung ebenfalls keinen systematischen Stellenwert – »sobald Hegel aber den ›Realgang der Geschichte‹ im Blick hat, ahnt er etwas von der Dauerbedrohung des Fortschritts durch möglichen Rückfall«. Als Angehöriger des Zeitalters der industriellen Revolution mochte sich Karl Marx am Wachstum der Produktivität begeistern; in seiner halb ironischen Ausdrucksweise entdeckt Alfred Schmidt aber auch ein »Stück romantischer Trauer« über das Verschwindende, eine Trauer, die noch deutlicher bei Heinrich Heine zum Ausdruck kommt: In die Feier des universellen Fortschritts mischen sich elegische Töne.
Wir wundern uns nicht, wenn wir auch aus einem Land des »real existierenden Sozialismus« ähnliche Töne vernehmen. Was Alfred Schmidt

Aufklärern wie Marxisten vorhält, daß sie kein Gefühl für das hätten, was der Fortschritt zurückläßt und was er zerstört, darüber äußert sich die DDR-Autorin Irmtraud Morgner in ihrem Roman ›*Amanda*‹ ähnlich: »Mich deprimierte, daß die Historie des Denkens nach wie vor ebenso ihren Fortgang nimmt wie die andere: kriegerisch. Denkbewegungen bringen sich immer noch vorwärts wie Heerhaufen in Zeiten, da man glaubte, die Erde wäre unendlich und also unerschöpflich. Man eroberte die Ortschaft, raubt, brennt den Rest nieder und zieht weiter. Gerade die anerkannt Klügsten scheinen nie zu begreifen, daß der Rest vielleicht von Wert sein könnte. Wenn nicht jetzt, dann später oder irgendwann.«[126]
Angesichts der Brutalität und Radikalität der Auswirkungen unseres Gesellschaftssystems werden die legendären Untaten von Dschingis Khan zur Idylle. Coca Cola, das Auto, das Fernsehen, der Computer, als Metaphern für Kulturzerstörung durch »Konsumismus« (Pasolini) sowie die Auflagenpolitik des Weltwährungsfonds haben mit einem bisher nicht bekannten Ausmaß Kulturen verkommen lassen. Gegenbewegungen sind die unausweichlichen Folgen. Traugott Schöfthaler hat 1983 im »Argument« hingewiesen auf neue Dimensionen des Streites zwischen interesselosem Kulturrelativismus und fortschrittgläubigem Evolutionismus, der sich auch als Universalismus definieren läßt: »Mit Sicherheit reflektiert dieser ›neue Kulturalismus‹ einen weltweiten Trend zur Aufwertung nationaler, ethnischer und partikularer Bindungen, der noch vor zwanzig Jahren kaum zu erwarten war.« Schöfthaler faßt die kontroversen Positionen wie folgt zusammen: »In der Perspektive der Universalisten sind Betonungen kultureller Differenzen entweder als bloßer Variantenreichtum ... als organisierender Faktor ... oder als Krisenerscheinung zu deuten. In relativistischer Sicht fällt die Deutung schwerer: Wertungen wie ›Rassismus‹ oder ›kulturelle Identität‹, ›Widerstandspotential‹ oder ›Tribalismus‹ erscheinen oft als austauschbar oder tatsächlich als zwei Seiten einer Medaille.«[127]
Traugott Schöfthaler meint folgerichtig, es fehle den relativistischen Positionen an evolutionär begründeten Außenkriterien (wie Produktivkraftentwicklung, Freiheit), um ihre Deutung kultureller Ordnungen plausibel zu machen: »Damit verbunden ist die Gefahr einer Verstärkung der Legitimität sozialer Systeme von außen ... Gleichzeitig wird der Schein einer kulturellen Autonomie gefördert und die kulturimperialistischen Durchdringungsprozesse ... werden oft gar nicht mehr erkennbar ... Bei universalistischen Positionen fehlt es an zureichenden Innenkriterien (wie Situationsangemessenheit, Äquivalenz) kulturell unterschiedlicher Lebensformen. Damit verbunden ist die Gefahr einer Verstärkung der Legitimität jenes sozialen und kulturellen Systems, das der Theoretiker entweder an die Spitze seiner evolutionären Hierarchie setzt oder in dem er das gattungsspezifische Potential am deutlichsten ausgeschöpft sieht.«
Kulturrelativismus diente lange genug zur Verschleierung imperialisti-

scher Politik. So gilt: »Kulturverstehende Theorie bedarf eines zumindest in der Tendenz universalistischen Maßstabs, der das Faktische seiner natürlichen Legitimität beraubt.« Es muß aber auch möglich bleiben, daß der »Eigensinn« der jeweiligen Kultur die kritischen Maßstäbe revidiert. Schöfthaler versucht dem vorher beschriebenen Dilemma zu entgehen, indem er Hierarchien »in kritischer Absicht« konstruiert. So soll vermieden werden, daß kulturelle Vielfalt einfach nur beschrieben und durch Aufnahme ins Warensortiment der Weltwirtschaft kampflos zerstört wird. Auf diese Weise soll falsche Solidarität mit jenen verhindert werden, die aus der Konservierung kultureller Identität ihren Vorteil ziehen.
Die Fähigkeit einer Gesellschaft, mit den negativen Aspekten ihrer Geschichte fertig zu werden, wird durch Bevormundungen oder unverhüllte Pressionen eher vermindert als gestärkt. So müssen wir wohl oder übel auf die Kraft der Völker vertrauen, ihre Probleme selber zu lösen. Ohne internationale Solidarität als angewandte »Zärtlichkeit der Völker«, so der Titel einer Broschüre über den Kampf in Nicaragua, wird dieser »Heilungs«-Prozeß allerdings kaum erfolgreich sein können, jedenfalls nicht in kurzer Zeit.
Je eher wir die »Gefahr einer Erosion kultureller Vielfalt in der ›Weltwirtschaft‹« erkennen, desto geringer ist die Gefahr, daß diese Erosion irreversibel wird. Denn es könnte sein, »daß die evolutionären Errungenschaften der ›modernen‹ Gesellschaft davon zehrten, daß sie *nicht* weltweit ausgedehnt werden, daß beispielsweise die für das Weltklima unentbehrlichen tropischen Regenwälder weiterhin von Völkern mit einem Sinn für ökologische Harmonie bewohnt bleiben.«[128]
Die reale Vielfalt der Welt beginnt für universalistische Politikkonzepte höchst unbequem zu werden. So wenig die Völker der südlichen Hemisphäre auf Dauer bereit sein werden, uns ihre Ressourcen und Märkte zu den von den Industriestaaten diktierten Konditionen zu überlassen, so wenig werden sie sich morgen dazu bewegen lassen, die einmal geweckten Bedürfnisse nach Industriegütern und nach Wohlstand wieder aufzugeben. Auch dieser Aspekt wird in den Nord-Süd-Dialog einfließen müssen, ein wichtiger Aspekt, der in Peter Glotz' ansonsten interessantem Buch *Die Arbeit der Zuspitzung* vernachlässigt worden ist.

Gastarbeiter-Kultur

> »Nur wer weiß, woher er kommt, weiß, wohin er geht.«
> *Carlo Schmid*

Probleme gleicher Tragweite bereitet auch die »Dritte Welt« im eigenen Land: Die Bundesrepublik befindet sich in Auseinandersetzung mit kultureller Vielfalt im Innern. Die in die Bundesrepublik gelockten Gastarbeiter haben hier ein Heimatrecht erworben, mit dessen Folgen wir uns noch lange zu beschäftigen haben. Die Gastarbeiter haben ebenfalls ein Recht auf ihre Kultur. Kulturpolitische Konzepte für Gastarbeiter müssen die Konsequenzen aus solchen Überlegungen berücksichtigen. Sie sollten dazu beitragen, Diskriminierungen zu beseitigen und die Fähigkeit zum produktiven Umgang mit den Lebensbedingungen in unserem Land zu vermitteln. Was nicht zur Bildung einer realitätsangemessenen Identität führt, führt auch nicht zur Integration der Gastarbeiter.

Auf solchen Erkenntnissen beruht das Konzept der Frankfurter Ausländerkulturpolitik. Alexa Gade, die an Konzeption und Koordination beteiligt war, berichtet: »Dabei ging die Behörde nun erstmalig davon aus, daß eine kulturelle Integration nicht von oben verordnet, sondern nur mit den Betroffenen selbst zu entwickeln ist. Diese neue Arbeit sollte durch eine Zusammenarbeit zwischen dem Kulturamt und den bestehenden Ausländerorganisationen eingeleitet werden. Aus der finanziellen Not blieb also möglicherweise die Rückbesinnung auf die in Frankfurt bereits vorhandenen Ausländerorganisationen als Tugend übrig ... Zunächst sollten einmal gewisse Basisinformationen gesammelt werden, um dem Kulturamt einen Überblick über die vorhandenen Vereinsaktivitäten zu geben. Als ›Lockmittel‹ dienten dazu 30000 DM, deren Verwendung den ausländischen Kulturvereinen freigestellt war.«[129] Auf diese Weise konnten zunächst Kontakte zu 15 Ausländerorganisationen hergestellt werden, und aus dieser Kommunikation ergab sich, daß der partielle Rückzug auf die eigene kulturelle Infrastruktur Überlebensfunktion besitzt: »Insgesamt gesehen schirmt der nationale Verein zunächst gegenüber der Umwelt ab. Hier wird die Landessprache gesprochen; Räumlichkeiten, Einrichtungen, Personen und Verhaltensweisen sind vertraut. Kinder sind anwesend und werden, wie in den Mittelmeerländern üblich, von allen betreut. Auch Behinderte werden integriert. Es wird gemeinsam an den Wochenenden gekocht. Miteinbezogen werden im Sinne der Gastfreundschaft auch Nichtmitglieder oder Fremde. Auch in den Alltagsaktivitäten stellt der Verein einen Bezug zum Heimatland dar. Er arbeitet gegen die Isolation der Emigranten von ihrer ursprünglichen Kultur und der Entwicklung ›zu Hause‹. So läßt sich z. B. beobachten, daß eine wichtige ›Brücke‹ (zum Heimatland), d. h. auch zur Wahrung der eigenen Identität, der tägliche Nachrichten- und Informationsfluß bildet. Durch das Abonnieren von Zeitungen und Zeitschriften in der Muttersprache und das Bereitstellen von Büchern versuchen die Vereine das Informationsangebot und damit verbunden die Kommunikationsmöglichkeiten für ihre Landsleute zu erhöhen und zu verbessern. Diese Medien sind in den Zentren vorhanden und stehen den Mitgliedern und Besuchern kostenlos zur Verfügung. Zudem werden aber auch Zeitungen und Zeitschriften in deutscher Sprache abonniert. Sie bilden wiederum eine Verbindung zur hiesigen Gesellschaft. Fast wichtiger scheint es jedoch, daß die Nachrichten- und Informationsvermittlung in den Vereinen im wesentlichen über verbale Austauschprozesse verläuft. Es werden Nachrichten vorgelesen, Sachverhalte weitergegeben und darüber diskutiert. Auf diese Weise gelangen sie auch an diejenigen, die nicht gelernt haben, sich über gedruckte Medien zu informieren, bzw. die sich über die Sprachbarriere nicht informieren können. Zu beobachten war auch, daß in dieser Hinsicht Rundfunksendungen eine bedeutende Rolle einnehmen, weswegen Radiogeräte in allen Zentren vorhanden sind. Sendungen in der Muttersprache werden oft gemeinsam gehört ...«[130]

In Frankfurt hat sich ein Verein mit dem idyllischen Namen »Die Pinie« entwickelt. Die Pinie ist in den Ländern zwischen Kleinasien und den Kanarischen Inseln der am üppigsten wachsende Baum, dessen Zapfen bereits das frühe Christentum mit Lebenskraft gleichsetzte. »Die Pinie« gehört zur supranationalen »Szene« in Frankfurt wie die inzwischen renommierte Theatergruppe »I Macap«, die aus dem »Teatro Siciliano« hervorgegangen ist, wie das Gallus-Zentrum als multikultureller und multinationaler Treffpunkt in freier Trägerschaft, wie die Zeitung »Wir« (für Deutsche und Ausländer) und wie das alljährlich stattfindende internationale Theaterfestival der europäischen Gastarbeiter.

Auch das Frankfurter Beispiel zeigt: Wer lediglich von der Bewahrung einer kulturellen Identität spricht, sei es der Deutschen oder der Ausländer, verkennt den dynamischen Charakter dieses Kulturprozesses. Es kommt in erster Linie darauf an, daß die Ausländer ihre Lebenssituation selber verarbeiten können; sie brauchen ein materielles und personelles Fundament, um eine Kultur zu entwickeln, die ihnen Zukunft verspricht. Es sollte um jeden Preis verhindert werden, daß die Ausländer durch bürokratische Maßnahmen von den Wurzeln ihrer Kultur abgeschnitten werden.

In einer noch schwierigeren Situation als Italiener, Spanier, Jugoslawen leben die Türken bei uns. Sie sind die größte Ausländergruppe, die als einzige auch durch Kleidung und Habitus identifizierbar ist. Auch ihre islamisch geprägte Kultur unterscheidet sich von der mitteleuropäischen stärker als die der anderen Gastarbeiter, ganz abgesehen davon, daß ihr Heimatland mit seiner Militärdiktatur für viele von ihnen noch ein besonderes Problem darstellt. Hierzulande weiß kaum jemand, daß sie Angehörige eines Volkes mit einer Jahrtausende alten bedeutenden Kultur sind. Die Türkei hat Nobelpreisträger, große Philosophen und bedeutende Literaten wie andere Länder auch; die anatolische Kultur ist mindestens ebenso alt und bedeutsam wie unsere eigene. Seit ich die Gedichte von Nazim Hikmet in Hans Magnus Enzensbergers »Museum der modernen Poesie« kennengelernt habe, ist er für mich ein Teil der europäischen Kultur, und ich bin ihm so wie dem 1984 gestorbenen Filmregisseur Yilmaz Güney nicht nur aus persönlicher Bekanntschaft zugetan. Die inzwischen entstandene deutsch-türkische Literatur und analoge bildende Künste stellen für beide Kulturen eine Bereicherung dar.

Bei den Türken beobachten wir die intensivsten Prozesse eines Kulturwandels, wie ihn die Adaption neuer Konsumgüter und Lebensformen mit sich bringt. Wie die in unserem »Wohlstandsparadies« lebenden Türken sich moderne Industriegüter und industrielle Arbeitsformen aneignen, entspricht freilich nicht immer den Vorstellungen, wie sie sich bundesdeutsche Apologeten der Integration machten. Ein Beispiel ist die türkische Videokultur, die sich in wenigen Jahren sozusagen unter der Hand herausgebildet hat. Der Literaturwissenschaftler Adnan Binyazar schreibt mit Blick auf diese Video-Kultur und andere kommerziell genutzte Unterhaltungsmedien: »Man kann gut und gern behaupten, daß sich die türkische Kultur in der Bundesrepublik in einer Entwicklungsphase befindet. Nur ist gegenwärtig der zu zahlende Preis sehr hoch, angesichts dieser Schwemme primitiver Kitschkultur. So kommt mir der Musikkassetten- und Videobereich, der die kulturelle Isolation der Türken ausnutzt, gefährlicher vor als der Rauschgifthandel. Jugendliche, die ausschließlich mit solchen Produktionen in Berührung kommen, zeigen nicht selten negative Erscheinungsformen. Jugendlichen, denen daran gelegen ist, auf leichtem Wege ihr Glück zu machen, suggeriert durch einschlägige Medienprodukte, wird eine gesellschaftliche Stabilität schwerfallen.«[131]

Um so wichtiger scheint mir zu sein, andere, wirkungsvollere Formen kultureller Auseinandersetzung zu ermöglichen, zumal Ansätze dazu vorhanden sind. Im Rahmen des Programms der »kulturell autonomen Integration«, die einen partiellen Rückzug in gettoartige Lebensformen einschließen kann, entstehen sowohl Formen der Reaktivierung der traditionellen eigenen Kultur als auch *neue* Formen mit qualitativen Innovationen. Dieses neue Selbstbewußtsein äußert sich etwa bei Yüksel Pazarkaya in den folgenden Worten: »Es hat sich denn auch im Abendland inzwischen herumgesprochen, daß das neuere Abendland seit der Renaissance aus dem Morgenland entstanden ist, auf welches es heute aus Systemverblendung von oben herabschauen will. Bekennen wir Migranten aus der Türkei uns zum Morgenland, so bekennen wir uns daher mit all seinen Konsequenzen gleichsam zum Abendland.«[132] Die Türken wollen sich nicht einfach nur zur Synthese bekennen, die sich aus der Begegnung des anatolischen Schmelztiegels von Völkern und Kulturen mit dem heutigen Mitteleuropa ergeben hat – sie möchten vielmehr am Gelingen dieser Synthese *aktiv beteiligt* sein.

So beobachten wir, wie sich in West-Berlin mit seinen 250000 Ausländern (bei 1,87 Millionen Einwohnern) bereits seit Jahren eine neue Kultur der darstellenden Künste, der Musik und der Literatur entwickelt, eine Kultur, in der mediterrane und vorderasiatische Elemente mit unseren Künsten und Lebensverhältnissen eine Symbiose eingehen. So wenig die »klassische« Kultur der Arbeiterbewegung der Zwischenkriegszeit Gemeinbesitz aller Arbeitenden war, so wenig ist die neue »zweite Kultur« Gemeinbesitz aller Gastarbeiter, mehr noch, bei genauer Betrachtung ist sie wegen der geringen Stärke der politischen und sozialen Organisationen in ihrer Wirkung vielleicht noch stärker eingeschränkt. Doch in ihrer ästhetischen Fruchtbarkeit ist sie vergleichbar mit unserer klassischen Arbeiterkultur; sie entwickelt aus sich heraus die Perspektiven einer humanen Zukunft und stimuliert die entsprechenden subjektiven Wünsche; ja, sie ist inzwischen Teil der deutschen Kultur.

Wir sind in der Bundesrepublik Zeugen eines Kulturwandels. Nicht das Nebeneinander verschiedener Kulturen ist das Charakteristikum, sondern die Verarbeitung sich wandelnder Lebensbedingungen mit den Mitteln der Kultur, das heißt der Entwicklung von Formen der Orientierung, der Bewertung und der Gestaltung mittels der eigenen traditionellen und aktuellen Kultur sowie der mannigfachen kulturellen Einflüsse der umgebenden fremden Kulturen. Eine Gesellschaft gleitet ab in die Barbarei, wenn sie sich keine Rechenschaft darüber ablegt, was sie denjenigen ihrer Mitglieder abverlangt, die am unteren Ende der Privilegienskala leben und für die anderen arbeiten müssen. Auch diese Bürger wollen leben, statt nur zu funktionieren, denn die »Überwindung des Reichs der Notwendigkeit durch das Reich der Freiheit«, sagt Svetozar Stojanovic, »ist undenkbar ohne Errichtung des Reichs des sich selbst zum Zweck gewordenen Menschen« (1984).

Wenn wir nicht nachfühlen können, was es heißt, für wenig Geld in den Schächten der U-Bahn zu malochen, anderer Leute Müll einzusammeln und die Abende in miesen Behausungen zu verbringen, oder wenn niemand mehr darüber klagt, wie schlimm Fließbandarbeit ist, dann können Politiker sich leicht auf »Sachzwänge« der Technik hinausreden und sich über die Belastungen ausschweigen, die sie für andere mit sich bringen. Wenn im engeren Kreis niemand mehr in anschaulicher Weise davon erzählen kann, wie es sich in einem Lager hinter Drahtverhau lebt, dann kann in den ärmlichen Lagern für Asylanten leicht noch eine hinreichende Lebensqualität entdeckt werden. Aber »zuhause sind die Menschen nicht in irgendeinem Land«, heißt es in Joshua Sobols »Ghetto« (1984), »sondern in ihrer Kultur. Nur hier finden sie ihre Identität.«

Auch zur Entwicklung einer eigenen Identität bei den Gastarbeitern bietet Kultur Hilfen und Perspektiven. Ein Leben, das zu sich kommt, ist ohne Kultur nicht zu denken. So gelangen wir mit den Problemen der

Identität vom Nachdenken über den Nebennutzen von Kultur zu immer zentraleren Funktionen.

»Ob die Kunst und das Schöne den Menschen wirklich zu bessern und zu stärken vermögen, sei dahingestellt«, sagt Hermann Hesse, »zum mindesten erinnern sie uns, gleich einem Sternenhimmel, an das Licht, an die Idee der Ordnung, der Harmonie, des ›Sinnes‹ im Chaos.«

8. Die Unersetzbarkeit der Künste

»Die Utopie liegt nicht in der Zukunft, nicht an einem anderen Ort. Die Zeit der Utopie ist jetzt und der Ort ist hier.« *Carlos Fuentes*

Kultur und Künste

Auf die vielen Überlegungen über die Sozialfunktionen und den Sekundärnutzen der Künste, über ihre Umweg-Rentabilität usw. haben Kämmerer, Finanzminister und andere Haushaltsexperten bisher ziemlich hilflos reagiert. Der Patient »Kultur« ist auch nicht zu kurieren, solange er dem Fiskus untergeordnet ist statt umgekehrt. Es kommt also vor allem darauf an, daß auch der Finanz- und Gesellschaftspolitiker nacherleben kann, wie lebensnotwendig Kultur im allgemeinen und nicht zuletzt die (teuren, weil personalintensiven) Künste für uns alle geworden sind.
Immer wieder steht man in Diskussionen vor der Schwierigkeit, Kultur und Künste säuberlich voneinander zu trennen. Dabei ist die Definition eigentlich relativ einfach: Kultur ist ein System, das einer Gesellschaft ihre unverwechselbare Gestalt gibt, das ihre relative Einheit konstituiert und ihre wesentlichen Wertorientierungen begründet; es besteht aus mehreren unterschiedlich wirksamen Faktoren. Die Künste, also alle ästhetischen Ausdrucksformen von der Musik über die Literatur bis zu den bildenden und darstellenden Künsten einschließlich ihrer synästhetischen Verbindungen wie der Film, sind *ein* wichtiger Bereich neben anderen. Aber wie zur Buchkultur das Buch sowohl als ästhetische Ausdrucksform wie auch als Informationsmedium gehört – und somit Lesekultur und Informationskultur die zentralen Aufgaben etwa des öffentlichen Bibliothekswesens sind –, so gehört zur Kultur auch die Entfaltung der sozialen Beziehungen in den unterschiedlichsten Gesellungsformen: Sie reichen von der Körperkultur des Sports bis zum Vereinsleben usw., um nur solche Bereiche heranzuziehen, die öffentlicher Politik zugänglich sind. Damit sind allgemein-kulturelle Bereiche außerhalb der Künste nicht erwähnt – etwa die allgemeinen Umgangsformen, die politische Kultur als Verkehrsform der unterschiedlichen Interessenfraktionen oder die geregelte Gestaltungsform der Entscheidungsfindung; es gehört auch dazu die Kultur unseres Verhältnisses zur Umwelt, das sich auf den verschiedensten Ebenen manifestiert – vom waldzerstörenden Geschwindigkeits-

rausch des »freien Bürgers« bis zur Suche nach neuen harmonischen Wegen des Lebens in und mit der Natur. Kultur ist nicht alles, aber sie ist in allem.

Die Künste haben sich im traditionellen Kunstverständnis nicht zuletzt deswegen in den Vordergrund gespielt, weil sie die wichtigsten Bereiche des öffentlich geförderten Kulturlebens darstellten. Inzwischen haben Soziokultur und Alternative Kultur das Augenmerk nicht nur auf die soziale Dimension der Künste, sondern auch auf die Kultivierung der sozialen Beziehungen in unseren Städten, Gemeinden und Regionen gelenkt. Die Kulturpolitik hat zaghaft begonnen, ihr Interesse nicht nur auf die Objektivationen der »zeitlosen« Kunstwerke zu richten, sondern auch auf die kulturellen Prozesse, die zwischen den Menschen und Künsten, zwischen dem Publikum und den Künstlern und ihren Institutionen ablaufen. Der »Kommunikationsprozeß Kunst« ist wichtig geworden.

Mit der Frage: Wieso ist Kunst unersetzbar? wenden wir uns nun stärker den Künsten zu. Wir befinden uns damit in einem Trend, der auch im kulturpolitischen Diskurs wieder eine stärkere Rolle spielt, und zwar unabhängig von parteipolitischen Positionen. Dieser Trend hat mit Vernunftkritik und den Grenzen des Verstandes wie mit Fortschrittskritik zu tun, aber er ist auch ein Teil der gesellschaftlichen Diskussion über die Frage nach dem Sinn der Wachstumsgesellschaft.

Richard von Weizsäcker hat anläßlich der Berliner Kandinsky-Ausstellung 1984 erklärt: »Immer wieder erwarten wir von der Kunst, daß sie uns helfen soll, die Zeichen der Zeit zu verstehen ... Wir erwarten Antworten von ihr auf die Fragen nach dem Sinn und Ziel des Lebens.«[133] Nur: Wer meinte, von den Künsten ließen sich fix und fertige Antworten abrufen, der wäre im Irrtum. Aufgrund der vielen Antworten, die ihn auch ungefragt erreichen, wäre er noch verwirrter als zuvor. Es erginge ihm kaum anders als manchem Beobachter der Wissenschaft. Nein, wir müssen die Künste als kritische Begleiter des gesellschaftlichen Prozesses verstehen. Künstler arbeiten mit ihren Mitteln genauso an der gesellschaftlichen Realität und an der banalen Wirklichkeit wie die Wissenschaftler mit ihren scheinbar so exakten Mitteln. Wir müssen uns auch darüber klar sein, daß dieser Prozeß oft sehr schmerzhaft ist: Rücksichtslos zu provozieren, bewußt Tabus zu verletzen, die Sonde tief anzusetzen, solcher Umgang der Künste mit Gesellschaft ist keineswegs leicht zu bewerkstelligen. Aber wenn wir von ihren Impulsen profitieren möchten, müssen wir uns auch ihren unbequemen Herausforderungen stellen. Nur so lange die Künste Mühe machen, bewirken sie etwas.

Die Künste erheben den Anspruch, unersetzbar zu sein. Aber nicht nur deshalb sollte man sie verteidigen, wo immer man sie vermuten kann. Der Kulturpolitiker kann sich bei der Aufgabe, den Künsten immer wieder ihre Grundrechte zu erkämpfen, nicht auf die Stärke der Argumente aus

Geistesgeschichte und Geschichte der Ästhetik und Philosophie verlassen. Er muß seine Aufgabe immer wieder neu begründen.
Die Künste, durch die Jahrtausende essentieller Teil der Kultur aller Gesellschaften, haben im Verlaufe der Geschichte im Medium des Ästhetischen unsere Sinne geschärft, vor allem jene der Bewegung, des Hörens und Sehens. Dieser synästhetische Erfahrungsbereich ist ihre äußerliche Besonderheit; ihre innere Unverzichtbarkeit ist umstritten. Sogar die Philosophen haben lange, allerdings ohne dauernden Erfolg, darüber nachgedacht, wie das Ästhetische als Lebensqualität zu definieren wäre. Kunst als Methode zur Orientierung in einer desorientierten Welt ist mittlerweile anerkannt, desgleichen als Mittel zur Verwirklichung des Menschen im Sinne seiner anthropologischen Bestimmung. Wir werden einige Zugänge zu dem besonderen Erkenntnispotential der Künste überprüfen. Ergebnis wird auch in diesem Falle sein, daß wir uns nicht mit einer monokausalen Antwort zufrieden geben können.
Es genügt nicht, das ästhetische Empfinden auszubilden, ohne gleichzeitig das »moralische Sensorium« (Dürrenmatt) zu entwickeln und mit allen Mitteln die »Ohnmacht der Moral« aufzulösen.

Die Grenzen der Computerlogik

»Das ist der Stil der Zeit, Mikroelektronik, Mikrofilm, Mikrokunst.« *Botho Strauß*

Die euphorischen Bekundungen zur Bedeutung von Künsten und Kultur sind inzwischen Legion: Der Hamburger Mäzen Kurt A. Koerber erklärt zur Bedeutung von Kultur für Gesellschaft und Zukunft: »Wir müssen lernen, diesen Kulturfragen dasselbe Gewicht beizumessen, das wir den wirtschaftlichen und den sozialen Aufgaben zuerkennen.«[134] Diesen vorläufig noch verbalen Wertewandel spiegelt nicht nur das inzwischen zur Pflicht erhobene Bekenntnis zum »kulturellen Erbe« wider, und er ist auch nicht einfach nur modische Paraphrase zu Goethes obligater Schulweisheit: »Was Du ererbt von Deinen Vätern hast ...« Kultur wird heute prinzipiell ernster genommen als es die auf Morgenfeiern oder bei Preisverleihungen mit klassischen Zitaten hantierenden Politiker vermuten lassen. Die Grenzen von Entwicklung und Wachstum signalisieren eindringlich die Fragwürdigkeit eines tradierten Gesellschaftsmodells.
Für unsere Zwecke mögen diese Hinweise zunächst genügen. Ich möchte nun versuchen, sie mit einem aktuellen Gedankengang zu beleuchten, wie ihn Rudolf Burger beim Römerberggespräch 1984 entwickelt hat. Dabei spreche ich die herausragende Rolle an, die heutigen Datentechnologien zugeschrieben wird. Burgers Ausgangsfrage lautete: Kann eine

Maschine denken? oder zugespitzter: Kann ein Apparat Bewußtsein entwickeln? Unterscheidet sich der ein Bewußtsein seiner selbst besitzende Mensch grundsätzlich von einer Maschine? Sind Maschinen denkbar, die bei einem Dialog von einem menschlichen Gesprächspartner nicht zu unterscheiden wären? Diese Fragen beschäftigen nicht nur Science-Fiction-Autoren, sie begleiten das abendländische Denken bereits seit dem 17. Jahrhundert. Sie entscheiden über fundamentale Orientierungen des Denkens und Handelns, und im Diskurs darüber wird »die Elendsgeschichte des gesamten modernen Rationalismus deutlich, der ... den Verstand gegenüber der sinnlichen Erfahrung erkenntnistheoretisch privilegiert hat.«[135] Burger argumentiert, daß nichts weniger mit »Natur« im umfassenden Sinne zu tun habe »als gerade die sogenannten exakten Naturwissenschaften. In dem Maße jedoch, als deren identitätslogische, durchaus ungeschichtliche Verfahrensweise über die Vermittlung von Technik, Industrie und Markt geschichtsmächtig wurden, gaben sie zunehmend auch das methodologische Vorbild ab für jene Wissenschaften, deren Gegenstand genuin geschichtlich ist. Für die Geistes- und Sozialwissenschaften, für die Anthropologie; für den Diskurs über den Menschen, damit aber auch für den Diskurs *der* Menschen ... Mit der Bourgeoisie hat eine normative Klasse die Macht erobert, die das, was ihrer repressiven Regelhaftigkeit nicht willfahrt, in den Bereich des Krankhaften, Perversen, Abnormalen verweist. Das Fremde, das Andere, das Singuläre, das ›Ereignis‹ als qualitativ Neues, damit zugleich aber Leben und Geschichte selber, der Einspruch sinnlicher Erfahrung gegen das Ideal formaler Widerspruchsfreiheit ist die Verlegenheit des szientistischen Denkens und seiner Sprache, als dessen Öffentlichkeitsform. Man verbannt es daher aus der wissenschaftlichen Rede, die allein noch Objektivität beanspruchen darf und überläßt es der Literatur, die als bloß subjektiver Ausdruck des Individuums verstanden, in gleichem Maße an öffentlicher Verbindlichkeit verliert, wie man ihr öffentliche Referenz erweist. Neben der folgenreichen Ernsthaftigkeit des wissenschaftlichen Diskurses rangiert sie in der öffentlichen Werteinschätzung bestenfalls als höhere, im allgemeinen aber durchaus harmlose Sparte der Unterhaltung.«[136]
Das von Burger als geschichtslos und binär bezeichnete Denken, das nur mit Ja oder Nein, nur mit »positiv« oder »negativ« operieren könne und dessen Materialisierung der Computer selbst ist, »tritt als universelles Erklärungsmodell der Welt an; es triumphiert über die Dialektik der Realität, behauptet alles zu sein, wo es doch nur Aspekt ist«. Aber wo schon das Element sich als Ganzes aufwerfe und das Prädikat zum Subjekt erkläre, sei die »Grundstruktur jeglichen Fetischismus« gegeben. Für die Gesetze der formalen Logik wäre ebenso wie für die binäre Computerlogik so etwas wie eine »Intelligenz der Sinnlichkeit« völlig undenkbar. Aber nicht nur diese Intelligenz der Sinnlichkeit fällt aus dem Rahmen

des Erkennbaren; auch Dialektik, Widerspruch, ja Geschichte fallen heraus, sofern Geschichte mehr ist als zeitliche Aufeinanderfolge von Ereignissen; denn, so Burger, »das Neue in der Geschichte, das aus den prozessierenden Widersprüchen des Alten entsteht, ist der Skandal der analytischen Vernunft, die den Widerspruch nur als Fehler kennt« oder als Defekt. Eine Welt aber, in der der Widerspruch keine Repräsentanz mehr hätte, wäre eine Welt ohne Geschichte, wo jedermann immer nur das gleiche sage und das automatenhafte Gerede nur Tautologie wäre.

Eine analoge Zukunftsvision kennen wir aus Ernst Jüngers abstrusem Thesengebäude *Der Arbeiter:* Er verkörpert die Welt der »verchromten Ameisen«, in der außer Produzieren als Selbstzweck kein Sinn zu erkennen ist. Zum Wesen der Kunst gehört hingegen, daß ihr die »Intelligenz der Sinnlichkeit« immanent ist, wie der Widerspruch, die Innovation, der schöpferische Bezug zur Welt. Mit dieser Definition von Kunst ist zugleich auch die Gefahr beschrieben, daß sie als Einfallstor für Irrationalismus jeglicher Art mißbraucht werden kann; das ist in ihrer vieltausendjährigen Geschichte häufig genug geschehen und geschieht noch immer.

Wenn die Menschen sich das Werkzeug des Verstandes aus der Hand schlagen ließen, wären sie verloren. Niemand wird sich mit dem Bonmot aus der Verantwortung schleichen können, wenn der Irrationalismus uns in der Vergangenheit nur Unglück gebracht hätte, dann wäre das noch lange kein Grund, dem binären Rationalismus der Datentechnologie jetzt das Wort zu reden (die Raketen fliegen dank dieser Technik). Wir sollten uns vor den Absolutheitsansprüchen der einen wie der anderen Seite hüten.

Deswegen ist die Kunst, ist die »Intelligenz der Sinnlichkeit«, die täglich bewußt oder unbewußt in unser Leben einströmt, aber dennoch unentbehrlich. Zur Erhaltung dieses Zustandes genügen nicht die Sonntagsreden, mit denen Politiker nach sechs Werktagen, in denen sie nach Kräften die zerstörerische neue Technik gefördert haben, sich über die kompensatorische Flucht in die Künste der Gunst ihrer Wähler versichern. Die Künste gehören mitten hinein ins Alltagsleben; sie dienen uns als Entscheidungshilfen im Sinne kultureller Wertsetzung im privaten und beruflichen Leben, aber auch im Hinblick auf den gesellschaftlichen Fortschritt.

Fortschritt in der Kunst ist Synonym für Fortschritt der Gesellschaft, wenn schon nicht (mehr) Synonym für soziale Revolution. Möglichkeit und Freiheit der Kunst, sich auf ihre Privilegien oder auf das unpolitische Prinzip l'art pour l'art zurückzuziehen, bedeutet ja nicht, daß sie sich insgesamt aus dem gesellschaftlichen Prozeß ausklammern will oder kann.

In mehreren Anläufen versuchten in den letzten Jahrzehnten die Künstler in der Bundesrepublik ihre Rolle als gesellschaftliche Wesen neu zu bestimmen; wer darin einen Angriff gegen die freie und »reine« Kunst sieht, möge sich vor Augen halten, daß der autonome Künstler, historisch gesehen, eine junge, kaum mehr als hundert Jahre alte Erscheinung darstellt.

Das politische Engagement der 68er Jahre wurde inzwischen erweitert um, oder ersetzt durch den Künstler als Sozialarbeiter – eine Tendenz, die von den früheren Bundes-Modellversuchen »Künstlerweiterbildung«, »Künstler und Lehrlinge« usw. verstärkt worden ist. Dann folgte der Künstler als Spurensicherer oder als Therapeut, schließlich nach amerikanischem Vorbild der Künstler in der Friedensbewegung.

Jedes dieser transitorischen Phänomene hat sicherlich wie die Moden in anderen Bereichen vom Informel bis zu den Neuen Wilden oder der neuen Subjektivität den Künsten entscheidende Impulse gegeben; häufig aber stellte sich nach der Euphorie der »Kater« ein. Zu solchen Enttäuschungen gehören sicher auch die bitteren Erfahrungen von Künstlern, die sich bei allen möglichen Massenveranstaltungen als Plakatgestalter oder als Festarrangeure vereinnahmt fühlen müssen, während niemand ihre Kunst wirklich ernst genommen hat. Durch die Instrumentalisierung wurde die Kunst vielmehr entwertet, nämlich nur dazu benutzt, mit ihrer Attraktivität jene anzulocken, die noch nicht auf der »Höhe des politischen Bewußtseins« waren.

Die Rezeption des gewiß nicht einfachen Romans *Ästhetik des Widerstandes* von Peter Weiss oder des Romans *Kassandra* von Christa Wolf hat bei vielen Lesern zu der Erkenntnis geführt, daß Kunst Erfahrungen und Erlebnisse zu vermitteln vermag, die tiefer reichen als Fest- und Agitationsreden und mehr Einsichten transportieren als noch so tiefschürfende Analysen. Selbst die Lieder von »bots«, die vielen jungen Menschen Lust zum Leben geben, oder der Gruppe »BAP«, die aktuelles Lebensgefühl zum Ausdruck bringen, lassen diese ungebrochene Potenz der Künste ahnen.

Wenn Künstler sich gegen Opportunismus der verschiedensten Art zur Wehr setzen, muß das noch nicht heißen, daß Kunst sich in den Elfenbeinturm zurückzieht, ins bloß Dekorativ-Unverbindliche. Als Gettoisierung der Spitzenkultur darf die Wende zur Kunst jedenfalls nicht mißverstanden werden.

Musisch-kulturelle Bildung ist kein Luxus

> Die Kunst ist ... nicht ein Luxusmittel, in schönen Seelen die Gefühle der Schönheit, der Freude oder dergleichen auszulösen, sondern eine wichtige geschichtliche Form des gesellschaftlichen Verkehrs der Menschen untereinander, wie die Sprache.
>
> *Rosa Luxemburg*

In einer wirtschaftlichen Baisse werden in vielen Kommunalhaushalten die Verwaltungsaufgaben gekürzt, und die Mittel für Kreditaufnahmen umgeschichtet, damit über einen ungeschmälerten Investitionshaushalt geplante Großprojekte realisiert werden können; gleichzeitig müssen die stark verringerten Steuereinnahmen austariert werden. Das hat Kürzungen etwa auch bei der Erwachsenenbildung zur Folge: Die Zahl der Kurse wird dezimiert, die Gebühren werden erhöht, so daß ausgerechnet Arbeitslose von dem Angebot zur beruflichen Fortbildung oder zur Umschulung weniger Gebrauch machen können, als sie müßten. Was durch die Volkshochschule hätte gemildert werden können, die soziale Desintegration und Isolation der neuen Armen, wird auf diese Weise noch verstärkt; ganze Fachbereiche müssen eingeschränkt und andere gar gestrichen werden, wobei gerade die in manchen Städten ungeliebten gesellschaftlich engagierten Seminare unter den Tisch fallen. Der bundesweite Protest gegen die häufig überproportionale Kürzung der Angebote besonders im musisch-kulturellen Bereich der Volkshochschule kann als brisantes Kulturpolitikum gewertet werden.

Kultur wird besonders in kleineren, budgetschwachen Gemeinden noch immer als schöne Zugabe mißverstanden, als entbehrlicher Luxus, auf den in der Krise auch verzichtet werden kann. Die traditionellen Begründungen der Kultur, wie sie uns das harmonische humanistische Ideal überliefert, werden bei allen verbalen Illuminierungskünsten nicht ernst genommen: Sowohl Konservative als auch Linke berufen sich zwar gern auf Geschichte und Tradition, auf Kultur und deren gültiges Erbe, aber wer mit Schillers »Ästhetischer Erziehung« argumentiert, nach der es nicht ausreicht, den tabellarischen Verstand und die mechanischen Fertigkeiten zu üben, und wer daraus folgert, ohne Entdeckung des Kreativen im Menschen und ohne Übung der Talente, ohne musische Bildung, ohne Kultur versäume der Mensch sich selbst und gefährde, was Dilthey seine Ichwerdung nennt, dem begegnen viele amtlich bestallte Kulturverwalter mit müdem Lächeln. Ähnliche Resonanz erntet, wer Kultur und musische Bildung als wichtig zur »Persönlichkeitsentfaltung« und zur »Emanzipation« und als Alternative zum bloß technokratischen Utilitarismus erklärt.

Die aktuelle Diskussion über den Wert der musischen Bildung, wie die Volkshochschule sie seit den 70erJahren verstärkt vermittelt, kann dem Denken ihrer kurzsichtigen Kritiker unter den Politikern auf die Sprünge helfen: Musische Bildung ist für die Zukunftsbewältigung der westlichen Industriegesellschaften genauso wichtig wie die anderen Lernfelder und Aktivitäten der Erwachsenenbildung. Kultur und musisch-kulturelle Bildung sind kein Ersatz »für die Einbußen unseres Lebens«, wie Freud resignativ meinte. Sie entwickelt jene Kreativität und Innovationsfähigkeit, die selbst dann noch Auswege zu finden vermag, wenn alle Wachstumsfaktoren längst versagt haben. Wie der Wald nicht nur wegen des Rohstoffes Holz immer wichtiger wird, sondern auch wegen seiner »Sozialfunktionen« und »Wohlfahrtsleistungen«, so ist Kultur auch aufgrund ihrer Sekundäreffizienz von Bedeutung. Der Wald dient außer als Wirtschaftsfaktor auch als Speicher für Regenwasser, als Reinigungsfilter für das Grundwasser, zur Regenerierung der Luft, zur Klimaverbesserung der Städte und insgesamt schließlich zur Erholung. Schwärmerei für Natur resultiert nicht nur aus der Unbewohnbarkeit der Städte, wie Brecht meinte, sondern auch aus den immer stärkeren umweltzerstörenden Betriebsamkeiten der Gesellschaft.

Die Sozialfunktionen der Künste sind zwar differenzierter, aber weit weniger bewußt und kaum anerkannt. Kultur, zu der außer den Künsten auch alle Freizeitbereiche, einschließlich Hobbys, Vereinsarbeit usw., gehören, kann in uns Fähigkeiten herausbilden, die unser Zusammenleben sinnvoll strukturieren und uns dabei helfen können, Perspektiven der Zukunft zu entwerfen oder die Flut der Probleme zu kanalisieren und zu meistern. Kultur dient auch der Verständigung über die Frage, wozu es sich lohnt zu arbeiten und wozu wir leben.

So schaffen die Künste indirekt auch Werte: Wer jungen Menschen Sinnperspektiven anbietet, auf ihre Grunderwartungen Antworten zu geben versucht, um der Flucht in Drogen und Alkohol entgegenzuwirken oder vor einem Abgleiten in die Kriminalität zu bewahren, der fördert auf diese Weise auch sozialen Nutzen. Ein musisch-kultureller Volkshochschulkurs, der Selbstvertrauen aufbaut und Kommunikation ermöglicht, ist konkreter Beitrag zur Lebensqualität. So kann sogar unser Wohlfahrtsstaat entlastet werden, ganz abgesehen davon, daß unser aller Leben ein Quentchen glücklicher werden kann.

Kulturelle Bildung kann jene Nahtstelle bilden, an der individuelle und gesellschaftliche Kräfte aufeinandertreffen. Schon deshalb darf kulturelle Bildung nicht dem Zufall überlassen bleiben. Wer ihren Erwerb als Privatangelegenheit hinstellt, verdrängt das Risiko, das darin besteht, daß in einer Demokratie individuelle Krisen auf die Gesellschaft durchschlagen können. Ein lebendiges kulturelles Milieu kann auch Arbeitsmarkt- und Exportressourcen erschließen helfen. Die »Braunschweig«-Studie von Prognos (Basel) läßt für das Jahr 2000 bei aller gebotenen Vorsicht die Bedeutung der Künste auch für die gesellschaftliche Produktivität erkennen.[137] Es ist nicht nur billiger, Arbeitsplätze in der Kultur zu schaffen, statt in krisengeschüttelten traditionellen Produktionsbereichen zu investieren, es ist auch produktiver, wenn man die exportgünstige »weiße« Industrie sowie die Wachstumstechnologien bedenkt.

Selbermachen oder konsumieren?

»Formell betrachtet ist ein schlechter Einfall, wie er dem Menschen wohl durch den Kopf geht, höher als irgendein Naturprodukt; denn in solchem Einfalle ist immer die Geistigkeit und Freiheit präsent.«

Hegel

Das Gesagte gilt natürlich auch für die von professionellen Künstlern geschaffenen Werke und nicht zuletzt für den umfassenden Katalog kommunaler Kulturpolitik. Doch niemand sollte die Bedeutung jenes Bereichs der selbstentwickelten Kultur unterschätzen, die bisher eher vernachlässigt worden ist. Die öffentliche Kulturpolitik bezieht ihre Berechtigung allein aus den Bedürfnissen *vieler* Interessierter und sollte daher nicht der Alternative »Konsum« oder »Eigenaktivität« unterworfen werden. In einer Diskussion hat der Nürnberger Kulturdezernent Hermann Glaser Studenten, die ihm vorwarfen, seine »Kulturläden« und sein sonstiges Sortiment wären zu stark auf Kulturkonsum angelegt statt auf Eigentätigkeit, folgendes geantwortet: »Was heißt denn Konsum? Konsum besagt zunächst überhaupt nichts über das Verhalten der Leute, sondern das ist eine innerliche Sache. Wenn wir unter Konsum die Fähigkeit verstehen nachzudenken, nachzufühlen, nachzuüberlegen, dann brauchen wir viel mehr Konsum! Wir sollten doch endlich mal weg von diesem aktionistischen Kulturbegriff, wo jeder Sozialpädagoge froh ist, wenn die Leute herumtanzen, und dann sagt, da haben wir mal wieder die Kreativität, die wahren Bedürfnisse treten zu Tage. Es ist durch Verstärkung anzustreben, ein Nachdenken über das, was vorgedacht ist, zu ermöglichen. Insofern ist es zum Beispiel die Tatsache, daß jemand zuhört, nachvollzieht, überhaupt nicht mit dem Begriff Konsum abzuqualifizieren.«[138]
Peter Weiss hat mit seiner »Ästhetik des Widerstandes« auf die Vielschichtigkeit der künstlerischen Qualität hingewiesen, auf die Mühseligkeit ihrer Aneignung, also auf alles, was die noch so schöpferische »frische« und »wilde« Malerei oder die eigene Kreativität im Bastelraum nicht befriedigen kann. Deshalb sind auch immer weniger Verantwortliche bereit, etwa die kostspieligen Bühnenkünste auszutricksen gegen angeblich preiswertere und fruchtbarere »freie« Gruppen. Bei solcher Gegenüberstellung wird gern vergessen, daß die Ausdrucksformen der darstellenden Kunst sich auch in den großen Institutionen entwickelt haben.
Die Gesellschaft braucht auch die professionalisierte Künstlerausbildung und den Künstlerberuf. Es ist nur scheinbar eine Paradoxie, daß ein professioneller Künstler wie Timm Ulrichs uns klarzumachen versucht, daß sich in jedem Menschen ein Künstler verbirgt. Timm Ulrichs hat die gesellschaftliche Aufgabe des Künstlers als Pfadfinder, Wegbereiter,

Schrittmacher wie folgt skizziert: »Mögen auch Spezialisten anderer Disziplinen in ihren separiert-partikularen Fachgebieten fachmännisch Vorausschau und Futurologie betreiben: Sie können es nicht im Hinblick auf eine allgemeine, synoptische Kunst/Lebenspraxis, die mit solchem pars pro toto sich niemals begnügen wird.«[139] In der Tat hat allein die Kunst noch das ungeteilte, komplexe Individuum vor Augen.

Bei aller Kritik an der Kulturindustrie, die durch Problematisierung der neuen Medien noch zu ergänzen wäre, möchte ich für ein ausgeglicheneres Verhältnis zwischen eigener künstlerischer Produktivität und Konsumieren plädieren. Musikkultur z. B. braucht gleichzeitig das Verständnis für Musik *und* die aktive Musikausübung; sie braucht das Gesprächskonzert, das Orchesterspiel mit Erläuterungen sowie, als Voraussetzung für besseres Musikverständnis, den Musikunterricht, die Musikschule.

Karla Fohrbeck und Andreas J. Wiesand relativieren in diesem Sinne die Unterscheidung zwischen »aktiver« Musikausübung und »passiver« Rezeption. So kann »der wiederholte Besuch ein und derselben Oper in allerdings unterschiedlichen Inszenierungen eine Vielzahl musikbezogener Aktivitäten beinhalten«, und: »Der ›Arbeitsaufwand‹ eines scheinbar passiven Rezipienten kann jedenfalls erheblich sein, während der Reflexions- und Aktivitätsgrad einer Klavierstunde vergleichsweise nicht unbedingt höher zu veranschlagen wäre.«[140]

Es sollte für die Kulturpolitik wichtig sein, Menschen in relevanten Situationen mit für sie geeigneten Mitteln den Reichtum ästhetischer Ausdrucksformen nahezubringen. Auch wenn Verständnis für Musik durch eigenes Musizieren gefördert wird, so braucht Musikkultur doch auch Menschen, die zuhören können. Eine Sinne und Verstand animierende Musikkultur ist ohne entsprechenden personellen Aufwand nicht realisierbar. Nirgendwo sonst sind persönliche Vermittlung, individuelle Anregung so notwendig wie in der Kultur. Das Individuum zur Kreativität zu führen, bedarf der ganzen Kraft ausgeprägter Vermittler-Persönlichkeiten. Das wiederum setzt gründliche Ausbildung voraus, Lehr- und Entwicklungsjahre; das erfordert ein Maß an hartem Training, das sich nicht nach Feierabend absolvieren läßt.

Wenngleich Selbermachen und eigene artistische Erfahrungen Konjunktur haben, können wir auf hochqualifizierte Arbeit, auf Profilierung und Professionalität nicht verzichten. Aus »schöpferischer Unzufriedenheit« und »kämpferischer Toleranz« plädiert der Liedermacher Diether Dehm (Lerryn) für eine populäre, gleichwohl anspruchsvolle Kunst, die sich der gesamten Skala von Ausdrucksformen ebenso wie des schöpferischen »Erbes« bedient[141] – also für ein Programm, das z. B. mit der Wiederentdeckung des Volksliedes seine Attraktivität bestätigt hat.

Kunst als Resultat eines Prozesses

»Es gehört zum Wesen der Kunst, Fragen offen zu lassen, im Zwielicht zu zögern, zu beharren«
Reinhold Schneider

In einem Brief an Berthold Viertel vom 2.4.1945 zitiert Thomas Mann eine Zeile aus dessen Gedicht »Die Hölle«: »›Was tatest du im Leben?‹ wird da inquiriert. – ›Ach, ich schrieb.‹ – ›Und wozu schriebst du?‹ – ›Ich wollte nur – die Wunde offen halten.‹ Die Wunde offen halten! Ist je eine einfachere, wahrere und schönere Bestimmung alles Dichtens gegeben worden? Ja, Dichten ist die insistierende Furcht vor dem, was Sie ›Die Hölle‹ nennen, vor dem Ermatten, Erkalten, Absterben des Gefühls und Gewissens, vor dem Belangloswerden von Liebe und Haß ...«[142]
Im Kontrast zu dieser Aussage hat Thomas Mann seine Aufgabe auch ganz anders definiert (mit diesen Zitaten von Thomas Mann soll nicht seine Poetologie rekonstruiert, sondern nur zum Nachdenken über die Aufgabe der Kunst angeregt werden): »Ich bin ein Künstler, das heißt: ein Mensch, der sich unterhalten will – darüber soll man kein feierlich Gesicht ziehen. Freilich – und das ist wieder ein Joseph-Zitat – kommt es darauf an, wie hoch man es bringt in der Unterhaltung: Je höher, desto absorbierender wird die Geschichte. In der Kunst hat man es mit dem Absoluten zu tun, und das ist kein Kinderspiel. Aber ein Kinderspiel ist es dann eben doch wieder, und ich vergesse nie das ungeduldige Wort Goethes: ›Von Leiden kann ja bei der Kunst keine Rede sein.‹ Rückblikkend hat er dann später gesagt: ›Es war das ewige Wälzen eines Steines, der immer von neuem gehoben sein wollte.‹ Gut bemerkt. Aber man sollte uns den verfluchten Felsblock nur wegnehmen, wenn wir würden sehen, welches Heimweh wir dann hätten! Nein, von Leiden kann in der Kunst nicht die Rede sein. Wer sich ein im tiefsten Grunde so vergnügliches Geschäft erwählt hat, soll vor ernsthaften Leuten nicht den Märtyrer spielen.«[143]
Und an anderer Stelle schreibt er in rührender Hilflosigkeit an den Dirigenten Bruno Walter, nachdem er ihm die Geschichte von dem engelgleichen Knaben Frido, der im »Doktor Faustus« qualvoll an Hirnhautentzündung (Meningitis) stirbt, angekündigt hat: »Ich weiß nicht, warum ich mir so traurige Geschichten ausdenke. Die Kunst soll uns doch erheben und erheitern.«[144]
Hier haben wir die ganze Spannung von Wunsch und Realität künstlerischer Existenz, der gegenüber sich der Künstler als machtlos empfindet. Wir wissen, so heißt es in einer Rezension der Tagebücher von Thomas Mann, »daß es die Leiden des Individuums an sich selber und an seiner Umwelt sind, denen die Literatur ihre Entstehung verdankt und daß sie

daher – um es mit einer haarsträubend vereinfachenden Abkürzung anzudeuten – den Protest gegen die Ungerechtigkeit des Daseins artikuliert und also Kritik des Lebens ist.«[145] Thomas Mann hat im *Doktor Faustus* mit der Titelgestalt die zerstörerischen Impulse künstlerischer Berufung dargestellt. Das Bild der Seejungfrau mit den zerschnittenen Füßchen ist Symbolisierung der Qualen des Künstlers, und dieses Leiden ist vielleicht die Kehrseite des »Seismographen« – ein Bild für das Künstlertum, dessen sich Thomas Mann auch bedient: »Der Dichter (und auch der Philosoph) als Meldeinstrument, Seismograph, Medium der Empfindlichkeit, ohne klares Wissen von dieser seiner organischen Funktion und darum verkehrter Urteile nebenher durchaus fähig, – es scheint mir die einzig richtige Perspektive.«[146]

Wie wenige andere verkörpert Thomas Mann ein Künstlertum, für das Schreiben eine gleichzeitig anstrengende, häufig qualvolle, aber auch lustbringende Entäußerung seiner selbst bedeutet. Bedeutsam sind die professionellen Künste nicht zuletzt wegen der Qual, der sie häufig genug ihre Entstehung verdanken. Den Künstler zeichnet nicht nur die Professionalität im Umgang mit den jeweiligen Ausdrucksmitteln aus, eine Souveränität, die wir häufig mit dem Attribut des Handwerklichen glauben belegen zu müssen, ohne die aber keine Kunst und kein Künstler welcher Sparte auch immer sich behaupten können. Das Leiden an der Kunst und an der Welt fließt auch in die leichtfüßigste Kunst ein und macht den Wert vieler ästhetischer Produktionen aus.

Bei Peter Weiss ist, betrachten wir seine »Notizen«, die qualvolle Seite noch stärker ausgeprägt. Eines der erschütterndsten Zeugnisse solcher Qual sind für mich die Notizen von Peter Weiss über die Sprengung der Generalprobe der Düsseldorfer Inszenierung seines Trotzki-Stückes. In ihnen kommt die ganze Widersprüchlichkeit der gesellschaftlich bedeutsamen Situation zum Ausdruck, die für Weiss deswegen so quälend war, weil er das Gefühl hatte, politisch zwischen allen Stühlen zu sitzen, und radikal verunsichert war. Zunächst ein Ausschnitt aus seiner Beschreibung der Ereignisse: »... tatkräftig waren nur noch die Bühnenarbeiter, die, mit Knüppeln bewaffnet, hinter dem eisernen Vorhang standen, um, sollte eine Stürmung der Bühne versucht werden, ihre Fabrik zu verteidigen, ihre Fabrik, die nicht ihnen gehörte, ihnen aber ihr Auskommen gab ... von unsrer Seite aus war nichts mehr zu sagen, zu diskutieren gab es nichts mehr, das Zwiegespräch zwischen Bühne und Publikum war in der Praxis durchgeführt worden, wir hatten für diesen Abend den Kampf verloren, das Haus war in der Hand derer, die andre Meinungen als ihre eigne nie zulassen würden und die, das war das Schlimme, auf deformierte Weise doch zur gleichen Front gehörten, für deren Vielfalt ich selbst eingetreten war, sie standen auf der gleichen Seite der Barrikade, der auch meine Arbeit zugute kommen sollte, sie griffen das gleiche Esta-

blishment an, dessen Sturz auch ich anstrebte. Ihnen aber war, wenn auch nur in kurzer Raserei, geglückt, was mir, in Zuversicht auf die Strategie der Unterwanderung, mißlungen war.«
Peter Weiss ist souverän genug, nicht unterschiedslos alles zurückzuweisen, sondern die Dialektik der Situation zu verarbeiten, eine Haltung, die Kulturpolitikern und Leitern von Institutionen in vergleichbarer Situation häufiger zu wünschen wäre:
»Und doch muß das schnell ergriffene, weit verbreitete Argument, es handele sich bei solchen Entladungen um faschistische Tendenzen, abgewiesen werden. Mit der Meinung, die nicht nur Liberale, sondern auch Marxisten vertreten, daß diese Störer ebenso für rechtsextreme Überfälle zu haben seien, wird von den wahren Brandherden des Faschismus abgelenkt. Es wäre naheliegend, daß ich, von den Amokläufern selbst zu Fall gebracht, ihnen jedes gesellschaftskritische Wirken abspräche, mich in meiner verletzten Eitelkeit von ihnen distanzierte und mich in meine Überlegenheit rettete, um somit meine eigene Pleite zu übertünchen.«
Und: »Von seinen Impulsen her war der Ansturm richtig, der uns in Düsseldorf traf, der Ansturm gegen die verlogene Theater-Institution, gegen alle, die sich diesen Regionen anbiederten, die meinten, dort etwas erreichen zu können, die dort ihre Arbeitskraft verkauften, vergessen wurde dabei nur, daß auch die Aufständischen im Garn saßen ...«[147]
Am schwersten zu verarbeiten war aber für Peter Weiss das vorauszusehende Scheitern dieser Art von Revolte: »... was soll daraus werden? Das Schlimmste am Ende: es wird gar nichts anderes daraus, als eine Ermattung nach dem Austoben, eine neue seelische Pleite. Wieder einmal: keine Revolution, nicht einmal eine Revolte, nur ein blindes Umsichschlagen und dann eine neue Vermummung. Wenn nicht Einzelne doch darüber hinauskommen, mit kleinen Erkenntnissen – vielleicht nur der Erkenntnis: an sich selbst arbeiten zu müssen.«[148]
Im Grunde verteidigt Peter Weiss in dieser Auseinandersetzung sein Handwerkszeug, sein Metier – das Schreiben und das Theater und somit die Kunst. Deswegen ist uns der Konflikt in unserem Zusammenhang wichtig. Weiss berichtet von der Diskussion des darauffolgenden Tages:
»... vom Theater, das zeigte sich jetzt, wußten die jungen Umstürzler so gut wie nichts, manche waren am Vorabend überhaupt zum ersten Mal im Theater gewesen. Sie kannten weder dessen Traditionen, Voraussetzungen, Stilrichtungen, Formbestrebungen und Möglichkeiten, noch desssen Existenzkämpfe und Suche nach einer neuen Organisation und einem neuen Publikum. Das Theater als Einrichtung interessierte sie nur als Schauplatz eines politischen Zusammenstoßes, hier waren die gleichen Voraussetzungen zum Konflikt gegeben, wie in einem Gerichtsgebäude, einer Ausstellungshalle, einem Vorlesungssaal.«[149]
So nimmt Peter Weiss die Diskussion mit den Störern zum Anlaß, über

seine eigene Rolle, seine Tätigkeit als Schriftsteller in der Gesellschaft zu reflektieren: »Zustimmen müßte ich ihnen, daß ein solches Stück in einer Institution, die zur Verherrlichung der besitzenden Klasse errichtet ist, dort nur als Alibi für die sogenannte freiheitliche Gesinnung der Machthabenden benutzt werden kann, und deshalb jedes gesellschaftsverändernde Anliegen verrät ... Zugegeben, daß die tatsächlichen politischen Aktionen nicht im Theater, sondern an den Frontlinien der Außenwelt stattfinden, daß vom Theater aus keine Umwälzungen vorgenommen werden können, daß das Kraftfeld der Politik auf der Straße, an den Arbeitsplätzen liegt, so kann dieses Medium doch Anregungen vermitteln, bestimmte soziale Situationen zusammenfassen, erklären, mit Gleichnissen, historischen Perspektiven auf die Gegenwart hinweisen ...«[150]
Aus der heutigen Perspektive sind diese Diskussionen schwer nachzuvollziehen. Aber an anderen, unerwarteten Stellen tauchen sie in neuer Gestalt wieder auf. Die permanente Diskussion darüber, wie die Künstler sich zur Kulturindustrie verhalten sollen, reproduziert, wie Umberto Eco uns gezeigt hat, auf anderer Ebene das gleiche Dilemma: Soll man sich einlassen und kompromittieren, oder soll man das Feld kampflos den anderen überlassen?
Das Leiden gehört zum Schicksal des Künstlers. Es ist die Kehrseite der Provokation. Der Künstler muß geistige Krisen produzieren, wenn er den Menschen, der Gesellschaft den Spiegel vorhält, wenn er ihre Realität verarbeitet. Er tut dies nicht aus Lust an der Provokation; das belegt sein Leiden an der Realität.

Die offene Vielfalt

> »So wie ein Dichter politisch wirken will, muß er sich einer Partei hingeben, und so wie er dieses tut, ist er als Poet verloren.« *Goethe zu Eckermann*

Allen gegenteiligen Versuchen zum Trotz gilt es, die offene Vielfalt der Künste zu verteidigen. Die Kulturgeschichte der Menschheit, aber auch die kulturtheoretischen Diskussionen der Gegenwart, haben uns eine Fülle von Formen gesellschaftlich wirksamer Kunst beschert. Gerade der Kulturpolitiker darf sich nicht auf *eine* Bestimmung oder auf nur wenige Optionen beschränken. »Was können die Werke der Kunst bedeuten und erwirken für das Selbstverständnis des einzelnen und für das Zusammenleben mit anderen? Verbindliche Antworten gibt es nicht«, meint Peter Iden. »Eine Aufgabe der Kulturpolitik ist es, das Interesse immerhin auf das Fragen zu lenken, Kunst der unterschiedlichsten Vorgaben und Ansätze jedenfalls möglich und möglichst vielen zugänglich zu machen. In-

dem sie die Rezeption von Kunst, den Umgang damit, vorbereitet, hat Kulturpolitik teil daran, daß Kultur sich bildet.« Mit anderen Worten, auf die Offenheit der Bestimmung von Kunst können wir nicht verzichten. »Die Kunst ... braucht eine gewisse Atmosphäre des Wohlwollens, des Entgegenkommens, um zu bestehen; den Unbilden entschlossen-verschlossener Feindseligkeiten hält sie nicht stand. Ein Kunstwerk ist nicht an sich und von vornherein gut oder schlecht ... es ist vielmehr ein schwebendes Angebot an das Herz und den Geist des Menschen, und erst zusammen damit wird es zur wirkenden Einheit, zum Wert ... Das mag eine etwas bedenkliche, allzu subjektivistische Ästhetik sein, und vor allen Dingen muß man festhalten, daß zwar etwas Gutes für den Augenblick schlecht – aber nichts Schlechtes auch nur vorübergehend gut gemacht werden kann.«[151] Was Thomas Mann hier in einem Brief an den Germanisten Walter G. Hesse über Kunst schreibt, darf für das kulturelle Angebot insgesamt gelten.
Ich möchte versuchen, die Spannweite der Künste an Beispielen klar zu machen. Zu den häufig benutzten Topoi über die Fähigkeit der Künste gehört Goethes Annahme, nur sie biete die Möglichkeit, Unsagbares auszusprechen. Peter Weiss' *Ästhetik des Widerstandes* zeigt, daß die Künste das in mehrfacher Hinsicht leisten. Dies erklärt mit das besondere Interesse an diesem Roman; zahllose Zirkel, Arbeitskreise, »Salons«, haben sich zur gemeinsamen Lektüre solcher nicht einfachen Literatur zusammengeschlossen. Mancher ist nach kurzer Zeit an der Lektüre gescheitert, andere »lesen« darin heute noch weiter. Wirklich »zu Ende« kommt niemand mit diesem Buch. Die Intensität des von Peter Weiss geschaffenen Werks ist nicht nur beispielhaft, weil es der Literatur gelang, Einsichten zu vermitteln, die einem politischen Theoretiker wohl kaum abgenommen worden wären, sondern auch, weil es dazu geführt hat, sich der Lektüre in Gemeinsamkeit und Gemeinschaft zu widmen. Die Peter-Weiss-Rezeption widerspricht dem Vorurteil von August Kühn, der aus seiner Literatur-Rundreise 1984 den pessimistischen Schluß zog: »Deutschland steht in Gefahr, ein kulturloses Land ohne Sprache zu werden, ein Land, in dem sich die Leute nur noch in Kurztexten aus dem Werbefunk unterhalten können ...« Die Bürger könnten, sprachlos gemacht und vor ihrem Fernseher isoliert, um so leichter »im Auftrag von Flick und Horten« regiert werden.[152]
Das Buch von Peter Weiss ist wichtig aufgrund seiner unorthodoxen politischen Inhalte. Die Epoche von 1919 bis 1945 wird aus anderer Perspektive beschrieben als aus der von politischen Lehr- und Geschichtsbüchern: sie wird aus menschlicher Sicht dargestellt. So wird die ganze Vielfalt der Widersprüche, Unsicherheiten, Rückschläge und Konflikte offenkundig.
Dokumentarfilme wie »Majdanek – Grabstätte Europas«, von Jerzy Bos-

sak und Aleksander Ford 1944 im befreiten Konzentrationslager aufgenommen, oder »The memory of the camps« (1945), den Alfred Hitchcock am Schneidetisch zusammenfügte, reißen die Dimension des Unfaßbaren auf, des Grauens, das nur in der fotografischen Authentizität zu vermitteln ist.

Es ließe sich auch eine andere, scheinbar entgegengesetzte Funktion von Kunst angeben: statt des Unsagbaren das schon häufig, viel zu häufig Gesagte so zu formulieren, daß es völlig neu erscheint – um dem Alltäglichen neue Dimensionen zu erschließen, etwa wie die objects trouvés, die Ready-mades oder der Fotorealismus.

Am Beispiel des berühmten Museums Louisiana bei Kopenhagen läßt sich erläutern, daß ein allzu perfektes Kunst-Museum sich selbst der zur Vermittlung notwendigen Spannung berauben kann. Das Museum Louisiana liegt über dem Öresund zwischen Kopenhagen und Helsingör inmitten einer parkähnlichen Landschaft. Das Museum bietet dem Besucher in unauflösbarer Verbindung von Kunst, Architektur und Landschaft ein unvergleichlich schönes Erlebnis. Als das Frankfurter Museumsufer Wirklichkeit zu werden begann, schien etwas Ähnliches zu entstehen, übertragen auf die Verhältnisse an einem Flußufer mit der Szenerie von Parks, großen Bäumen und alten Häuserfronten. Die Atmosphäre, das Grün der Anlagen, die vielfältigen Erlebnisse von Architektur, Ausstellung und Environment lassen sich unverwechselbar mit dem Begriff »Museumsufer« verbinden.

Allerdings kann ein Ambiente auch viel zu schön sein, weil ein Museum wie Louisiana nach einem Wort des Plastikers Richard Serra »Valium« für die Kunst sei: »Wer sich noch an die Provokation erinnert, die zum Beispiel Yves Kleins monochrome Malerei oder seine Anthropometrien zur Zeit ihrer Entstehung in Paris bedeuteten, wird davon an den zu einer schicken Suite aufgereihten, optimal beleuchteten Tafeln im Louisiana jetzt kaum noch etwas wiederfinden. Das ist es: Tod-schick ist fast alles geworden; aber manches ist auch nur noch schick-tot.« Peter Iden greift zu dem harten Urteil: »Louisiana – das ist auch ein Synonym für den Versuch der falschen Versöhnung. Dieses Museum unterschlägt nicht nur, was im Kunstwerk an Widerspruch formuliert ist, sondern auch dessen utopischen Gehalt. Während die Bilder auf eine Freiheit verweisen, die noch erst zu gewinnen wäre, legt das Louisiana, in dem alles schön und frei scheint, trügerisch nahe: wir hätten sie schon«, nämlich diese Freiheit.[153]

Verlangt diese Kritik nicht andere Verbindungen von Kunst und Publikum? Es gibt sie inzwischen – nicht nur als Begleitinformation, sondern als Formen des Umgangs mit Kunst. Ich denke an sogenannte »Bildergespräche«, wie sie in einigen Museen und Kunstvereinen gepflegt werden.[154] Das Ergebnis ist offen, eingeübt wird im Gespräch die Fähigkeit, sich einzulassen auf das, was beim Betrachten von Bildern geschehen kann.

Mit dem »Sich-einlassen« auf Kunst sind nur schwer zu definierende Erkenntnisleistungen verbunden – andere als die des Intellekts, aber nicht minder wichtig. Diether Dehm schreibt über die unterschiedlichen Fähigkeiten von Wissenschaft und Kunst: »Die Wissenschaft hat einige Bereiche niemals behandeln können, z. B. Konkretionen zukünftiger Gesellschaften, die man genausowenig mit den bisherigen Kategorien der hiesigen Gesellschaft wissenschaftlich erfassen könnte, wie man von der Beschaffenheit eines Affenhirns auf die eines Menschenhirns schließen könnte. Die Wissenschaft kann bestimmte Mitteilungen wie etwa musikalische, nicht ersetzen. Wissenschaftler haben auch nicht immer den Mut oder die Möglichkeit, zu allen Zeiten alle Tabus zu brechen, etwa in reaktionären Diktaturen, und überlassen auch aktuell der Kunst wichtige Erkenntnisfelder. Wissenschaftler können bestimmte Dinge nicht letztendlich erklären (etwa warum der Paul die Gerda will).«[155]
Viele Bereiche der Wirklichkeit und der Beziehungen von Menschen kann die Wissenschaft nicht erfassen. Diese Bereiche üben besondere Anziehungskraft auf die künstlerische Gestaltung aus. So meint Brecht apodiktisch: »Wo die Wissenschaft Zutritt hat, hat die Kunst keinen Zutritt. Der Wissenschaft muß sie sich nicht verantworten.«
»Diskurse« auf der Bühne oder in der Literatur werden mit anderen Mitteln in der bildenden Kunst geführt. Die Anzahl der »Diskurse«, die in einer Gesellschaft mit Gewinn geführt werden können, ist begrenzt; dies gilt für die Kunst nicht weniger als für die Politik. Der Diskurs, den Kunst initiiert, ist radikal und muß es bleiben. Mit Hilfe von Kunst wird der Zustand der Gesellschaft festgehalten, Kunst bietet Hilfen zur Willensbildung, über Denkprozesse werden Wandlungen des Wertsystems in Gang gesetzt, die von anderen gesellschaftlichen Kräften unterdrückt würden.
Kunst und »Kultur« allgemein sind Seismographen, die gesellschaftliche Veränderungen früher als andere signalisieren. Kulturelle Äußerungen sind solche der Gesellschaft über die intimsten, persönlichsten Empfindungen des Menschen. Wer diese Seite der Kultur erkannt hat, wird verstehen, daß »Kultur für alle« mehr ist als nur das Programm großzügig gewährter Gunst. Die Künste sind ein gesellschaftliches Gut, das allen zur Verfügung zu stehen hat. Es ist dabei nicht notwendig, daß jeder in gleicher Weise an ihnen teilhat, dazu ist die Vielfalt viel zu groß.
In das Spektrum der »offenen Vielfalt der Künste« gehören auch Aktivitäten von Künstlern, die von der Feuilletonkritik, wenn überhaupt, gern herablassend behandelt werden. Das beginnt bei der früher »Kunst am Bau« genannten »Kunst im öffentlichen Raum«; sie wird gering geschätzt, weil sie für die Zirkel von Kunstmarkt, Galerie, Museen und Sammlern so gut wie nichts hergibt.
Nicht verzichten können wir auch auf jene sozial engagierten Formen der Künste, die als »Kultursozialarbeit« oder »Soziale Kulturarbeit« in

den letzten Jahren für die Kulturpolitik immer bedeutsamer geworden sind.[156] Künstler als Sozialarbeiter – wer ihren Beitrag aus eigener Anschauung kennt, wird wissen, daß solche Begegnungen für Jugendliche, aber auch für Erwachsene wertvoll sein können, er wird sie nicht unterschlagen. Der von Bergleuten und Künstlern geschaffene »Taubenkaspar« in Unna ist daher für mich ein wichtiges kulturpolitisches Ereignis, auch wenn daraus nicht gleich ein Documenta-Beitrag geworden ist, und daher ist auch eine türkisch-deutsche Schreibwerkstatt in Dortmund oder anderswo eine wertvolle Einrichtung, jedenfalls aus meiner Sicht.
Unter dem Titel »Eremit? Forscher? Sozialarbeiter?« spiegelte die Ausstellung des Hamburger Kunstvereins von 1979 das veränderte Selbstbewußtsein der dort vorgestellten Künstler wider. »Die Repräsentanten des esoterischen Akademismus werden sich zurückziehen auf das Argument, daß nur die herkömmliche Abgeschiedenheit des Künstlers (aller Sparten) diesen in die Lage versetzt, Seismograph und Innovator gesellschaftlicher Entwicklungen sein zu können. Bis zu einem gewissen Grad mag das stimmen, und niemand wird Künstler zwingen wollen, in die Betriebe oder Stadtteile zu gehen. Aber wer sagt denn, daß aus dem Kontakt mit dem Publikum nicht auch ganz andere Seismographen-Erkenntnisse resultieren werden?«[157] Die Sätze von Dieter Kramer, die er 1980 formulierte, haben immer noch grundsätzliche Gültigkeit.
Ein weiterer Bereich, den Kulturpolitik und Feuilleton gern meiden, ist die sogenannte »Unterhaltung«, die »leichte Muse«. Thomas Mann, der auch »unterhaltsam« sein wollte, war der Meinung: »... meine Sympathie mit dem sich wandelnden Leben lehrt mich, daß das Gegenteil der ›Kultur‹, wie wir sie kannten, nicht Barbarei ist, sondern *Gemeinschaft.* Ich denke in erster Linie an die Kunst. Es wird charakteristisch sein für die nachbürgerliche Welt, daß sie die Kunst aus einer feierlichen Isolierung befreien wird, welche die Frucht *der Emanzipation der Kultur vom Kultus,* ihrer Erhebung zum Religionsersatz war. Befreit werden wird die Kunst aus dem Alleinsein mit einer Bildungselite, ›Publikum‹ genannt, die es schon nicht mehr gibt, so daß also die Kunst bald völlig allein, zum Absterben allein sein wird, es sei denn, sie fände den Weg zum ›Volk‹, das heißt, um es unromantisch auszudrücken, zu den Massen. Ich glaube, ihre ganze Lebensstimmung wird sich verändern und zwar ins *Heiter-Bescheidenere.* Viel melancholische Ambition wird von ihr abfallen und eine neue Unschuld, ja Harmlosigkeit ihr Teil sein. Die Zukunft wird in ihr – sie selbst wird wieder in sich die Dienerin sehen an einer Gemeinschaft, die weit mehr als ›Bildung‹ umfassen und Kultur nicht *haben,* vielleicht aber dergleichen *sein* wird ...«[158]
Es klingt sympathisch in den Ohren der Kulturpolitiker, was Thomas Mann 1946 an P. P. Sagave schrieb, und die kulturellen Sozialarbeiter mögen darin eine freundliche Bestätigung ihrer Arbeit ausmachen. Nur: Wenn

wir unsere Wirklichkeit etwas genauer unter die Lupe nehmen, dann scheint dieses nach-bürgerliche Zeitalter noch ziemlich fern, ja, es ist in weitere Ferne gerückt als noch vor einigen Jahren. Nicht nur, daß angesichts der Bedrohung unserer Welt durch Überrüstung und durch Umweltzerstörung das Melancholische, das Elegische durchaus wieder seinen Platz beanspruchte. Damals konnte Thomas Mann immerhin noch die Hoffnung haben, der opferreiche gemeinsame Kampf gegen die faschistische Barbarei würde über den blanken Antikommunismus, dieser »Grundtorheit unserer Epoche«[159], hinaus für eine dauerhafte Friedensordnung sorgen. Nein, auch den Weg zu den »Massen« hat die Kultur noch längst nicht überall gefunden. Erst recht in diesen Jahren der ökonomischen Krise müssen wir beobachten, wie Künste und Kultur vielerorts unter dem Alibi des Sparzwangs wieder zurückgestutzt werden und kaum viel mehr leisten können als die Befriedigung von kulinarischen Bedürfnissen ihres Stammpublikums. Gerade die dynamischsten Teile, die am stärksten um neue Formen und um neues Publikum sich bemühenden Sektoren des Kulturlebens, geraten am ehesten unter das Fallbeil der Sparkommissäre.
Aber durch den Rückzug der Künste aus der Sozialkultur würde die Aufteilung der Gesellschaft in voneinander abgeschottete Teilbereiche zementiert. Wer eine »Zweidrittelgesellschaft« und lateinamerikanische Sozialzustände in unseren Großstädten verhindern will, kann kein Interesse an einer immer stärkeren Aufgabenspaltung unseres Kulturlebens haben. Auch deswegen ist Umberto Eco zuzustimmen, wenn er jenen »Apokalyptikern« ins Gewissen redet, welche die »U-Literatur« aus der abendländischen Kultur verbannen möchten, weil sie darin ihren Niedergang sehen – Kulturpolitik kann diesen Bereich der »heiteren« Kunst nicht dem Markt überlassen und sich gleichzeitig über die Niveaulosigkeit wundern.
Ecos Thema sind die »zwei Einstellungen«, zwei Interpretations-Linien der Massenkultur: Die »Apokalyptiker«, die ihre Anregungen vor allem aus den in den Vereinigten Staaten entstandenen Arbeiten der Frankfurter Schule beziehen, sehen in der Massenkultur *die* Antikultur und werten sie als »Zeichen eines unwiderruflichen Zerfalls«[160] – dem Intellektuellen den falschen Trost anbietend, daß *er* ja nicht zur Masse gehöre. Die »Integrierten« dagegen, die in der Regel der amerikanischen empirischen Massenmedienforschung nahestehen, sehen in der Massenkultur der neuen Medien eine Erweiterung der Kultursphäre, die Chance größerer kultureller Partizipation für viele und eine konsequente Fortentwicklung der Kultur. Eco verwirft diese Form der Auseinandersetzung mit dem Problem: Für ihn beschreiben die beiden Interpretationen nur zwei Seiten derselben Medaille.
Die tugendhaften »Apokalyptiker« haben die »Kulturindustrie« zum Begriffsfetisch aufgebauscht und damit Erkenntnis eher verhindert:
»Zu sagen: ›Das System, in dem wir uns bewegen, stellt eine so vollkom-

mene und alles durchdringende *Ordnung* dar, daß jede vereinzelte Veränderung isolierter Phänomene auf seine Bestätigung hinausliefe. Deshalb ist es besser, zu schweigen und passiv zu rebellieren‹, ist eine Mystifikation und geradezu grotesk, wenn es, was häufig geschieht, auf pseudomarxistische Thesen gestützt wird. Die Negation einer Lösung ist nicht die Lösung eines Problems. Wer auf ein solches Verfahren setzt, verfängt sich in Abstraktionen und mißverstandenen Totalitätsannahmen; er hat von der Dialektik der geschichtlichen Widersprüche nichts begriffen.«[161]
Eco empfiehlt statt dessen die Betrachtung der tatsächlichen materiellen Existenzbeziehungen der Massenkultur: »Dem Apokalyptiker ist vorzuwerfen, daß er niemals eine konkrete Analyse der Produkte und der Formen, in denen ihr Gebrauch und Verbrauch sich abspielen, versucht. Er reduziert nicht nur die Konsumenten unterschiedslos auf den Fetisch der ›Massenmenschen‹, sondern er verkürzt auch das Massenprodukt auf den Fetisch – während er gleichzeitig den ›Massenmenschen‹ beschuldigt, sogar die Kunstwerke auf bloße Fetische herunterzubringen. Mit anderen Worten: Statt das Massenprodukt im einzelnen zu analysieren, negiert er es, insgesamt.«[162]
Die Apokalyptiker müßten auch genauer nachfragen, »ob die modernen Wiederholungsmechanismen nicht einem fundamentalen Interesse der heutigen Menschen entsprechen«; sie könnten dabei erfahren, daß unter Bedingungen raschen Wandels »die Redundanzliteratur als ein milder Anreiz zum Ausruhen« erscheint – auch bei Intellektuellen. Nicht ohne Grund meint Eco, daß er seine Studien vielleicht nur geschrieben habe, »um mir selbst und den anderen zu beweisen, daß man von derlei Dingen sehr wohl fasziniert sein konnte, ohne sie deshalb um jeden Preis zu rechtfertigen«.[163]
Eco will – dies sein zentraler Ansatzpunkt – die Massenkultur *zunächst* einfach als industrielles Faktum verstehen, das für sich weder gut noch schlecht ist, dem statt mit Kritik und Abwehr nur mit Politik beizukommen sei. »Das Problem der Massenkultur ist das folgende: Sie wird heute von ›Wirtschaftsgruppen‹ geprägt, die Profitzwecke verfolgen, und sie wird von ›spezialisierten Ausführenden‹ betrieben, die dem Auftraggeber liefern, was er als besonders verkäuflich erachtet. Ein gezielter Eingriff der Kulturtätigen in die Produktion findet nicht statt; sie bevorzugen den Protest und die Zurückhaltung. Das heißt nicht, daß ein solcher Eingriff in die Produktion der Massenkultur, würde er riskiert, notwendig an den Marktgesetzen scheitern müßte.«[164]
Die »Integrierten« betrachten die industrielle Massenkultur als Produkt freier Konsumentenentscheidung. In ihrer optimistischen Ideologie fehlt jegliche Vorstellung von der kulturellen Bedeutung der Marktmacht und den wirtschaftlichen Mechanismen der Kulturproduktion. Sie reden einem kulturellen Freihandel das Wort, und um mit den Folgen fertig zu

werden, konstruieren sie eine gleichsam natürliche Auffächerung der Gesellschaft in unterschiedliche kulturelle Milieus (und stabilisieren damit die soziale Schichtung): MacDonald z. B. unterscheidet drei intellektuelle Niveaus, andere amerikanische Theoretiker gehen ähnlich vor. Am schlechtesten schneidet in den Analysen meistens das mittlere Niveau ab, die kleinbürgerliche »Midcult«: Sie soll nur Ausbeuter der Avantgarde, nur deren unselbständige Nachhut sein, charakterisiert durch Kitsch und alle Übel des schlechten Geschmacks; sie reagiert auf vorfabrizierte Effekte. Aber der Kitsch ist der »Bankert der Kunst«[165]: Eco bestätigt meine Skepsis denjenigen gegenüber, die so flott und sicher unterscheiden können, was Kitsch ist, was Kunst. Effektorientierung bedeutet nicht von vornherein Ausschluß aus der Kunst; Avantgarde-Anleihen und die Reduktion von Avantgarde auf das Alltagsniveau sind ein ständiger Prozeß, an dem auch Autoren wie Hemingway beteiligt sind. In der Realität müssen wir mit Ungleichzeitigkeiten und sehr komplizierten, sich gegenseitig durchdringenden Prozessen rechnen. »Die vielfältigen Verschränkungen und Verweisungen zwischen der Kultur der Entdeckungen, der Kultur des reinen Konsums, der Populär- und Vermittlungskultur, die in ihr sich einstellen, lassen sich unter den Titeln des Schönen und des Kitsches nicht erfassen. In den hochnäsigen Verdammungen des Massengeschmacks, in dem mißtrauischen Appell an eine Gemeinschaft der Kenner und Genießer, die allein in der Lage sei, die entlegenen und heimlichen Schönheiten der Botschaft der großen Kunst (oder der noch nicht allgemein verbrieften Kunst) aufzunehmen, ist kein Platz für den mittleren Konsumenten, der am Ende eines Tages von einem Buch oder einem Film einige Anregungen erwartet oder erhofft (den Schauder, das Lachen, das Pathetische), um sein inneres Gleichgewicht wiederherzustellen.«[166]
In diesen apokalyptischen Verdammungen ist kaum Platz für die Vielfalt der gesellschaftlichen, der überindividuellen Funktionen der Künste: Auch sie spielen sich nicht nur auf hohen abstrakten Ebenen der Antizipation ab, sondern auf viel konkreteren der alltäglichen Symbolbildung, der Identitätsbildung, der kollektiven Erlebnisse, deren Existenz und Bedeutung zu negieren, nur weil die Nazis sie mißbraucht haben, kurzsichtig wäre.
Statt an ein Schichtenmodell von Kultur hält Eco sich an die Vorstellung eines Kontinuums der Künste; statt Kitsch und »Midcult« unreflektiert zu kritisieren, käme es darauf an, sich intensiver dem Problem der Dechiffrierung von Botschaften der Kunst zu widmen und das »offene Kunstwerk« als offene Erfahrung zu begreifen, deren Form und Inhalt nicht von einem quasi offiziösen Interpreten diktiert werden kann. »Die poetische Botschaft ist eine ständige Quelle von nicht festlegbaren Signifikaten, die zu ständiger Dekodierung auffordert, gleichzeitig die möglichen Dekodierungen organisiert und die Treue der Interpretationen auf die Probe stellt,

indem sie dies jeweils auf die *Struktur der Botschaft* zurückspiegelt ... Das Kunstwerk stellt sich uns als eine Botschaft dar, deren Dekodierung einem Abenteuer gleichkommt – es wartet mit einer Organisationsweise von Zeichen auf, die der übliche Kode nicht vorsah.«[167]
Es geht darum, die Begriffe und die Prozesse offenzuhalten: Die »Rezeption kann jederzeit in einer Weise porös und beweglich werden, daß sie die Physiognomie der Sendung verändert, und umgekehrt.« Das schließt das »persönliche Abenteuer« in der Kunst ein, aber auch das gesellschaftliche. Botschaften können in entsprechenden Situationen plötzlich neue Relevanz bekommen – bis hin zu dem Fall, wo die Pop-Art sich als Avantgarde die Stilmittel der Massenkultur aneignet. Die »Vielfalt der Nutzungsarten« muß offengehalten werden; die Botschaft kann auch anders, als der Autor will, gelesen werden. »Die Abnutzung einer Form ist weder vollständig noch unwiderruflich.«[168] Ecos Programm stimmt mit der Praxis vieler Künstler der Gegenwart überein, auch wenn sie diese nur unbewußt vollziehen; es rechtfertigt – obgleich das Wort nur ein einziges Mal vorkommt – die Kulturpolitik und fordert auf »zu politischem und kulturellem Handeln innerhalb der Kulturindustrie«,[169] der man allein mit der moralisierenden Kritik der »Apokalyptiker« nicht beikommt. Statt den Bruch zwischen verschiedenen Kulturen resignierend zu konstatieren, fordert Eco, auf das Fernsehen bezogen: »Worauf es jedoch ankommt, ist, das Verhältnis zwischen Produzenten und Benutzern von einem paternalistischen in ein dialektisches zu verwandeln.«[170]
Dahinter steht eine positive Utopie, verwandt mit derjenigen des »Kulturstaates«, in dem Kultur zum zentralen Gegenstand der *gesamten* Politik wird, womit durchaus auch Veränderungen der materiellen Gesellschaftsstruktur einbezogen sind. Vielleicht ist so erreichbar, was ich gern als Souveränität im Umgang mit den Medien bezeichne: die gesellschaftlichen Individuen zu Herren, nicht zu Knechten der neuen Strukturen zu machen. Das Problem der Trivialkünste löste sich vielleicht von selbst, wenn Künste weder Luxus noch Ware wären: durch Toleranz, Offenheit und Anregung.

Öffentlichkeit und Veröffentlichung der Künste

> »Wir hegen keinen Zweifel, daß die Freiheit in der Gesellschaft vom aufklärenden Denken untrennbar ist.«
> *Theodor W. Adorno*
> *Max Horkheimer*

Der Bedeutungswandel in der Wertschätzung von Künsten und Kultur spiegelt zwar auch das wachsende Repräsentationsbedürfnis einer saturierten Industriegesellschaft, es liegt darin aber auch eine Folgerichtigkeit, »... da das menschliche Geschlecht beständig im Fortrücken, in Ansehen der Kultur, als dem Naturzwecke desselben begriffen« ist.[171] Es erscheint mir bedeutsam, daß Kant dieses wachsende Ansehen der Kultur mit ihrer »Veröffentlichung« in direkte Beziehung setzt, man könnte auch sagen, mit ihrer Vergesellschaftung gleichsetzt.

Kant erläutert weiter: »Da werden alle Talente nach und nach entwickelt, der Geschmack gebildet, und selbst durch fortgesetzte Aufklärung der Anfang zur Gründung einer Denkungsart gemacht, welche die grobe Naturanlage zur sittlichen Unterscheidung mit der Zeit in bestimmte praktische Prinzipien ... wandelt.«[172] Soziale und demokratische Kulturpolitik ist insofern »Kopfarbeit«, als sie sich zur Aufklärung und Emanzipation bekennt. Zur »Kultur für alle« und einer im besten Sinne »aufklärerischen«, emanzipatorischen Kulturpolitik sind in letzter Zeit einige Mißverständnisse aufgekommen, wenn z. B. im Gefolge eines neuen Konservativismus das »Uneinholbare«, die prinzipielle Rätselhaftigkeit des Kunstwerks, dem Konzept der »Kultur für alle« entgegengehalten wurde. Ich will keineswegs bestreiten, daß dieser unauflösliche Rest, der sich allen Erklärungsversuchen entzieht, die Faszination von Kunst ausmacht. Aber der emanzipatorische Impuls des Konzepts einer Kultur für alle wird nicht dadurch aufgehoben, daß man behauptet, jede Didaktik, jede Vermittlung müsse an einer bestimmten Stelle haltmachen, da man einen Betrachter, Zuhörer oder Zuschauer nur »hinführen« könne, daß aber dann das individuelle Erlebnis, das ästhetische Vergnügen an die Stelle aller Erklärungen zu treten habe. Doch das Zugänglichmachen, das Erschließen, bleibt Voraussetzung für das ästhetische Erlebnis. Neben ihrer emanzipatorischen Funktion kann Kunst, auch im gesamtgesellschaftlichen Rahmen, eine impulsgebende Rolle übernehmen: Kunst allein entwickelt sich in jenem Bereich, der dem Kreislauf von Produktion und Konsum entzogen ist.

Kunst darf ungestraft Regelverletzungen und Verstöße gegen herrschende Normen begehen, ja man erwartet dies von ihr. Mit einer tabuverletzenden Kunst meine ich nicht unbedingt eine in politische Dienste genommene Kunst. Denn dort, wo der Kunst ein falscher Beruf oktroyiert wird, wie Schiller es sah, verliert sie ihr eigentliches Wesen.

Das aufklärerische Moment der Kunst meint etwas anderes. Der Begriff »Aufklärung« ist eng mit einer sich seit dem 18. Jahrhundert bildenden Sphäre von »Öffentlichkeit« verbunden, wie bei Habermas in *Erkenntnis und Interesse* nachzulesen ist. Aufklärung setzt die öffentliche Kommunikation der Privatleute untereinander voraus.

Auch Kunstwerke brauchen, um ihre aufklärerische und emanzipatorische Kraft entfalten zu können, den öffentlichen Raum. »Kultur als etwas, das um seiner selbst willen dazusein vorgibt«, kann sich dem öffentlichen

Kommunikationsraum nicht entziehen; um so entschiedener ist dieser Raum zu einem wirklich offenen zu machen. Kritiker der Grundidee einer Kultur für alle wittern in dieser »Veröffentlichung« oder »Vergesellschaftung« die Gefahr einer Massenkultur, einer Kultur oder Kunst als Ware. Aber nicht ihre allgemeine Verfügbarkeit läßt die Ware zu einer schlechten werden, und Quantität allein widerspricht nicht *apriori* dem Prinzip der Qualität.

Kulturpolitik muß sich von den Kriterien des Kunstbegriffs aus dem 18. Jahrhundert bzw. 19. Jahrhundert lösen und sie eindeutig als Relikte einer hierarchisch strukturierten Gesellschaftsform definieren. Dazu gehört die Vorstellung von der prinzipiellen Einmaligkeit des Kunstwerkes im quantitativen Sinne. Benjamin hat darüber in *Das Kunstwerk im Zeitalter seiner technischen Reproduzierbarkeit* nachgedacht, hat daraus aber keine weiterreichenden Konsequenzen gezogen wie etwa Joseph Beuys. Dessen »Multiples« in Auflagen von ca. 100 Stück wollten gerade die quantitative Einmaligkeit des Kunstwerks unterlaufen, um damit jenen tradierten feudalen und bildungsbürgerlichen Besitzanspruch, der ja auch Herrschaft dokumentiert, *ad absurdum* zu führen.

In demokratischen Gesellschaften, die das vertikale Herrschaftsprinzip durch ein horizontales abgelöst haben, müssen auch die bildnerischen Ausdrucksformen nicht nur in formaler Hinsicht neu überdacht werden, sondern auch hinsichtlich der Vermittlung. Konsequent zieht Habermas seine Schlüsse, indem er den »Warencharakter der Kunst« nicht einfach als Schreckgespenst abtut, sondern ausdrücklich die damit prinzipiell gegebene Möglichkeit ihrer allgemeinen Zugänglichkeit betont, dank derer jene bedeutsamen Fragen, die Kunst aufwerfen kann, erst zu allgemeinen werden. Der Diskurs kann nur dann als öffentlicher oder demokratischer bezeichnet werden, wenn »alle dazugehören können.«[173] Nur so ist langfristig dem häufig beklagten Mangel an geistiger Neugier entgegenzuwirken.

Das Konzept ist nicht gleichzusetzen mit Massenkultur, wie sie das Fernsehen hervorgebracht hat. Manche Kritiker möchten dies jedoch nicht wahrhaben, weil sie gern übersehen, daß der entscheidende Unterschied in der Rezeption liegt. Die private Form der Aneignung steht der Konstituierung dessen entgegen, was als öffentliche Kommunikation über das Angeeignete zu fordern ist; denn sie, die öffentliche Kommunikation bildet lediglich die Vertrautheitszone einer Art Überfamilie, die eine Pseudoöffentlichkeit herstellt. Oder, mit Habermas gesagt: Die öffentliche Kommunikation »zerfällt in die wie immer gleichförmig geprägten Akte vereinzelter Rezeption.«[174]

Es ist kein Zufall, daß unser Fernsehen, je mehr es das Unterhaltungsbedürfnis befriedigt, das Kommunikationsbedürfnis nicht nur unbefriedigt läßt, sondern es sogar behindert. So wurden in Bürgerinitiativen und

Stadtteilgruppen Bestrebungen erfolgreich, die bisherigen kulturellen Angebote in den erweiterten öffentlichen Kommunikationsraum hinein auszudehnen.
Solche die kulturpolitische Zielsetzung einer »Kultur für alle« fördernden, aber nicht hervorrufenden Aktivitäten entsprechen jenem genuinen Bedürfnis der Menschen, das Bertolt Brecht als Forderung an die Individuen hingestellt hat, das aber auch als Aufforderung an die Kommunen verstanden werden kann, die notwendigen Voraussetzungen zu schaffen: »Wenn man zum Kunstgenuß kommen will, genügt es ja nie, lediglich das Resultat einer künstlerischen Produktion bequem und billig konsumieren zu wollen; es ist nötig, sich an der Produktion selbst zu beteiligen, selbst in gewissem Umfang produktiv zu sein, einen gewissen Aufwand an Phantasie zu treiben, seine eigene Erfahrung der des Künstlers zuzugesellen oder entgegenzuhalten und so weiter. Selbst der nur ißt, arbeitet: zerschneidet das Fleisch, führt den Bissen zum Mund, kaut. Den Kunstgenuß kann man nicht billiger bekommen.«
Die steigenden Besucherzahlen der Museen und der Kunstvereine sind ermutigende Zeichen wachsenden Interesses an der Geschichte und ihrer Zeugnissen, aber auch an Kunstwerken als ästhetischen Objekten und an fiktiven Modellen der Wirklichkeitsbewältigung. Frankfurt hat in den letzten Jahren die Künste materiell bevorzugt gefördert; das geschah in dem Bewußtsein, daß wir die Künste in all ihren Erscheinungsformen dringend brauchen.
Das war auch meine Grundidee für das Konzept des »Museumsufers«: Mit der Gründung des *Deutschen Architekturmuseums*, des *Filmmuseums* und dem Erweiterungsbau für das *Museum für Kunsthandwerk* hat Frankfurt die Reihe der am Mainufer gelegenen gattungsgeschichtlichen Sammlungen vervollständigt: Der wissenschaftlichen Spezialisierung folgend, wurden die Konturen der Sammlungen zu Anfang dieses Jahrhunderts scharf gezeichnet: Die Museen für Malerei und Graphik (*Städel*), Skulptur (*Liebieghaus*) und *Kunstgewerbe* finden jetzt ihre konsequente Ergänzung durch die beiden Museen für Architektur und für Film. Die Kunst- und kulturgeschichtlichen Sammlungen verdanken sich entweder bürgerlichen Stiftungen, oder sie sind im bürgerlichen Geist konzipiert. Das Bürgertum hat nachhaltig Frankfurts Sammeltätigkeit vorgeprägt; wissenschaftliches Interesse, das Bekenntnis zur Bildung und tätiges Mäzenatentum waren seine Triebkräfte und sind es bis heute geblieben. Die Eigenverantwortlichkeit der Museen ist in Frankfurt historisch verankert, vor allem aufgrund der unterschiedlichen Trägerschaft der Institute (*Senckenberg-Museum, Städel, Goethe-Museum, Postmuseum* sind nichtstädtisch). Daher gilt in Frankfurt der Grundsatz der Autonomie der Museen sowohl hinsichtlich ihrer Sammeltätigkeit wie auch in bezug auf Forschung und Präsentation; der besondere Akzent liegt auf dem schwie-

rigen Felde der Vermittlung, um »dem vom Verstummen Bedrohten zum Überdauern zu verhelfen« (Adorno). Solche Autonomie bedeutet in Frankfurt mehr als ein Gebot der politischen Liberalität.
Auf der Domseite des Mains präsentiert das *Historische Museum* deutsche und Frankfurter Geschichte; im Bereich des Karmeliterklosters entsteht im wiederaufzubauenden Kirchenschiff und einem Neubau das Museum für *Vor- und Frühgeschichte* als archäologische Quelle der Frankfurter Geschichte. Die besondere Bedeutung des Judentums in Frankfurt wird das *Jüdische Museum* im Rothschildpalais dokumentieren. Neben dieser Vielzahl von Museen entsteht im Herzen der Stadt ein Komplex von künftig wichtigen Ausstellungshäusern, die sich nahezu ausschließlich der modernen Kunst widmen werden:
Das *Museum Moderne Kunst*, in dem zeitgenössische Kunst ab etwa 1960 gezeigt werden wird und das explizit »nach vorn« sammeln wird;
die »*Schirn*«, Frankfurts große Ausstellungshalle, die neben internationalen Ausstellungsvorhaben auch Gemeinschaftsausstellungen der Frankfurter Museen präsentieren soll;
die *Kommunale Galerie*, die sich in besonderem Maße den Frankfurter Künstlern widmet;
und der *Kunstverein*, dessen Ausstellungen schon seit Jahren wichtige Impulse für die Moderne in Frankfurt setzen.
Kulturdezernenten können Ideen aber nur umsetzen, wenn sie zunächst Resonanz bei jenen finden, ohne die eine optimale Realisierung von Projekten und Programmen schwer möglich ist: Das sind, von Ort zu Ort verschieden, ein starker Oberbürgermeister und/oder ein wackerer Kämmerer und/oder engagierte, einflußreiche Parlamentarier.
In Frankfurt am Main hat Oberbürgermeister Walter Wallmann dem Kulturdezernenten trotz unterschiedlicher gesellschaftspolitischer Ausgangspositionen in großem Maße den Freiraum gegeben, der in einer Stadt von der Größenordnung Frankfurts die Voraussetzung für einen lebendigen, produktiven Kulturprozeß bietet. Ich kenne keinen Oberbürgermeister, der sich so unbedingt der parteiübergreifenden Maxime verpflichtet fühlte, nach der »Kulturpolitik das wichtigste Ferment der Kommunalpolitik« ist. Frankfurts Kämmerer ist ebenfalls eine Ausnahme in seiner Zunft der Schultheiße, ausgestattet mit Sensibilität für einen in der Größenordnung nicht präzise definierten Bereich, den Kämmerer am liebsten als »freiwillige Aufgaben« bezeichnen und als solche um so leichter in Frage stellen können. Kämmerer Ernst Gerhardt gibt den Künsten, was er aufgrund ihres gesellschaftlichen Nutzens langfristig im Sozialhaushalt wird einsparen können. In den letzten zehn Jahren, von 1975–1985, konnten in Frankfurt für Investitionen (Alte Oper, Museumsufer, Stadtteilbüchereien, Bürgergemeinschaftshäuser usw.) insge-

samt 600 Millionen zur materiellen Verbesserung der kulturellen Infrastruktur ausgegeben werden.

Die von vielen Kollegen mit Neid betrachtete Tatsache, daß die Stadt Frankfurt mit einem Anteil von 11 Prozent am Gemeindehaushalt über den höchsten Kulturhaushalt aller deutschen und europäischen Städte verfügt, verdankt sich auch der besten Lobby, die sich ein Kulturdezernent nur erträumen kann: dem Stadtparlament. Die Stadtverordneten sind stolz darauf, daß in ihrer Stadt am Main Kultur höchste Priorität genießt.

9. Kulturprozesse

> »Musik kann unter den bestehenden Verhältnissen nur noch als Akt von Verzweiflung gesehen werden, als Verneinung. Sie kann vielleicht noch die Utopie von der Freiheit des Menschen vorzeichnen, aber die von uns gemeinte Freiheit ist größer als ihr Surrogat, das Kunstwerk.«

Die Arroganz des Nebennutzens

Musik ist im Gegensatz zu anderen künstlerischen Hervorbringungen einfach da, und ein ökonomisches Interesse an Musik behelligt auch jene Menschen, die sie gar nicht hören wollen, jedenfalls nicht alles das, was ihnen überall und zu unerwarteter Stunde an musikalischen Klängen zu Gehör gebracht wird. Deshalb wäre es allzu rationalistisch, wollte man, wie Adorno, die Funktion der Musik »unmittelbar auf ihre Wirkung, auf die Reaktionen der Menschen« beziehen, »die in ihr exponiert sind« und sie verstehen als »Stimulus grundloser Vergnügtheit derer, auf welche sie einströmt.« Wenn Adorno die U-Musik als Exploitation eines »an sich Unnützen« geringschätzt und sie damit auf ihre Oberflächenwirkung reduziert, auf eine Musik, die nur deshalb geliebt werde, weil man den massenhaft vorhandenen Klängen nicht ausweichen könne, so ist diese »primitive Positivität« der Musik nur *ein* Aspekt gesellschaftlicher Rezeption. Nach Adorno trägt sie ideologisch bei zu dem, was real zu leisten die moderne Gesellschaft nicht müde wird, nämlich zur Integration, und in diesem Zusammenhang bleiben für Kulturpolitik noch genug Ansätze, darauf hinzuarbeiten, daß nach einer Empfehlung Adornos ein sachgerechtes Verhältnis zur Musik den ideologischen Konsum ersetzt und das Schlechte sich nicht länger überall behaupten kann, wo ein Bewußtsein des Besseren vorhanden ist. Dieses Bewußtsein des Besseren zu verstärken, ist Aufgabe von Kulturpolitik.

Was Adorno nicht kannte und also in seiner »Einführung in die Musiksoziologie« auch nicht mit Ekel bedenken konnte, ist die weltweite Organisation planmäßiger akustischer Umweltverschmutzung – die nach ihrem amerikanischen Marktführer »Muzak« genannte funktionelle Musik. An ihrem akustischen Dauertropf hängen gut 200 Millionen Menschen in aller Welt: Jeder ist dieser unheimlichen, unaufhörlichen, trivialen Klangkulisse ausgesetzt, in Kaufhäusern, Massenbüros, Tiefgaragen, Hochhäusern, Hotels, Flughäfen usw. »Muzak« will in uns »die Stille totschlagen« (FAZ). Mauricio Kagel nennt die sanfte Volksdroge eine unsichtbare Waffe, die man nicht greifen könne und die uns immer auf Kurs bringen will. Die »Muzak Corp.« in New York setzt mit ihren in zwanzig Ländern »syndikalisierten Musikprogrammen« jährlich mehr als 200 Millionen Dollar um. Über 20000 Kassetten mit der Seelendroge sind weltweit abrufbar. Auch in der Bundesrepublik wirbt »Muzak« für ihr Kabelton-Abonnement, bereits heute bis in die Provinz hinein.

Das Fließbandsystem »Muzak« »fördert das Entstehen von gemeinsamen Werten«, behauptet der Arbeitspsychologe James Keenan, »weil sie Symbolträger vervielfältigt, an denen nicht wenige, sondern alle teilhaben können«. Uwe Schmitt berichtet von einer Studie des Stevens Institute of Technology, das die Wirkung von *functional music* in Fabriken untersucht hat und zu dem Ergebnis gekommen ist, daß mit dieser Art arbeitsbegleitender Musik die Produktivität deutlich ansteigt und auch die Krankheitsausfälle sich um 89 Prozent senken lassen: »Der Boom setzte ein: Meldungen von Kühen, die mehr Milch mit Muzak gaben, von Hühnern, die mehr Eier legten, dienten zur Abstützung eines kraus psychologisierenden Musikdarwinismus.«[175] »Die oktroyierten Standards sind die, welche im Bewußtsein der Hörer selbst sich ausgeformt haben oder wenigstens ihnen zur zweiten Natur wurden: Der Hinweis der Manipulatoren auf die Manipulierten ist empirisch unwiderleglich.«[176]

Im Zusammenhang mit dem Arbeitsmarkt-Effekt der Künste habe ich gefordert, der Nebennutzen der Künste dürfe nicht von ihrer Hauptfunktion ablenken. So darf »Muzak« nicht den Blick auf die humanen Funktionen der Künste verstellen. Musik ist nach meiner Auffassung nicht nur schön und vergnüglich, sondern auch lebenswichtig; sie ist eben nicht nutzloser Luxus, sondern wichtiges Ferment menschlichen Daseins. Schließlich hören 57 Prozent der Jugendlichen täglich Musik, ohne die sie nach eigener Auskunft nicht leben möchten. Dabei ist allerdings zu fragen, wie groß der Anteil der Allerweltsmusik ist und in welchem Maße das Interesse an Musik im Sinne von Gleichklang mit sich selbst befriedigt wird.

Musik bietet Möglichkeiten schöpferischen Umgangs mit der Welt; im Idealfall ist sie ein kreativer Akt der Aneignung sowie der Integration unserer Welt – und das gilt sowohl für die aktive Ausübung als auch für die passive Rezeption. Musik kann unseren Gefühlen Ausdruck verleihen, unseren Ohren Genuß ermöglichen und unserem Intellekt akustische Erkenntnisse vermitteln; sie kann auch Ideen versinnlichen, wie Kant meint. Ihre Rolle bei der sozialen Symbolbildung und ihr Beitrag zum gesellschaftlichen Leben lassen sich nicht auf ihre ökonomische Bedeutung oder auf das Verhältnis von Produktion und Distribution reduzieren.

Die immateriellen, ideellen Elemente machen den eigentlichen Wert der Musik aus, aufgrund dessen sie, »ohne vom universalen Profit verschandelt zu sein« (Adorno), also unabhängig vom Musikmarkt und von Musikpolitik, für uns immer wichtiger geworden ist. Musik ist kulinarisches »Lebensmittel«, Bestandteil der uns umgebenden Welt, und sie ist Element menschlicher Persönlichkeitsentwicklung von Kindheit an. Außer ästhetischen hat die Musik auch soziale Attribute: Sie kann unsere Leiden in mächtige Lieder verwandeln und aus unserer Freude helle Funken schlagen.
Allgemeines Bewußtsein vom mehrfachen Nutzen der Musik kann jedoch ihre öffentliche Anerkennung als Gegenstand ästhetischer Erfahrung allein nicht durchsetzen; das heißt, ihre öffentliche Förderung ist überall dort zu sichern, wo sie es verdient. Vielen Hörern fehlt es im Zeitalter der überall und jederzeit verfügbaren technikgestützten Reproduktion von Musik an notwendiger Phantasie, sich das vitale, produktive Musikleben außerhalb der gewohnten Klangkulisse vorzustellen. Schöne Abende sind heutzutage so wenig wie schöne Töne kein Kriterium mehr für die gesellschaftsstiftende Qualität der Musik. Die Musikschulen und deren 600000 überwiegend jugendliche Schüler könnten sich aufgrund ihrer konkreten Erfahrungen genauer über diese Qualität äußern. Ich möchte im folgenden mit einigen Beispielen die musikalische Kultur der Vergangenheit ein wenig beleuchten und daraus Perspektiven für heute ableiten.

Die Musikkultur und ihre Lebensbedingungen

> »Zuweilen erzwingt Gesellschaft, durch Anpassung an ihre eigene Zurückgebliebenheit, eine Regression von Musik hinter das ihrem Problemstand nach Fällige.« *Th. W. Adorno*

Wer in alten Büchern blättert, um sich über das frühe Volksleben zu informieren, erfährt überrascht, zu wie vielen Gelegenheiten damals Musik, in Form von Gesang oder Instrumentalmusik, geboten wurde und welch eine wichtige soziale Rolle sie im Alltagsleben spielte. Kaum eine soziale Situation ohne Singen, von der Spinnstube bis zum Gesindewechsel, von der Kirmes bis zum Richtfest, selbst beim festlich aufgezogenen Schlachten hatte das Brauchtumslied seine Sänger und diese ihr Publikum. Das Lied hatte im Rahmen von Bräuchen, Festen, Arbeitsabläufen, Lebensgewohnheiten seinen festen Platz. Lieder verdanken ihr Entstehen vielfach gesellschaftlicher Arbeit, auch ihre Überlieferung. Musikanten waren Begleiter von Bauerngesängen und von Volksliedern, wenn man sie

nicht mit eigenen Instrumenten begleitete. Jeder wurde in die Musik einbezogen wie in ein Schützenfest.
Diese das Lebensgefühl artikulierende Musik, die Empfindungen aufgreifenden und beeinflussenden Volkslieder schufen eine Art kollektiven Unbewußtseins, in dem sich der einzelne geborgen fühlte. Das harmlose Brauchtum konnte später mühelos von Militärs und Ideologen usurpiert und durch Manipulationsmechanismen in kollektive ideologische Gesinnungen kanalisiert werden. Es war den Nationalsozialisten vorbehalten, aus den Liedern zur Lebenshilfe Marschlieder für den Untergang zu machen; den Charme der Volksmusik verwandelten sie in den germanisierten Hymnen »bis zur irrationalen Begeisterung für den eigenen Tod« (Adorno).
Welch differenzierte Rolle Musik und Lieder früher spielten, zeigt folgender Bericht über eine Kirmes in Niederhessen: »Auch am zweiten und dritten Morgen schallt in der Frühe Musik durchs Dorf; doch diese gilt nicht den Hausherren, es sind vielmehr die Ständchen, die die Burschen vor ihres Liebchens Fenster erklingen lassen. Am zweiten Tag beteiligt sich jung und alt am Tanz, und in dichtem Gedränge drehen sich die Paare nach den Klängen der eigenartigen Kirmesmusik, deren Melodien man gewöhnlich unter Begleitung der sanfteren und dumpferen Töne der Streichinstrumente abwechselnd in den durchdringenden, klaren und schmetternden Tönen der Klarinette und der Trompete vernimmt, die an einem stillen und hellen Herbsttage weit in die Ferne klingen. In den Pausen werden den Burschen auf Wunsch ›Gesundheiten‹ gespielt, die natürlich auch besonders bezahlt werden.«[177]
Musik war als soziale Handlung in den Lebensprozeß integriert. Zum Schluß, meist am Montag, »wird die Kirmes begraben: in eine Grube legt man einen Hering und einige Pfennige, bedeckt dieselbe mit Erde und besprengt unter Trauermusik den Hügel mit Branntwein.« Hier begegnet uns eine interessante musikalische Variante, die in traditionellen Darstellungen meist vernachlässigt wird: die »schauerlichen Weisen«, mit denen früher an vielen Orten die Kirmes beerdigt wurde. Sie werden von der Wissenschaft als uninteressante Kakophonie abgetan. Wir ahnen aber, daß jene Mißklänge keineswegs nur willkürliche Verstöße gegen den Wohllaut gewesen sein können, sondern daß sie musikalischen Gesetzmäßigkeiten gehorchten und das Recht auf eigene Tonsprache für sich beanspruchten. Unter dem Eindruck neuerer Produktionen, etwa des ehemaligen Frankfurter »Sogenannten Linksradikalen Blasorchester« oder der italienischen »Camerabanda«, können wir solche »kakophonen« Vorläufer leichter verstehen. Die Würde der Kunst schien Goethe bei der Musik am deutlichsten zu sein, »weil sie keinen Stoff hat, der abgerechnet werden müßte«.
Wenn ländliche Gruppen sich in vorindustrieller Zeit zum Singen zusam-

menfanden, so erklangen keineswegs immer nur dieselben Lieder oder Melodien. Die Volkslied-Sammlungen seit dem 16. Jahrhundert lassen erkennen, daß ihre Zahl unübersehbar war. Das Repertoire war derart variantenreich, daß z. B. bei einem Umzug im Dorf jedem Haus ein eigenes Lied gewidmet werden konnte. Dabei war das Volkslied nicht an eine bestimmte soziale oder Bildungsschicht gebunden. »Meist singt das Volk mit verteilten Stimmen, zwei- und dreistimmig. Die Begleitstimmen bewegen sich in Terzen- und Sextengängen, auch hört man vielfach das Einlegen einer zweiten Stimme im Diskant, wodurch der Männergesang zum gemischten Chor wird. Selten ist die Melodie in bewegtem Rhythmus gehalten; einfach wie der Text ist auch die Weise, und hierauf beruht gerade die überwältigende Wirkung.«[178] So schreibt ein Autor über eine Zeit, die bereits als Epoche des Niedergangs des Volksliedes gilt.

Das deutsche Liedgut war bis zur Verbreitung von Radio- und Kassettenrecorder von einer erstaunlichen Vielfalt. Ein Mann aus einer Hannoveraner Siedlung von Webereiarbeitern, die zur unteren sozialen Schicht gehörten, erzählt aus seiner Jugend in den 20er Jahren: »... da waren immer Leute, die was vortrugen! Früher, wenn ein Familienfest war, ein Geburtstag oder irgend, da wußtest du ganz genau, jetzt kommt, wenn Onkel Harry noch zwei getrunken hat, dann trägt er seine Ballade vor. Jeder hatte so was auf Lager ... Och, was wurde gesungen! Wenn ein Familienfest war oder irgendwas, wenn eine Familie feierte, war doch immer was los. Auf dem da waren noch ein Haufen, die singen konnten, die Gitarre spielen konnten, und da sangen sie. Da spielte die Kapelle, an einer Ecke war einer mit'm Schifferklavier und überall war was los.«[179]

Die organisierte Arbeiterbewegung entfaltete einen noch größeren Reichtum an Liedern. Aus der Frankfurter Arbeiterjugendbewegung der Zwischenkriegszeit wird berichtet: »Ein Phänomen war und blieb der Gesang. In der Jugendbewegung wurde gesungen, noch mehr in der Arbeiterjugendbewegung, doch kaum irgendwo mehr als in der Frankfurter Arbeiter-Jugendbewegung. Bei einer spontanen Zählung auf einer Wanderfahrt konnten Teilnehmer aus dem Kopf Titel von 387 (dreihundertsiebenundachtzig) Liedern aufzählen. Singen wurde nicht etwa einstudiert; niemand konnte Noten. Instrumente – Klampfen (Gitarren) und Geigen – erklangen, ohne daß jemand je Unterricht gehabt hätte.«[180]

Dies letzte Beispiel läßt manchen absichtsvoll verborgenen Aspekt erkennen, etwa den produktiven Zusammenhang mit der sogenannten »gehobenen« Musikkultur, die bei der vorindustriellen ländlichen Bevölkerung keine so wichtige Rolle spielte. Im Milieu der organisierten Arbeitersänger vor 1914 hat Arnold Schönberg erste Dirigentenerfahrungen gesammelt; auch das musikalische Werk von Paul Dessau, Hanns Eisler

und anderen ist nicht ohne den politischen Kontext der Arbeiterbewegung verstehbar.
Diese Hinweise sollen keinen Anlaß bieten, nostalgisch für eine (glücklichere?) Zeit ohne technikgestützte Musikproduktion zu schwärmen. Die heilsame Unruhe von damals ist längst zur neuen Konvention geworden. Sehnsucht nach »unbefleckter« vorindustrieller Gesellschaft und ihren Kommunikationsformen sollte nicht vergessen machen, daß diese Zeiten nicht wiederkehren. Sie können uns aber zum Nachdenken darüber anregen, ob es nicht sinnvoll wäre, lebendige Musik sowie aktives und passives Verhältnis zu ihr wieder stärker in die Alltagserfahrung zu integrieren. Was sich mit entsprechenden Impulsen und personalintensiver Vermittlung erreichen ließe, hat die Kulturpolitik noch nicht überall erkannt. Musikkultur sollte nicht nur gemessen werden an Spitzenkräften oder am Angebot weniger großer Konzertzentren und einiger repräsentativer Festspiele; Musik ist vielmehr an der Intensität zu messen, die sie als lebensbegleitende Ausdrucksform in einer Gesellschaft entfalten kann.
Die Popularität von Musik ist in allen Klassen und Schichten abhängig von ihrer Qualität. Spitzenleistungen des Musiklebens wie auch der Komposition beruhen in der Breite der Musikkultur eines Landes.
Der österreichische Musikkritiker Rudolf Klein[181] hat versucht, anhand eines der zehn Bände des Internationalen Quellenlexikons der Musik das »Überleben« von Komponisten hochzuschätzen. Von den 750 Komponisten des 6. Bandes, deren Partituren vor 1880 gedruckt wurden, werden nur acht noch heute öffentlich aufgeführt, weitere vierzehn sind gerade noch den Musikhistorikern bekannt; der Rest ist der Vergessenheit anheimgefallen. Wenn der Salzburger Kritiker aber kurzschließt, die Gesellschaft brauche Musik nur in ganz geringem Maße, und daraus folgert, der Ruf lebender Komponisten nach Hilfe des Staates sei fehl am Platze, so hat er kaum begriffen, was Musikkultur eigentlich bedeutet. Seine Feststellung ist ähnlich widersinnig, wie wenn jemand den Erfolg der Villa Massimo, jener bedeutenden bundesdeutschen Einrichtung zur Förderung von begabten jungen Künstlern, an den Kriterien für Nobelpreisträger messen wollte. Eines muß klar sein: Der Mittelweg ist der einzige, so Arnold Schönberg, der nicht nach Rom führt. Eine Gesellschaft braucht ja auch nicht nur wenige besonders gute Zahnärzte, sondern ein dichtes Netz solider dentistischer Versorgung.
Wie entwicklungsbedürftig die Musikkultur in der Bundesrepublik ist, erhellt ein Vergleich mit einem Nachbarn: Während es in der Bundesrepublik 1980 auf 99567 Einwohner eine Musikschule gab, kommt in Österreich auf 22023 Einwohner eine von insgesamt 341 Musikschulen. Aber das benachbarte Felix Austria ist ohnehin ein Land, das traditionell mehr hauptberufliche Musiker beheimatet als Soldaten unter Waffen. Von den Musikschulen in der Bundesrepublik sind, soweit mir verläßliche Anga-

ben vorliegen, nur 384 hauptamtlich geleitet; 180 müssen sich mit nebenberuflicher oder ehrenamtlicher Leitung begnügen; nahezu die Hälfte der ca. 350 Millionen DM, die für die bundesdeutschen Musikschulen jährlich aufgebracht werden müssen, stammen aus Unterrichtsgeldern. Schon diese Statistik läßt erkennen, daß für Staat und Kommunen noch viel zu tun bleibt. Wer bringt den vielen Kindern, die sich in die langen Wartelisten eingetragen haben, wenigstens das Musik-*Hören* bei? Schon Karl Marx wußte, daß für das musikalisch nicht geschulte Ohr »die schönste Musik keinen Sinn« macht.

Die Fronten der Musikkultur

> »Kultur wird nicht auf ideell-imaginative, künstlerisch-ästhetische Phänomene eingeengt, sondern ... als die gesamte Lebensweise einer Gruppe verstanden.«
> *Rolf Lindner*

Es genügt nicht, auf die Notwendigkeit einer Förderung der Musikkultur hinzuweisen. Auch nützt es wenig, mit Schillers ästhetischer Erkenntnis zu argumentieren, nach der die Lust am Schönen aus einem mit Sinnlichkeit gepaartem Interesse der Vernunft entspringt, aus Vernunft, die auch Gemüt beherbergt. Wir müssen uns vielmehr Gedanken machen darüber, welche Faktoren unseres täglichen Lebens besonderes Gewicht für die moderne Musikkultur haben.

Die Entwicklung des »musikalischen Materials« ist ein Produkt der Auseinandersetzung mit sich verändernden geschichtlichen, sozialen und kulturellen Rahmenbedingungen. Das Schöne erschließt sich nicht nur in dem Zustand höchster Ruhe, sondern auch im Zustand der höchsten Bewegung, das heißt im ästhetischen Zustand nach der Schillerschen Definition.

Demokratische Kulturpolitik, die bisher nicht zu öffentlich geförderten Künsten zählende Bereiche wie Film, Jazz oder populäre Lieder in ihre Überlegungen einbezog, hat die ganze Skala des Musiklebens im Auge zu behalten, soweit der Kunstanspruch nicht aufgrund rein kommerzieller Profitkalkulation aufgegeben wird, wie dies sowohl bei der »E-Musik« als auch bei der »U-Musik« leicht geschehen kann.

In der jüngeren Diskussion sind die starren Grenzen zwischen den sogenannten U- und E-Bereichen als anachronistisch aufgehoben worden. Die Unterschiede wurden durch die Praxis relativiert. Kultureller »Eintopf« für die Massen, kulturelle »Spezialitäten« für Kreise mit feinem Gaumen sind inzwischen passé. Auch bei der »Unterhaltungsmusik« haben wir strenge Qualifizierungsmerkmale und Wertungsmöglichkeiten, Minderheiten und Avantgarden.

Jazz, Rock, Folklore als entwicklungsfähige musikalische Ausdrucksformen sind auch von Kulturbehörden inzwischen anerkannt. Sie haben begriffen, daß diese musikalischen Elemente nicht als Alternative zur tradierten Musik, sondern als ihr Komplement zu betrachten sind. Frankfurt zum Beispiel subventioniert schon seit mehr als zehn Jahren u. a. die Jazzlokale »Sinkkasten« und »Jazzkeller«; Hamburg fördert seit einiger Zeit Programme für junge Rockgruppen; und in Berlin ermöglicht der Senat solchen Gruppen sogar die Produktion von Platten. Diese zufällig herausgegriffenen Beispiele zeigen, daß sich mit öffentlicher Anerkennung die Voraussetzungen für erfolgversprechende Wechselwirkungen schaffen lassen.
In diesem Zusammenhang nenne ich ein in seinen Konsequenzen noch offenes Beispiel aus dem Sektor Musiktheater. Es muß auf jeden Konsumenten des traditionellen Opernlebens als Provokation wirken, wenn sich »prosaische« Musikproduktionen das Etikett »Oper« zulegen, die mit der klassischen Gattung nichts zu tun haben (wollen), wie z. B. die »Rockoper« der Gruppe »The Who« oder der Rock-Gruppe »Floh de Cologne«, die 1979/1980 die »Rock-Oper Koslowsky« herausgebracht hat – nicht als Halbkunst, wie ihre Gegner meinen, sondern als echten Beitrag zur Zukunft des Metiers.
Verbirgt sich hinter dieser Usurpation des historischen Begriffs »Oper« nicht ein bisher immer enttäuschter Anspruch vieler Abseitsstehender auf das ästhetische Ausdrucksmittel »Musiktheater«?
Das Spannungsverhältnis zwischen populärer Musik mit ihrer Vermarktung durch Unterhaltungsindustrie auf der einen Seite und Abgeschlossenheit professioneller Entwicklung des »musikalischen Materials« auf der anderen stellt sich für mich als kulturpolitische Provokation. Demokratische Kulturpolitik muß äußere Fülle und inneren Reichtum der *gesamten* Musikkultur fördern.
Rudolf Walter Leonhardt hat bereits 1979 am Beispiel der Salzburger Festspiele darauf aufmerksam gemacht, daß deutsche Opern nicht mehr allein mit deutschen Sängern zu besetzen sind. Auch hat er auf die Auswirkungen der schlechten Beziehungen zwischen »U«- und »E«-Musik auf unsere Musikkultur hingewiesen: »Solange diese fatale Trennung zwischen ›U‹ und ›E‹ nicht überbrückt wird, werden junge Leute es schwer begreifen, daß Aida und Joan Baez und Cliff Richard aus der gleichen Kiste kommen, den gleichen Bedürfnissen dienen, in gleicher Weise aus Melodie und Rhythmus eine Sprache formen, die unmittelbar alle Menschen verstehen können.«[182]
Schlagersänger zu werden, ist für viele Jugendliche ein Wunschtraum. Aber wer von ihnen träumte schon davon, mit schwierigen großen Opernarien ins Rampenlicht zu treten? Die Musik von jungen Leuten für junge Leute muß als kultureller Faktor ernst genommen werden. Diese Musik

ist als musikalisches Ausdrucksmittel einer Generation anzuerkennen, die von daher auch ästhetische Maßstäbe bezieht. Es gilt auch, diese Musik davor zu bewahren, daß sie den Interessen der Unterhaltungsindustrie völlig unterworfen wird. Die Kulturindustrie muß sich immer wieder durch Rückgriff auf schöpferische Kräfte verjüngen, die sich in Teilen der Bevölkerung, wie z. B. in der Jugendkultur, als Ausdruck von Lebensgefühlen und Bedürfnissen entfalten. Beide Bereiche, traditionelles »schönkulturelles« und »alternatives« Musikleben, werden vom »dritten« Musikleben bedroht: von der kommerzialisierten Musik. Diese kulturelle Großindustrie ist nicht nur ein Problem der Qualität, sondern auch der Struktur, denn kommerzielle Musik bedeutet nach schwedischen Erkenntnissen »Gleichrichtung und Passivierung«. Öffentliche Kulturpolitik muß daher auch die populäre Musik der jungen Generation vor der völligen Vereinnahmung durch den Markt bewahren.
Die Musik der Jugend zum Gegenstand kommunaler Verantwortung zu machen, bedeutet etwa im Sinne einer Resolution der Kulturpolitischen Gesellschaft in Würzburg von 1979, nicht nur Subventionen zu gewähren, sondern auch Produktionsmittel, Räume und dergleichen bereitzustellen.[183] Diese neuen Ansprüche der Kulturpolitiker mögen bei den Finanzpolitikern Unbehagen erzeugen, doch die finanzielle Förderung der Musikkultur sollte endlich selbstverständlich sein. Entsprechende Zuschüsse dürfen aber unter keinen Umständen auf Kosten bisher geförderter Kultureinrichtungen gehen. Die Kritiker solcher Förderungen sollten bedenken, daß in früheren Zeiten, als die Menschen weniger produktiv arbeiteten und Zeit für ihre Musikkultur hatten, auch viel weniger Steuern eingetrieben wurden. Wenn die gesellschaftlich organisierte Arbeit die Freiräume für Kreativität immer mehr beschränkt, müssen neue Einrichtungen zur Erhaltung von Gesundheit und Kreativität finanziert werden.

Das Beispiel Oper

> »Unser Theater muß die Lust am Erkennen erregen, den Spaß an der Veränderung der Wirklichkeit organisieren. Unsere Zuschauer müssen nicht nur hören, wie man den gefesselten Prometheus befreit, sondern sich auch an der Lust schulen, ihn zu befreien. Alle die Lüste und Späße der Erfinder, die Triumphgefühle der Befreier müssen von unserem Theater gelehrt werden.«
>
> *Bertolt Brecht*

Nach dem »irrationalen Platz der Oper in einer Krisengesellschaft« fragte sich im August 1984 die internationale Elite der Opernintendanten auf dem 2. Weltkongreß des Lyrischen Theaters in Verona. Die Frage stellten

Repräsentanten des Metiers als rein rhetorische, denn ihr Selbstbewußtsein läßt keinerlei Zweifel daran aufkommen, daß eine Kunstform wie die Oper in unserer nüchternen Gesellschaft und dieser trostlosen Zeit mit Recht einen hervorragenden Platz beansprucht und sich darüber hinaus großer Beliebtheit im Volke erfreut. In der Tat, nicht die Oper ist irrational, vielmehr ist es unsere Indifferenz gegenüber der allgemeinen Krise. Nicht die musik-dramatische Inszenierung ist befremdlich, sondern die Zerstörung menschlicher Kultur, die eines Tages ein kulturelles Vakuum erzeugen könnte, aus ganz anderen Gründen als jenen, die von Oswald Spengler für den »Untergang des Abendlandes« ausgegeben wurden.
Wieso soll es irrational sein, die Mittel der Musik, des Gesangs, der Dichtung, des Bühnenbildes, zu einem »Kraftwerk der Gefühle« (Kluge) zu vereinigen? Betreibt nicht die von uns real genannte Welt mit immer neuen Fortschrittsexzessen einen Kult der Vernunftwidrigkeit? Die wirkliche Realität wird, wie schon Kafka es sah, immer unrealistischer. Logistische Planung des atomaren Selbstmords wird euphemitisch »Verteidigungskonzept« genannt; werden durch Rationalisierungstechnologien Arbeitsplätze vernichtet, dann heißt das Sicherung von Arbeitsplätzen. Während Millionen von Menschen arbeitslos sind, werden wir an anderen Stellen nicht mehr Herr der Probleme, die unser ökonomisches Wachstum erzeugt; wir sammeln Almosen für die Hungernden der Dritten Welt, und gleichzeitig mästen wir Kälber und Schweine mit Futtermitteln, die wir den Hungerzonen zu Spottpreisen abkaufen. Und da soll ausgerechnet die Oper das Irrationale sein?
Obwohl die reichsten Völker der westlichen Welt auf Kosten der ärmsten Länder der Dritten Welt unermeßlichen Reichtum verwalten, ist selbst der satte Teil der Menschheit in erschreckend großer Zahl unglücklich: Nicht nur weil auch in den Industrieländern der Reichtum ungleich verteilt wird und gegenwärtig der Massenarbeitslosigkeit das Massenelend folgt, sondern auch weil viele ihr soziales Bedürfnis nach menschlichen Beziehungen nicht ausleben können. Sie können ihr Gefühlsleben, ihre Persönlichkeit und die Menschlichkeit ihrer natürlichen Wesenskräfte nicht entfalten.
»Aus Mangel an Phantasie erleben die meisten Menschen nicht einmal ihr eigenes Leben, geschweige denn ihre Welt, sonst müßte die Lektüre eines einzigen Zeitungsblattes genügen, um sie in Aufruhr zu bringen. Es sind also stärkere Mittel nötig. Eines davon ist das Theater«, sagt Peter Weiss.[184] Diese Erkenntnis läßt sich leicht auf das Musiktheater ausdehnen.
Im Vergleich zu den Widersprüchen und Konflikten der täglichen Realität ist die scheinbar irreale Kunstform Oper, ist das Musikdrama ein klares, vernünftiges Instrument menschlicher Identitätsfindung auf der Grundlage der Genußfähigkeit des Menschen. Als musikdramatische

»moralische Anstalt« und als Ort ästhetischer Erkenntnis ist die Oper von unschätzbarem Nutzen für die Gesellschaft. Im Gestern klärt sie über Lebenswirklichkeit von heute auf, auch wenn sie, wie Adorno meint, »unmittelbar gesellschaftliche Daten« verweigert. Sie zieht auch ein nicht vorbereitetes Publikum in den Sog des dramatischen Geschehens. Hans Mayer hat dies exemplarisch an »Fidelio« belegt: Ohne den Eindruck, den Beethovens Oper auf ihn machte, wäre Blochs »Prinzip Hoffnung« kaum vorstellbar; es hätte für Bloch jedenfalls der »sinnbildlichen Konkretion« entbehrt. Das oratorische Finale in »Fidelio« kann die bürgerliche Aufklärung »als Werk der befreiten und zur Freiheit willigen, fähigen Individuen« anschaulich machen[185] und festgefügte Denkgewohnheiten erschüttern.
Das klassische Opernrepertoire kann durch die Regie umschlagen in Aufklärung, wenn die Oper auch heute noch inhaltlich etwas bedeuten soll. Das Verdikt Adornos, nach dem die Verherrlichung des gegen die Ordnung revoltierenden Individuums auf keine Resonanz mehr stößt, ist insofern zweifelhaft. Thomas Mann sagt mit einer schönen Formulierung, was Kunst (und damit Oper), wenn auch nicht ausschließlich, bedeuten kann: »Die ursprüngliche, natürliche, naive Kunst war ein Preisen und Feiern des Lebens, der Schönheit, des Helden, der großen Tat; sie bot dem Leben einen Spiegel, in dem es sein Ebenbild in beglükkend verschönter und gereinigter Wahrheit erblickte: durch diesen Anblick faßte es neue Lust zu sich selbst. Die Kunst war ein Stimulans, eine Verlockung zum Leben, und sie wird es zu gutem Teile immer sein.«[186]
Dieses Element der Kunst ist in der Oper nicht zu leugnen. Die humane Dimension ist heute in den Auseinandersetzungen des politischen Alltags wichtig geworden. Woher käme sonst die Kraft zum Kampf gegen die vielfältigen Ursachen der schleichenden Zerstörung, wenn nicht aus der Lust des Lebens an sich selbst? Daß Thomas Mann diese Sätze geschrieben hat, kann vor Mißverständnissen bewahren. Gemeint ist nicht Theater als Flucht in den Schein, als Kompensation einer als glücklos empfundenen Alltagswelt. Es geht um das grundsätzliche Ja zum Leben in allen seinen Dimensionen. Dieser Optimismus hat Gültigkeit zum Verdruß jener Opernbesucher, die in der Bühnenillusion nur eine letzte Sehnsucht befriedigen wollen und ein paar schöne Stunden genießen möchten. Auch das von Adorno als »besser situiertes Kleinbürgertum« etikettierte Publikum, das durch den Besuch der Oper sich und anderen Bildung zu beweisen sucht, dürfte bei solchen Inszenierungen den Kontext verstehen, der »Aida«, »Carmen« oder »La Traviata« gegen Herrschaft und für Humanität kämpfen läßt.
Auch das Opernschaffen der Gegenwart hat die Geschichte nicht abgeschüttelt. Nicht nur der Wandel der ästhetischen Formen ist nach Adorno

geschichtlich, »sondern auch das Verhältnis der Gesellschaft zu bereits geprägten und etablierten Formen ist geschichtlich durch und durch«[187]. Wohl keine andere Kunstgattung ist so stark ihrer eigenen Vergangenheit ausgesetzt wie die Oper, weil sie immer auch Geschichte der Gesellschaft berichtet. Oper heißt in jedem Fall »Bewältigung« der Vergangenheit, meint der Komponist von »Die Soldaten«, Bernd Alois Zimmermann. In ihrem Repertoire dominiert viel stärker noch als beim Schauspiel die klassische Substanz: »Das Publikum kommt aus mit den älteren Werken«, belehrte Bertolt Brecht einst Boris Blacher und meint, daß die älteren Werke die tradierten Funktionen der Oper so lange besser erfüllen, bis sich eine überzeugende Alternative anbietet. Die Oper hat ihren schöpferischen Ehrgeiz heute von der Produktion auf die Reproduktion verlagert, und zwar in dem Maße, wie die Grenzen von Institution und Gattung die zeitgenössische Opernkomposition problematisch werden ließen. »Bühnenkunst ist ja, auch wenn sie mit Tradition umgeht, immer nur zu einem Teil hauptsächlich Museum« (Leo Karl Gerhartz). Deshalb wird Musiktheater in Frankfurt auch verstanden als eine in die Gegenwart hineinwirkende musikalische und geistige Auseinandersetzung mit Geschichte. So wollte Christoph von Dohnanyi und so wollen Michael Gielen und das Ensemble Opernwerke der Musealisierung entreißen und Musiktheater mit künstlerischen Mitteln als Gegenwelt zur heutigen Realität entwerfen.
Angesichts der Dominanz des klassischen Repertoires werden musikdramatische Innovationen heute eher von den Rändern her erwartet als durch revolutionäre Neuentwürfe. Ich denke an die neue Bedeutung von Musik für aktuelle Formen der Schauspielbühne oder an dramatische Inszenierungen mancher Produktionen unserer modernen Jugend- und Musikkultur. Gleichzeitig hat Geschichte eine neue Wertung erfahren. Das erneute Interesse an ästhetischen Ausdrucksformen, die mehr über menschliche Befindlichkeiten, über Zukunft und die Rolle des Menschen aussagen als blinder Aktionismus, hat auch Kreise erreicht, die bisher abseits standen. Musiktheater als Auseinandersetzung mit Geschichte zielt nicht nur auf Ideengeschichte.
Mit Oper wird auch auf die in die Geschichte reichende Dimension der Emotionalität in einer Gesellschaft verwiesen. Gerade in der Oper verdichtet sich jene »Macht der Gefühle«, die Alexander Kluge in seinem gleichnamigen Film (1983) thematisiert. Nicht von ungefähr spricht er in seinem Film der Oper eine besondere Rolle zu und erweist damit dem Frankfurter Musiktheater Reverenz für dessen Versuche, den Menschen von heute musiktheatralische Kunstwerke in ihrem historischen und gesellschaftlichen Kontext nahezubringen.
Filme versuchen immer häufiger ihren Mangel an Gehalt durch Anleihen bei der Oper, dem »Kraftwerk der Gefühle«, auszugleichen. Damit sind

nicht solche Filme gemeint, die das Medium Oper unverändert aus dem Bühnenraum auf die Leinwand transportieren, abgefilmte Oper also, wie etwa Paul Czinners »Don Giovanni« (1955) oder sein »Rosenkavalier« (1961). Schon gar nicht sind Filme gemeint, die Oper kongenial »verfilmen«, und ich denke dabei an Ingmar Bergmans »Zauberflöte« (1975) oder an »La Traviata« (1982) von Franco Zeffirelli, der sich durch eigenwilligen Umgang mit den Dialogen und schwelgerisches visuelles Ambiente auszeichnet; auch Joseph Loseys »Don Giovanni« (1980) gehört zu dieser Art von opulenten Meisterwerken. In diese Kategorie der kinematographisch veränderten Opernpräsentation gehören auch Francesco Rosis »Carmen« (1983) oder »Hoffmanns Erzählungen« (1951) von Powell und Preßburger.

Interessanter ist, wenn Regisseure sich an einer Kombination beider Gattungen versuchen, wobei die Elemente der Oper die eigentliche Thematik des Spielfilms nicht verdrängen, sondern sie mit Emotionalität versorgen, um die Rezeption zu fördern. Wie beeindruckend ein solches Werk sein kann, zeigt Carlos Sauras »Carmen« (1982), einer der großen Kinoerfolge der letzten Jahre.

Federico Fellini hat in seinem Film »E la Nave va« (1983) Opernsegmente argumentativ eingesetzt, indem er den Ausbruch des Ersten Weltkrieges in einer furiosen Operettenszenerie zur Metapher des Untergangs stilisierte. Alain Resnais gab die bisherige Kongruenz von Wort, Bild und Musik – trotz so unterschiedlicher Co-Autoren wie Robbe-Grillet, Queneau, Duras, Marker, (Jacques) Sternberg – in seinem Film »Das Leben ist ein Roman« (1982) partiell auf und ließ ein in sich homogenes Stück Oper zur Geltung kommen, in dem die Suche nach Glück auf drei Handlungsebenen dargestellt wird.

In »Eine Liebe von Swann« (1983) hat Volker Schlöndorff ein Exempel dafür gegeben, was ihm als Symbiose von Film und Oper, als »Traumdimension« vorschwebte: Produktion von Bildern mit Musik. »Das Unsagbare der Musik in Bildern freier, imaginärer Assoziation wiedergegeben, jenseits einer bereits vorhandenen Konvention von Opernfilm oder Filmoper, ist für viele Filmemacher identisch mit einem ›kompositorischen Prozeß‹, der abseits festgefügter Institutionen stattfindet und doch auf ästhetische und dramaturgische Grundlagen beider Medien zurückgreift.«[188] Wenn aber »die Röhren und Kabel, die dieses Kraftwerk mit der Bevölkerung verbinden, zu verrotten« drohen, wie Alexander Kluge befürchtet, dann hat die Frankfurter Operndirektion schon beizeiten versucht, dieser Gefahr durch Aufbrechen des »Erbes« zu begegnen. Aber »zu erben muß man verstehen«, so Thomas Mann, denn »eben das ist am Ende Kultur«. Das »Erbe«, das kulturelle Werte in die Zukunft tragen soll, muß kritisch aufgearbeitet werden, darf nicht pauschal als museal abgetan werden. Es gilt, in ihm das Gültige zu entdecken, es zu aktualisieren oder als Zeit- und Gesellschaftsdokument zu präsentieren. Das läßt sich nur erreichen, »insoweit diese Produkte der Vergangenheit wandelbar sind; das heißt, insofern die Vergangenheit sich mit uns und durch uns verändert. Wir müssen unseren Geist einhauchen der Vergangenheit, so daß sie wieder aufersteht und dann uns befruchten kann« (Gielen).

Kunst und Theater beginnen nicht am Nullpunkt, sie müssen an Traditionen anknüpfen, die zu reformieren sind. Ohne Vergangenes läßt sich nichts schaffen, das einmal zum »Erbe« werden soll. Nur in der dialektischen Spannung von Vergangenem und Gegenwärtigem entsteht kreative Produktivität.

Entkrustung und Aktualisierung beseitigen keineswegs das kulinarische Moment der Oper, wie häufig unterstellt wird. Das Kulinarische kann gar nicht hoch genug veranschlagt werden, sofern sich Gesangskultur und optische Reize nicht verselbständigen, sondern auch die thematischen und sprachlichen Elemente mit vermitteln. So bestreitet Ernst Krenek, daß das »Wahre« oder »eine philosophische Botschaft« sicherer ankämen, wenn nur das »Schöne« Vehikel der Vermittlung sei.

Musik kann zwar den Menschen nachahmen, wie er innerlich ist, meint Arnold Schönberg, aber zur äußeren Darstellung innerer Vorgänge sind szenische Mittel unerläßlich. Da in der Oper Musik und Libretto konstituierende Elemente des Gesamtwerkes sind, kann Reduzierung auf das rein Klangliche zur Sprachlosigkeit führen. Gerade das Kulinarische der Musik kann die Empfindungen des Zuhörers und Zuschauers aktivieren und seine Sensibilisierung fördern.

Michael Gielen erinnert daran, daß bei Beethoven, Berlioz, Wagner, Mahler und Schönberg aufklärerische Momente zu finden sind. Als klassisch etikettierte Komponisten haben sie Konflikte der Gesellschaft und des Individuums ihrer Zeit am radikalsten ausgedrückt. »Worum es in aller Kunst sich handelt? Um den Menschen und seine Stellung in der Welt« (Ricarda Huch). Oper ist in diesem Sinne auch Geschichte der Selbsterkenntnis des menschlichen Geistes.

Selbst eine so populäre Oper wie Mozarts »Figaros Hochzeit« (1786) war zu ihrer Zeit als Widerspiegelung der untergehenden höfischen Kultur des Rokoko aufklärerisch. In der Oper lassen sich gesellschaftliche und ideelle Elemente, von Monteverdi bis Nono, ohne weiteres nachweisen, Elemente, die das Publikum zur Identifizierung oder Distanzierung einladen. Das Musiktheater kann eine Art Gegen-Welt zur wissenschaftlich technisierten Welt bilden, eine Anti-Welt, in der sich das »ganz andere« zu unserer hektischen Erlebniswelt in Kontrast Stehende ereignet. Das ist, auch für die Oper, eine Antwort auf Brechts skeptische Frage, ob die heutige Welt durch Theater überhaupt wiedergegeben werden können«.

Auch der musikdramatische Reflex des sich emanzipierenden Bürgertums im klassischen Repertoire, die Parteinahme für das Individuum, das gegen die hierarchische Ordnung revoltiert, wie Don Giovanni, Siegfried, Salome, Leonore, Tell, Tosca, finden entgegen Adornos Meinung Resonanz beim Publikum, sofern die Regie ihre Absicht verständlich machen konnte. Musik im Musikdrama wird jedoch bedeutungslos bleiben, »wenn sie nicht einen aufnehmenden Geist berührt« (Hindemith), wenn akustische und visuelle Eindrücke keine Inhalte ins Bewußtsein heben können.

Die Botschaften einer Reihe von modernen Musikdramen haben zumeist keine emotionale Dimension, die den Zuschauer zur aktiven Teilnahme bewegen könnte. Doch die Artikulation der gesellschaftlichen Gefühlswelt macht Oper zum Gegenstand öffentlicher Vorsorge, aus der sich, nicht zuletzt, die öffentliche Subvention legitimiert. Mit gutem Grund hat die Stadt Frankfurt in den vergangenen Jahren der Oper immer weit mehr als nur die allernotwendigste Alimentierung gewährt, auch wenn öffentliche Kulturfinanzierung weltweit schwieriger geworden ist, nicht in erster Linie aufgrund der allgemeinen Finanzkrise, sondern aufgrund der besonderen strukturellen Bedingungen.

Im Bereich der Oper (aber auch beim Schauspiel) können in einer solchen Situation freie Gruppen oder reduzierte Vertragsbedingungen keine Lösung sein. Die Erhaltung des Musiktheaters muß Pflichtaufgabe der öffentlichen Kulturförderung werden, nicht zuletzt, weil Künste zur Erhaltung von Emotionalität und Sensibilität in unserer Gesellschaft notwendig sind.

Als Peter Huchel in seinem Memento mori auf Hans Henny Jahnn von der dichterischen Kreativität forderte, »den unverfälschten Menschen sichtbar zu machen, den Menschen, in dem sich Geist und Sinne innig verbinden«, hat er damit auch die Aufgabe des Musiktheaters beschrieben. Es gehört zu den Aufgaben der Kunst, dem bloß Geahnten, bloß Gefühligen Gestalt zu verleihen; so kann Kunst dazu beitragen, die Gegenwart zu begreifen und unsere Zukunft vorzubereiten. Aus dieser Funktion der Künste resultieren gelegentlich Spannungen mit dem Publikum, aber Spannungen dieser Art gehören in unserer Kulturgeschichte zum Kunstprozeß.

Das Publikum gibt es nicht. Der einmal an ein Haus gewöhnte Besucherstamm ist ein unschätzbares Kapital für die Theater. Aber wie Bayreuth beweist, kann kein Publikum erwarten, mit seinen Erwartungen und Gewohnheiten bevorzugt bedient zu werden. So wird immer dann eine Krise des jeweiligen Theaters unterstellt, wenn sich zwischen den Ansprüchen relevanter oder einflußreicher Gruppen des Publikums und der inneren Entwicklung der Bühnenkünste eine Kluft auftut. Ein in Traditionen gefangenes Publikum hat in den zwanziger Jahren in Frankfurt Hindemith ausgepfiffen, heute reagieren Opernfreunde hier noch vehementer auf ungewöhnliche Regiekonzeptionen von Berghaus und Neuenfels. Ähnliche Erfahrungen machen wir auch bei anderen Künsten, wenn sie darauf bestehen, mehr zu sein als nur Verschönerung des Lebens.

Auf der obengenannten Tagung in Verona kam man hinsichtlich der Zusammensetzung des Publikums zu dem Ergebnis, das öffentlichen Vorurteilen nicht oft genug vorgehalten werden kann: Die Oper war in ihrer Frühzeit genauso wenig dem Adel vorbehalten, wie sie heute das Privileg weniger ist. Heinz Ludwig stellte zur Entwicklung des Musiktheaterpublikums fest:

»Das höfische Mäzenatentum hat ganz gewiß die Verbreitung der Oper gefördert und ermöglicht, aber nur in ganz wenigen Fällen und nur für außerordentlich kurze Zeit sie als Exklusivvergnügen der privilegierten Stände reklamiert. Das Publikum rekrutierte sich überwiegend aus Bürgerlichen, und zwar schon im 17. Jahrhundert. Unter ihnen befanden sich Anwälte, Wundärzte, Gymnasiallehrer und die Geistlichkeit, natürlich auch Komponisten, Musiker, Schauspieler, Literaten und Philosophen, kurzum jene Intellektuellen, die die neue Kunstform kritisch und schöpferisch absorbierte. Im dritten Rang nahmen – sozusagen als Vorläufer des heutigen Abonnentenpublikums – Hoflieferanten und andere Bürgerleut Platz, die am Treiben der höfischen Welt vor allem aus Prestigegründen teilhaben wollten ... Das Parterre war meist dem Militär und Interessenten aus der Residenzstadt vorbehalten.«[189]

In der zweiten Hälfte des 18. Jahrhunderts sind mehr als zwei Drittel der Opernbesucher bürgerlicher Herkunft; um das Jahr 1900 dürfte der Prozentsatz der Bürger im Opernpublikum 90 Prozent überschritten haben. Das heißt natürlich nicht, daß Arbeiter, Unterprivilegierte in der Oper saßen. Heute läßt sich feststellen, daß die soziale Herkunft der Fußballplatzbesucher und der Musiktheaterbesucher sich einander angenähert hat. Die Daten der leider noch nicht durch neuere Studien ersetzten »Opernstudie« von 1976 belegen dies:

»15 % der Musiktheaterbesucher haben Abitur, 30 % sogenannte Mittlere Reife und 54 % Hauptschulabschluß. Damit sind die Bevölkerungsschichten mit Abitur (11,8 %) und Mittelschulbildung (19,2 % der Gesamtbevölkerung) proportional etwas stärker vertreten als es ihrem Anteil in der Bevölkerung entspricht; der Prozentsatz der Musiktheaterbesucher mit Hauptschulbildung ist dagegen weiter von seinem Bevölkerungsanteil (68,4 %) entfernt; von den rund 40 % Beamten und Angestellten unter den Besuchern der Musiktheater sind knapp 12 % in leitender Position tätig; bei 41 % der Befragten handelt es sich um normal verdienende Arbeitnehmer.«[190]

Nicht teilen kann ich die Schlußfolgerung Heinz Ludwigs, wenn er die soziale Zusammensetzung des Publikums und die neue Abhängigkeit der

Bühnen von Besucherorganisationen (nur 25 Prozent aller Karten für öffentliche Theateraufführungen kommen ins freie Verkaufsangebot) für die »Monokultur der Spielplangestaltung« verantwortlich macht und meint: »Die sozialen Eintrittspreise, der Einfluß des Abonnements und der Besucherorganisationen unterminieren ein couragiertes, modernes und lebendiges Musiktheater« und »lähmen das künstlerische Wagnis«.[191]
Ich glaube vielmehr, bei einer differenzierteren Betrachtung stellte sich heraus, daß traditionelle Opern- und Konzertbesucher, die immer nur das sehen, hören und wiedererkennen wollen, was sie schon kennen (»die schöne Stelle«), und bei denen daher jede neue Form der Inszenierung und Interpretation auf Kritik stößt, vermutlich eher in den mittleren Schichten des Publikums zu finden sind und nicht beim breiten Abonnement-Publikum, das von sozialen Preisen profitiert. Dies zeigen jedenfalls Frankfurter Erfahrungen. Dort lassen Oberlehrer und mittlere Manager, nach Adorno allesamt »im Stand universaler Halbbildung«, als selbsternannte Wortführer Polemiken gegen den kritisch reflektierten Inszenierungsstil los, den Michael Gielen und Klaus Zehelein der bisherigen intellektuell eher dürftigen Regie entgegenstellen. Für Neulinge im Opernleben sind die Inszenierungen von Kirchner, Schlöndorff, Neuenfels, Berghaus und anderen die adäquate Sprache der Oper als zeitgemäßes Forum. Oper soll nicht nur etwas Schönes hören und sehen lassen, sondern auch etwas zu sagen haben.
Vielleicht wird ein Teil des Publikums in Jahrzehnten noch genauso verständnislos auf avantgardistische Inszenierungen reagieren wie heute. Heute jedenfalls können wir davon ausgehen, daß mehr Besucher als die Traditionalisten behaupten, bereit sind, mehr als nur »ein paar schöne Stunden« im teuren Opernsessel zu erleben. Viele suchen außer dem kulinarischen Genuß ein Erlebnis, in dem sie etwas von den eigenen Gefühlen, Nöten und Freuden wiederfinden. Würde Spielplangestaltung ersetzt durch Abfragen von Publikumswünschen, wäre der Tod der Oper besiegelt.
Es kommt hinzu: Die lange Theater- und Bühnengeschichte zeigt, daß die Beziehung zwischen Bühne und Publikum sich nicht auf die Abendstunden der Aufführungen beschränkt. Wie der Besucher sich vorbereitet, wie er zur Oper geht, entscheidet mit darüber, wie er wieder herauskommt und was in der Zwischenzeit mit ihm geschehen ist. Damit soll nicht der »Pädagogisierung« der Theaterarbeit das Wort geredet werden. Aber es gibt andere Formen der Information, mit denen das Publikum das Produkt besser erschließen kann: Lektüre, Diskussion, offene Probe usw.
Besucherorganisationen wie die Volksbühne waren einmal begründet worden, um solche Vermittlungsarbeit zu fördern, das heißt Erschließung neuer Theaterstücke und neuer theatralischer Formen für ein weni-

ger vorgebildetes Publikum, Erschließung von Kunst für den Mann und die Frau von der Straße. Die »Junge Volksbühne« in der Weimarer Republik trug als Teil der Volksbühnenorganisation dazu bei, das jüngere Publikum mit Piscator und anderen revolutionären Bühnenkünstlern bekannt zu machen. An dieser eigenen Geschichte lassen sich aktuelle Aufgaben und Möglichkeiten solcher Organisationen ermessen.
Auch die Bühnen sind zur Vermittlungsarbeit aufgerufen. Das »Göteborger Manifest« von Peter Oskarson, verfaßt für die Arbeit am Göteborger Stadttheater, hebt in solcher Absicht den Prozeß des Theatermachens eigens hervor: »Jede Produktion wird durch Vorprojekte (auch vor Publikum) und durch Arbeitsgruppen vorbearbeitet. Das Theater wird zur ›Volksuniversität‹ erklärt. Dem sollen ein mit wissenschaftlicher und künstlerischer Kompetenz bestückter Künstlerischer Beirat und die Arbeit mit Spezialistengruppen aus dem Publikum dienen. Alle Ensemblemitglieder bringen ihre 40-Stunden-Woche im Theater zu, auch wenn sie keine Vorstellung oder Probe haben. Alle Schauspieler nehmen regelmäßig an den Trainings- und Fortbildungsangeboten und Versuchsprojekten eines Künstlerischen Studios teil, das am Theater eingerichtet wird.« Mit ausklingender Saison absolvieren die Schauspieler mehrwöchige Praktika in Betrieben, oder sie werden mit analogen Untersuchungen in Göteborg beauftragt: Ihre Erfahrungen sollen für die schwedische Theaterarbeit insgesamt ausgewertet werden.[192]
Das ließe sich sicher auch auf die Oper übertragen. Denn auch für sie gilt, was das »Göteborger Manifest« für das Theater formuliert, daß es ihre Aufgabe ist, »uns zu unseren Gefühlen und den elementaren Existenzfragen zurückzuführen: Wie leben wir unser Leben? Wie richten wir unsere Gesellschaft ein? Wie bereiten wir unsere Zukunft vor?«[193]

Wechselwirkungen: Das Publikum als Macht

> »Eine Neuorientierung in der Kulturpolitik kann sich nicht mit einer Erweiterung der Vermittlungsarbeit begnügen, sonst setzt sie sich dem Verdacht aus, zugleich mit der Tradition der Vermittlung auch deren ideologische Leistung fortzusetzen, nämlich die Kulturzerstörung zu verdrängen, die im Laufe der Industrialisierung hinter der glänzenden Fassade des Kunstbetriebs betrieben wurde.« *Walter Grasskamp*

Open-Air-Vergnügungen im Dickicht unserer Städte erfreuen sich unter kunterbunten Etiketten inzwischen überall großer Beliebtheit; sie werden im folgenden pauschal »Summertime«-Programme genannt. Die kulturelle Konterbande aus Straßentheater, Musik, Lyrik, Kabarett,

Kunstaktionen, Pantomime, Tanz usw. hat in unseren Städten sich fest verankert. Obwohl ihr heiteres Flair in unserer freudlosen Gesellschaft nicht mehr wegzudenken ist, sind einzelne Programmpunkte immer noch umstritten. Nicht nur in Zeiten knapper Kassen können Kämmerer und Parlamentarier und vielleicht sogar der Bund der Steuerzahler auf den Gedanken kommen, es sei nicht einzusehen, daß Steuergelder für Programme nach dem Motto »Umsonst und draußen«, also zum Nulltarif, ausgestreut werden, ohne daß bare Münze in den schlappen Stadtsäckel zurückflösse. Vor solchen Kürzungswünschen muß gewarnt werden, und es gilt zu beweisen, daß keine andere Form kultureller Offerten mit derart niedrigen Kosten einen ähnlich großen soziokulturellen Nutzeffekt erzielt.

Unter freiem Himmel, auf dem »terrain vague« alternativer Kulturpolitik, gibt es seit 1971 den »Bonner Sommer«, seit 1972 die Frankfurter »Summertime«. Bei den Münchner Olympischen Spielen von 1972 zählte die »Spielstraße« zu den attraktivsten Programmen; in den siebziger Jahren haben fast alle größeren und mittleren Städte in der Bundesrepublik ähnlich sommerliche »Umsonst-und draußen«-Programme organisieren lassen: »In das pulsierende Leben der City und der Stadtteile drängt sich Kultur, bietet sich an auch als etwas Gefälliges, also als Jazz, Pop, Folklore, Songs und Chorgesang, Jux und Jokus. Sie erreicht so noch den, der nur vorübergeht. Auch die Blasmusik wird nicht verachtet, sondern mitten auf den Marktplatz oder vor das Rathaus plaziert, denn auch sie trägt dazu bei, Ambiente zu schaffen, und Ambiente fehlt unseren Städten, das menschliche Flair. Die Erfahrung hat gezeigt, daß auf diese Weise Fluidum entsteht; die meisten Passanten halten inne, das Moment des Unerwarteten, Fremden, zieht sie an, sie verweilen schmunzelnd und, wenn's denn gut war, fragt einer nach dem nächsten Termin.«[194]

Inzwischen hat solche kulturelle Beköstigung ohne falsche Kunstandacht und ohne vorgegebenen Kulturanspruch eine eigene Szene anspruchsvoller, gleichwohl populärer Musik und anderer kultureller Leckerbissen geschaffen, die ausdrücklich nicht kommerziellen Verwertungszwängen unterworfen sind. Dafür sind sie um so »lebendiger«, unmittelbarer als noch so perfekt konservierte Klänge; mit dieser offenen Kommunikation stellen die Künstler auch noch ein soziales Feld her. In ganz unfeierlichen Formen sind sie für jedermann einfach da: Die aus dem Bodensatz der commedia del arte und der Trivialität destillierten volkstümlichen Elemente entsprechen heutigen Publikumserwartungen; längst vergessen geglaubte Elemente der Wanderbühne, »vagabundierenden« Komödiantentums, aber auch ortsansässigen Musikantentums sind wieder erwacht, dazu neue populäre theatralische Formen wie das Zelttheater »Theaterhof Priessental« oder die Frankfurter Zelt-»Arena«. Hier werden keine moralischen Kreuzzüge abgehalten, aber unmerklich die Leidens-

wege des Menschen aufgezeigt – mit den Mitteln der Entfremdung von Kultur zum Sinnlichen hin.
Auch bei der neuen Organisationsstruktur dieser Veranstaltungen war Wandel im Spiel: Während früher das Überraschungsmoment, die Improvisation oder das Zufällige, Spontane bevorzugt wurden, kann man auf einen fixen Programmrahmen heute nicht mehr verzichten. Die Frankfurter »Mittwochpause auf dem Römerberg« läßt schon im Titel erkennen, wo man zu welcher Zeit was erwarten kann. Auch die anderen Veranstaltungen werden an festgelegten Orten (mit vorher bekannten Ausweichmöglichkeiten bei Regen) zu festen Terminen über einen ganzen Zyklus angeboten.
Die Darbietungen lassen sich ohne Vorbereitung genießen – nicht nur, weil sie ohne Eintritt und ohne Schwellenangst zugänglich sind, sondern auch, weil sie allen Interessenten ohne Kennerschaft verständlich sind. Gleichzeitig sind sie mehr als unverbindliche, folgenlose Unterhaltung, die mit Wirklichkeit wenig im Sinn hat und nur für ein paar schöne Augenblicke in eine Traumwelt entführt. Sie lösen auf unkonventionelle Weise ein, was Kunst im umfassenden Sinn bedeutet: Bereicherung für den Menschen. Die Interpreten mischen den Ernst des Lebens und die Probleme der Zeit in ihre Kunst hinein, in eine Kunst, die sich jeder Klassifizierung entzieht und die Themen des Tagwerks so ungeniert aufnimmt, daß die meisten Zuschauer ihren eigenen Alltag wiedererkennen können. Zumal die Zunft der Kabarettisten, Schriftsteller und Brettlkünstler versteht es, Worte in szenisches Material zu verwandeln und die Gedanken zu akzentuieren, die im Theater häufig von der Imaginationskraft der Bilder überwuchert werden.
Zur notwendigen Kontinuierlichkeit der Programme treten im Frankfurter »Summertime« neuerdings thematische Gewichtungen auf. Während früher die verschiedenen Genres gemischt präsentiert wurden, werden jetzt Angebote aus der jeweils gleichen Gattung (Jazz, Kleinkunst, Theatergruppen usw.) in speziell ausgewiesenen Folgen zusammengestellt. Gezielt werden da die Menschen draußen in den weitversprengten Stadtteilen unmittelbar vor ihrer Haustür angesprochen. Seit einiger Zeit gibt es in dreizehn Frankfurter Vororten Sommerveranstaltungen in der Regie von Vereinsringen, die in den großen Reigen des »Summertime«-Programms integriert sind und ebenfalls gefördert werden.
Inzwischen gehören auch diverse »workshops« zum Programm; sie sind allerdings nicht gebührenfrei. Ziel ist, daß die dort Lernenden mit verfeinertem Talent eines schönen Tages selber auftreten. Den Kreis zwischen intensiver Anregung, der Mühe des Erlernens und Lust an der Selbstdarstellung auf »offener Bühne« zu schließen, ist ein noch umstrittenes kulturpolitisches Ziel. Die Gegner meinen sarkastisch, dies sei viel zu schön, um wahr zu sein. Doch auf diese Weise könnte die professionelle Kunst

stimulierend in die Laienarbeit hineinwirken. Wie richtig dieser Gedanke im Ansatz ist, zeigt die Nachfrage: Alle workshops waren ausgebucht und mußten wiederholt werden. Mit Innovationen wie diesen sind große Reserven an kultureller Kreativität zu entdecken.
Die freien Musikbands, Theatergruppen, Tanzensembles, sie wissen subtil und differenziert auf ihr jeweiliges Publikum zu reagieren. Da sie nicht nur von ihrer Arbeit leben, sondern auch von deren Resonanz, müssen sie die Abwesenheit des Publikums als existentiell bedrohlich empfinden, vor allem, wenn sie nicht von öffentlich finanzierten Programmen profitieren. Wegen der garantierten Gage können die Interpreten bei »Summertime« viel unbefangener auftreten und die Reaktionen der Zuhörer viel unmittelbarer testen, da ihr Spiel sich auf die jeweilige Klientel einstimmen läßt, und die Fans im doppelten Wortsinn »mitgehen«. Daß durch diese Gruppen auch die Subventionstheater ermutigt werden können, sich mehr um ihr Publikum zu kümmern, hat sich noch nicht überall herumgesprochen. Hier kann man mit den Künstlern in den Dialog eintreten, Ansprüche an sie artikulieren und Theater ins Gespräch bringen. Wenn die vielen Menschen, die sich bei Umsonst-und-draußen-Angeboten versammeln, nur zu einem Bruchteil in die Stadttheater kämen, könnte das einen günstigen Einfluß auf die gewohnten Rezeptionsformen haben und eine stärkere Aufnahmebereitschaft mit sich bringen.
Die farbige Palette der Kleinkünstler und Liedermacher, der freien Musikgruppen und unabhängigen Theaterteams verdankt ihre Existenz teilweise den Aufträgen für die kommunalen Programme. In dieser Szene hat eine Reihe »mittelständischer Existenzen« und freiberuflich Tätiger nicht nur Selbstverwirklichung, sondern auch Lebensunterhalt gefunden. Etatstreichungen hier würden vielfach höhere Mehrkosten an anderer Stelle verursachen. In kulturpolitischer Sicht ist auch von einem höheren gesellschaftlichen Nutzen solcher Programme zu sprechen. Ich habe mir von Kennern der Szene versichern lassen, daß der süßliche Geruch von Shit und Alkohol wie in kommerziellen Mammutkonzerten bei den »Umsonst-und-draußen«-Veranstaltungen, etwa sonntags bei den »Liedern im Park«, nicht wahrzunehmen sei. Das von kleinbürgerlichen Beschwerdeführern gern geäußerte Vorurteil, nach dem »die Langhaarigen« hauptsächlich des kollektiven Haschens wegen die grüne Wiese belagerten, wird durch die Praxis widerlegt. Reklamationen von Anrainern, die Musik vorsätzlich als störend empfinden, lassen sich in enger Zusammenarbeit mit dem Ordnungsamt und noch besser über persönliche Kontakte mit den Klägern meist zu aller Zufriedenheit erledigen.
Wohl den stärksten Effekt übt der »kommunikative Rahmen« aus: Nirgendwo sonst ist die »Eingemeindung« des gemeinsam Erlebten so leicht und kommt jeder mit seinem Nachbarn so zwanglos ins Gespräch, auch wenn er ihm nie zuvor begegnet ist. Im Vergleich zur gehobenen Atmo-

sphäre eines Opernfoyers zwischen zwei Akten ist die Unterbrechung bei einem Jazz-Konzert im Frankfurter Museumshof geradezu ein fröhliches Familienfest. Die Programme der Szene sind auch familienfreundlich: Der Vater braucht nur Getränke für Frau, Kind und für sich selbst zu zahlen, vielleicht noch Würstchen, Kebab oder auch Paella.
Dieses permanente Sommer-Fest bringt Leben und dichte Atmosphäre nicht nur in die City, sondern auch in die Stadtteile. Zur mittäglichen »Mittwochspause« auf dem Frankfurter Paulsplatz kommen inzwischen auch Leute aus den Anwaltbüros und Zahnarztpraxen der Umgebung und versüßen ihre knappe Mittagspause mit Zuschauen und Hinhören. Mancher Einpendler aus dem Taunus, aus Offenbach oder Hanau bekommt vom Frankfurter Kulturangebot, das er durch seine Arbeit mitfinanziert, kaum anderes mit als solche Programme.
Gewiß, das Fluidum dieser »cultural variety« spricht vorwiegend die »Turnschuh-Generation« an, die häufig auch politisch »alternativ« engagiert ist. Doch Kulturpolitik hat auch die vielen Minderheiten mit Angeboten zu versorgen. Trotz parteipolitischer Neutralität, die wir auch allen von uns geförderten Veranstaltern abverlangen, ist aus solchen Veranstaltungen soziales Engagement keineswegs verbannt, wenn auch jedwede parteipolitische Propaganda und parteiliche Werbung. Diese neuen kulturellen Haltungen gegen Verhaltensmuster der totalen Leistungs- und Konsumgesellschaft sollten sich nicht von denen instrumentalisieren und manipulieren lassen, gegen die sie sich wenden.
Bei *diesem* Publikum sind weder Ausländerhaß noch übermäßige Aggressivität, weder Drogenkonsum noch Kriminalität zu finden. Vielerorts sind allerdings die Bedenken, nicht nur von seiten behördlicher »Grünschützer«, nur schwer zu zerstreuen. So wird jedesmal das Argument ins Feld geführt, Parks seien für Massenveranstaltungen ungeeignet, das Betreten des Rasens müsse wegen flurschädigender Folgen prinzipiell verboten werden. Solche Verbote mit gelegentlichen Erlaubnisvorbehalten gefährden in fast allen Gemeinden die privaten Initiativen.
Die Frage, ob nicht der Belag unserer Straßen unter dem Autoverkehr litte, fände jeder absurd. Aber wie die Straßen, so sind auch die öffentlichen Parks für die Bevölkerung da. Dafür zu sorgen, daß die grüne »Substanz« nicht zerstört wird, ist selbstverständlich – aber genutzt werden kann sie. Die Veranstalter selbst tragen die Verantwortung dafür, daß die Parks sauber bleiben. Falls es mit der Selbsthilfe hapert, weil zu viele Menschen gekommen sind, werden gleich nach dem Finale Plastikbeutel verteilt – da jeder randvolle Müllsack einen kleinen blauen Schein einbringt, finden sie schnellen Absatz.
Mit dem Etat von 220000 DM wurden im Sommer 1984 in Frankfurt 100 Veranstaltungen bestritten. Die folgende Übersicht hält die Entwicklung der Jahre 1978 bis 1984 fest:

»Summertime«-Übersicht 1978 bis 1984

	1978	1979	1980	1981	1982	1983	1984
Gesamtveranstaltungen	62	79	79	73	67	71	100
Etat in Mark/ Tausend	210	210	220	230	198	220	220
Besucher (ca.)/ Tausend	55	90	82	100	70	100	100
Künstler bzw. Gruppen	78	114	98	102	83	97	109
Künstler aus dem Ausland	8	13	24	17	15	27	33
Künstler aus Frankfurt	28	32	29	29	29	31	41
Kosten pro Besucher in Mark	3,82	2,33	2,68	2,30	2,83	2,20	2,20
Kosten pro Veranstaltung in Tausend	3,39	2,66	2,78	3,15	2,96	3,10	2,15
Durch das Amt für Wissenschaft und Kunst (D. Buroch) organisierte Veranstaltungen	2	36	39	35	47	40	49
Im Auftrag/Werkvertrag organisierte Veranstaltungen	60	43	44	41	31	31	51

Die Kosten pro Besucher liegen trotz freien Eintritts unter 3 Mark. Damit gehören die »Summertime«-Veranstaltungen mit Abstand zu den kostengünstigsten Kultur-Aktivitäten, auch für den Steuerzahler. Die Überzeugungskraft dieses plausiblen Arguments hatte bei Etatberatungen Erfolg: Die Haushaltsstelle wurde überproportional erhöht. Öffentlich finanzierte »Summertime«-Programme, sofern sie wie bei Dieter Buroch in Frankfurt mit Gespür und Geschick organisiert werden, sind wie kaum eine andere Veranstaltung dieser Art ein Kommunikationsangebot für alle Schichten und für jedes Alter: Sie können viel besser als manche anderen Kommunikationsmittel die Städte weniger provinziell und zugleich heimatlicher machen; sie haben positive Auswirkungen auf Arbeitsmarkt wie auf Jugendkultur, und sie erreichen mit vergleichsweise geringem finanziellem Aufwand viele kulturell abseitsstehende Menschen.

> »Es geht darum, wie man an der Kunst erzieht und nicht für die Kunst – und nicht nur an der Kunst allein, sondern an allem, was sich ihres Prinzips bewußt oder unbewußt bedient: von der Liturgie eines Parteitages bis hin zur Gestaltung eines Treppenhauses.« *Hartmut von Hentig*

Selbst ästhetisch weniger Vorgebildete bestreiten die Tatsache nicht mehr, daß Kunst eine durch nichts zu ersetzende Leistung menschlicher Artikulation ist – keine noch so brillante Beschreibung kann ein Bild ersetzen, Dichtung kann durch noch so phantasiereiche Regie nicht in das Medium Film übertragen werden. Dieses Wissen sollten wir nicht vergessen, wenn neuerlich versucht wird, die mühsam errungenen Erfolge zunichte zu machen. Den ästhetischen wie den Erkenntnisleistungen der Künste muß mehr Raum gewährt werden: man darf sich nicht darauf beschränken, nur den »Sekundärnutzen« der Künste zu erkennen und anzuerkennen.

Der Kulturpolitiker hat sich das »anregungsreiche und lebendige kulturelle Milieu« zur Aufgabe zu machen, das heißt, die künstliche Schaffung einer natürlichen Umwelt, in der man erleben kann, was sich an Erfahrungen und an Begegnungen, auch im Sinne von Hinwendung, anderswo in dieser Weise nicht realisieren kann.

Wenn man sich die für seine »Ich-Werdung« wichtigen Erlebnisse, Einflüsse und Impulse vergegenwärtigt, wird man erkennen, daß weniger ein systematisches und kontinuierliches Curriculum zur Entfaltung der Persönlichkeit beigetragen hat als vielmehr ein (häufig zufälliges) Konglomerat verschiedenster innerseelischer, familiärer und außerschulischer Vorgänge.

Heute kommen noch die Einflüsse des Fernsehens hinzu – als der nach Elternhaus und Schule dritten Sozialisationsinstanz. Die verschiedenen Wirkungsfaktoren dieses Sozialisation genannten Faktorenbündels sind heute nicht mehr an eine überschaubare Zeit gebunden, da die Trennungslinie zwischen Kindheit und Adoleszenz weitgehend aufgelöst worden ist. Neil Postman[195] stellt eine Reihe von Mutmaßungen darüber an, wie sich die Kommunikationsmedien auf den Prozeß der Sozialisation auswirken. Nach seiner Auffassung bringen die elektronischen Medien die von den Druckmedien hervorgebrachte Kindheit zum Verschwinden. In diesem Zusammenhang sind die von Postman genannten Zahlen aufschlußreich, nach denen in den Vereinigten Staaten allabendlich drei Millionen Kinder (zwischen zwei und elf Jahren) nach 23 Uhr vor dem Fernseher hocken. Mit anderen Worten, das Fernsehen braucht in seiner Programmdisposition nicht mehr zwischen Kindern und Erwachsenen

zu unterscheiden. Nach Postman verwischt sich die Demarkationslinie zwischen Kindheit und Erwachsenenalter aus drei Gründen:
1. Das Fernsehen bedarf keiner Unterweisung; 2. es stellt weder an das Denken noch an das Verhalten komplexe Anforderungen; 3. es teilt sein Publikum nicht auf. Daraus folgert er, daß das Fernsehen, unterstützt von anderen elektronischen Medien, Kommunikationsverhältnisse produziert, wie sie im Mittelalter bestanden haben. »Die neue, im Entstehen begriffene Medienwelt beliefert jeden gleichzeitig mit derselben Information.« Unter den von Postman beschriebenen Bedingungen können die elektronischen Medien keine Geheimnisse bewahren. »Ohne Geheimnisse aber kann es so etwas wie Kindheit nicht geben.«[196]

Kann sich heute jemand so genau an seine Kindheit erinnern, um davon sagen zu können, die Summe der Erlebnisse habe seine späteren Interessen, seine Vorlieben und Abneigungen bestimmt? Wenn jemand als Kind etwas liebte wie bestimmte Kinderbücher, Kinderlieder, »Gemütszustands-Spiele« (worunter Novalis die Kunst verstand), Feste usw., hat dies oder haben besondere kulturelle Primärerlebnisse vor der Bühne, auf der Leinwand, im Zirkus, im Zoo »kultivierenden« Einfluß auf ihn ausgeübt? Wodurch wurde ihm die Welt der Malerei erschlossen, der Rätselcharakter der Kunst? Solche Erfahrungen sind es, die uns (sicher oft erst nach längerer innerer Vorbereitung) die Tore zu neuen Welten aufstoßen. Auch noch nicht bewußtes Wissen kann durch traumatische Erlebnisse geweckt werden; die private Mythenbildung verdankt sich Kindheitsängsten, Träumen und Alpträumen.

In den meisten Fällen spielen persönliche Bindungen die entscheidende Rolle, Bindungen zu Gleichaltrigen, Älteren, Künstlern, Vorbildern. Selbst wenn jemand in einem Elternhaus aufwächst, für das der Umgang mit Künsten aller Art selbstverständlich ist, wird Kunst nicht automatisch zum Erlebnis. Als Erwachsener stimmt mancher vielleicht mit Marshall McLuhans Beobachtung überein, daß gesellschaftliche Kunstprodukte, wenn sie verlorengegangen sind, sich in Gegenstände der Nostalgie und des nachdenklichen Erinnerns verwandeln.

Als lebendiges anregungsreiches Milieu haben in der Weimarer Republik viele die Jugendbewegung empfunden. Sie kann als Miniaturmodell des erforderlichen altersübergreifenden öffentlichen Kulturmilieus gelten: Sie bot eine Fülle von Anregungen durch Bezugspersonen, durch vitale Begegnungen, durch Literatur, gemeinsame künstlerische Erfahrungen usw. In der heutigen Kommune gehen ungezählte Impulsmöglichkeiten verloren, weil Impulsgeber und -empfänger nicht miteinander korrespondieren. Frustrierte Jugendliche und frustrierte Künstler leben nebeneinander her. Dabei bietet die Anonymität der Großstadt mit ihrer Gleichzeitigkeit auch von Ungleichzeitigem günstige Voraussetzungen für alle erdenklichen Begegnungen. Ja, der emotionale Reiz, die Qualität urbanen

Lebens entsteht erst durch eben diese Vielfalt. Eines der zentralen Themen des »Ulysses«, des »dreifach vermaledeiten Romans«, wie Joyce selbst sein berühmtes Werk genannt hat, und der Vorläufer-Geschichten »The Dubliners« ist die Stadt, die Großstadt oder, wie Joyce in den »Dublinern« sagt, die »Paralyse ... die viele für eine Stadt halten«.
Immer wieder wird danach gefragt, was denn das Besondere der Stadt ausmache, wodurch Großstadt sich definiere, wie Urbanität sich konstituieren lasse. Gewiß stellen nicht einfach die städtebaulichen Repräsentationsflächen und letzten Freiheitsräume die Urbanität her. Vergegenwärtigen wir uns die Art und Weise, wie Leopold Bloom und die anderen Gestalten des »Ulysses« sich in ihrem Dublin bewegen, im Vorüberschlendern sich begegnen, ohne sich wirklich wahrzunehmen, so wird uns die Bedeutung der Stadt als potentieller Begegnungsraum, als die Simultaneität des Verschiedenartigen deutlich. Die daraus resultierende Spannung, das komplizierte Gefüge des Möglichen, aber selten Realisierten ist vielleicht auch ein wichtiges Indiz für Urbanität. Nicht ohne Grund hat Frankfurts Goethepreisträger Arno Schmidt den Ulysses als »Handbuch für Städtebewohner« empfohlen. Es ist diese Spannung des Möglichen, die das großstädtische »anregungsreiche kulturelle Milieu« konstituieren kann; es darf aber nicht nur für die Eingeweihten vorhanden sein, sondern muß bis in die Hochhaussiedlungen und Schrebergartenquartiere der Vorstadt ausstrahlen. Das geschieht aber nicht oder nur selten von selbst – sonst wäre Kulturpolitik entbehrlich.
Kulturelles Klima entwickelt sich aber nicht nur in der Stadt. Ländliche Kulturarbeit hat die Leute eines besseren belehrt, die Provinz mit provinziell gleichzusetzen gewohnt waren. Provinz ist im Vergleich zur Stadt kein Ort mit geringeren Möglichkeiten; sie verfügt über eigene, über ganz andere Qualitäten, auf die der Städter eher neidisch sein müßte.
Wie ein kulturelles Milieu in der Provinz entstehen kann, haben die Projekte der »Spurensicherung« in einigen hessischen Dörfern und Kleinstädten gezeigt – zuletzt das Dorffestspiel in Mellnau im Kreis Marburg-Biedenkopf, wo unter der Leitung des Schauspielers Willy Praml aus Dietzenbach eine geglückte Synthese aus Regie, Maskenbildnerei, Recherche, sozialpädagogischer Motivation etwas Besonderes entstehen ließ. Ähnlich wie in Montepulciano war nahezu die gesamte Einwohnerschaft in das Dorfspiel einbezogen. Hunderte von Zuschauern drängten sich zu jeder Vorstellung.[197]
Solche Aktionen können die erstarrte Routine der dörflichen Laienkulturarbeit aufbrechen. Gesangverein, Blasmusik, Trachtenverein waren in Mellnau in das Spiel einbezogen und so vor ungewöhnliche und ungewohnte Aufgaben gestellt und konnten, von den professionellen Künstlern unterstützt, mit dieser kulturellen Selbsterfahrung ihre eigenen Möglichkeiten erkennen und erweitern. Ob die Arbeit eines schönen

Sommers Folgen zeitigen wird, hängt freilich von vielerlei Faktoren ab. Immerhin zeigt das Beispiel, daß überall kulturelles Milieu hergestellt werden kann.

Eine bisher vernachlässigte Aufgabe der Kulturpolitik, auch in der Großstadt, besteht in der Verbesserung der materiellen kulturellen Infrastruktur, aber auch der personellen Kapazitäten. Sogar in Städten wie München, Berlin oder Paris mit ausgeprägter kultureller Atmosphäre zählt nicht nur die Existenz der Museen, Theater, Kirchen oder profanen historischen Bauten, sondern auch das bloße Wissen um die Anwesenheit interessanter Künstlerpersönlichkeiten oder von Personen mit musischer Prägung oder intellektuellen Interessen. Nicht ohne Grund zieht zum Beispiel Berlin mit Stipendien und materiellen Anreizen seit langem interessante Künstler und Professoren in ihre Mauern. Eine Stadt wie Frankfurt mit ihrer unvergleichlichen Museumslandschaft entwickelt sich zu einer lebendigen Szene der Begegnung von lebendiger Kunst und künstlerischem Erbe.

Das alles ist mehr als eine Pädagogisierung der Kultur. Gewiß bleibt die didaktische Erschließung unentdeckter kultureller Reichtümer eine wichtige Komponente, und sicher kann der Museumspädagoge wichtige Hilfen bei der Vermittlung einer Kultur für alle leisten. Aber offene Möglichkeiten der Begegnung sind nur durch Künstler und durch die sinnliche Präsenz der Künste zu schaffen. Kulturelle Kommunikation entsteht nicht schon dann, wenn Kunst sich ereignet und dieses Ereignis Zuschauer findet – sie setzt kompetente Personen voraus. Kultur läßt sich zum Glück nicht rationalisieren; sie ist und bleibt personalintensiv.

Das Konzept einer dialogischen Kultur und diskursiver Künste hat notwendig eine soziokulturelle Komponente. Mangels besserer Anregungen ist etwa ein arbeitsloser Jugendlicher aus dem Sozialwohnungsquartier eher dem Alkoholkonsum, der Brutalitätswelle oder der rechtsradikalen Szene ausgeliefert als die nichtarbeitslosen Altersgenossen aus der besseren Wohngegend. Natürlich gilt dies Scenario nicht nur für Jugendliche. Für Erwachsene im Arbeitsleben ebenso wie für Menschen im Rentenalter spielen kulturelle Anregungen eine wichtige Rolle.

In diesem Zusammenhang möchte ich noch einmal auf den Erlebnisdiskurs zurückkommen. Erlebnisfähigkeit spielt z. B. bei Opernbesuchen keine unwesentliche Rolle. Was ist es, das einen Menschen bewegt, an ein Kunsterlebnis, einen Urlaubseindruck oder ein Alltagsabenteuer beharrlich zurückzudenken? Es dürfte sich wohl um ein Erlebnis handeln, das aus den allgemeinen Erinnerungen herausragt, das für die Entwicklung dieses Menschen entscheidend war. Es gibt Kunsterlebnisse, die vor allem wegen ihres hedonistischen Wertes wichtig sind, dann aber auch Erlebnisse, die neue Einsichten, tiefere Durchblicke vermittelt haben: Sie wekken Neugier auf neue Erlebnisse, sie animieren dazu, sich mit Hilfe der

ästhetisch entwickelten Sinne etwas anzueignen, was das Leben reicher machen könnte. Es sind diese Mikro-Erlebnisse, die jene weiterreichenden »Impulse« vermitteln, von denen im Zusammenhang mit dem »kulturellen Milieu« die Rede war. Viele Mikro-Erlebnisse erschließen das Makro-Erlebnis neuer Welten, doch dazu brauchen wir neue Sinnorientierungen. Es geht bei diesen Erlebnissen also um die Erschließung neuer Möglichkeiten über den bisherigen Lebensstil hinaus, allerdings unter Einbeziehung des traditionell Bewährten.
Nach Stalins Diktum sind Schriftsteller und Künstler als Ingenieure der Seele zu betrachten und entsprechend in die Gesellschaft einzuplanen. Dietrich Mühlberg[198] hat darauf hingewiesen, daß dieser Plan aus der Zeit heraus zu sehen ist, als im damaligen Rußland die kapitalistischen Errungenschaften des Taylorismus und der Arbeitswissenschaft rezipiert wurden und als die wissenschaftliche Manipulierbarkeit des Menschen für den Arbeits- und Lebensprozeß allgemein erörtert wurde. So konnte es leicht geschehen, daß die Seeleningenieure sich als Künstler und umgekehrt verstanden. Doch Ingenieure sind auf Beherrschung anorganischer Materie erpicht und wissen genau, auf welche Dinge ihre Fähigkeiten zu konzentrieren sind. Künstler können ihre Fixpunkte nicht so präzise angeben, sonst wären sie nicht sensibler Teil des Lebensprozesses. Für Künstler benutze ich lieber den Topos des Seismographen; er ist kein Arzt oder Ingenieur, auch wenn er Distanz sucht und scharfe Instrumente verwendet.

Privatisierung der Kultur als Ausweg? – Oder: Wie werde ich Mäzen?

> »Pietätlos ist nur eben die Zeit, die das Alte verläßt und das Neue heranbringt. Gewiß, sie bringt das Kleinere nach dem Großen. Aber es ist das ihr und ihren Kindern Gemäße, das Lebendige und Gegenwärtige, das uns angeht und mit einer Unmittelbarkeit, deren die Pietät denn doch ermangelt, zu den Herzen, den Nerven derer spricht, denen es zugehört, und die dazu gehören, die es gleichsam mit hervorgebracht haben.« *Thomas Mann*

Krisen der Kulturfinanzierung führen zwangsläufig zur Überprüfung der Subventionen. Verschiedene Auswege werden in Betracht gezogen. Solche Neuorientierungen können die Richtung leicht um 180 Grad ändern, zum Beispiel wenn der Staat seine Aufgaben an private Interessenten delegiert, wenn also die Interessenlage sich gegenüber dem kulturpolitischen Ausgangspunkt verändert hat. Man nennt das auch »Wende«. Mit der Diskussion um private Kunstförderung taten sich diverse »Nebenkriegsschauplätze« der Kulturpolitik auf. Mangels besserer Alternativen mag es auch Verzweiflung sein, die im Mäzenatentum ein Heilmittel erblickt; vielleicht ist auch die Wiederentdeckung des »subjektiven Faktors« und der »Rolle der Persönlichkeit« in der Kunstentwicklung der Grund, warum in der Krise so oft das Hohelied privaten Mäzenatentums angestimmt wird.

Nach privater Kunstförderung zu rufen, ist inzwischen zur Mode geworden. Kulturdezernenten möchten mit ihrer neuen Begehrlichkeit auf private Schecks ihren Tribut an Stadtkämmerer oder an die sozialpolitische Lobby zollen. Da ich nie geneigt war, jeder Mode hinterherzulaufen, nur weil sie publizistisch oder politisch gerade »in« war, möchte ich jenem Chor der Rufer nach Mäzenen meine Stimme verweigern. Gleichwohl meine ich, daß das Mäzenatentum als Förderin der Künste wichtig ist; seine Funktion als Korrektiv und Ergänzung zur offiziellen Kulturpolitik gilt es neu zu bestimmen.

Um Mißverständnissen vorzubeugen: Kulturpolitiker können guten Gewissens nicht die Privatisierung öffentlicher Kulturaufgaben befürworten – Privatisierung weder in direkter Form, bei der Kultur als eine Art Renditeunternehmen betrieben wird, noch in indirekter, solange Realisierung, Inhalte und Formen von privater oder unternehmerischer Großzügigkeit abhängen. Mir ist folgender Weg lieber: Bürger und Unternehmer zahlen Steuern, und damit wird demokratische Kulturpolitik für alle ermöglicht. Spenden von Banken und Betrieben sind als vom Mehrwert erwirtschaftete vorenthaltene Steuermittel zu werten, die ohne Einfluß der Öffentlichkeit für zweckbestimmte Kunstprogramme ausgegeben werden. Mit ihnen könnte ein besonderer Einfluß auf den Kulturbetrieb insgesamt ausgeübt werden.

Es ist allerdings nicht zu bestreiten, daß es um die öffentlich-demokratische Kulturpolitik nicht überall zum Besten steht. So wenig öffentliche Kulturpolitik gewährleisten kann, daß die Künste sich in Freiheit entfalten können, so wenig ist privat geförderte Kunst automatisch bloße Image-Politur, wenn auch jeder weiß, daß kein Sponsor dem Künstler wegen seiner schönen Augen Geld gibt. Aber wie künstlerisches Erbe mit dem Untergang der sie tragenden Gesellschaft seinen Wert nicht verliert, so verliert auch gesponserte Kunst, sofern sie Kunst ist, nicht gleich ihren besonderen Charakter.

Die Bedeutung des privaten Sammlers und Mäzens ist in der bildenden Kunst eher unumstritten: Wie Bücher von Lesern, Film und Bühnenkunst von Besuchern, so ist bildende Kunst von Betrachtern abhängig, nur daß die Nutzung im Fall der privaten Sammler anders aussieht als bei der zum Allgemeinbesitz vergesellschafteten Kunst im öffentlichen Raum, die von Kunstkritik und Museumsbetrieb viel zu wenig beachtet wird, weil sie nicht beweglich und deshalb nicht sammelfähig ist. »Fest gemauert in der Erden« auf Plätzen und in Parks oder als »Kunst am Bau« wird Kunst zur Immobilie. Die privatisierbaren Grafiken, Tafelbilder, Plastiken dagegen kann der Sammler und Liebhaber auch käuflich erwerben.

Wer aber ein Loblied auf private Sammler anstimmt, darf sich der Frage nicht verschließen, wodurch jemand in die Lage kommt, als Sponsor, Mäzen oder Stifter Kunst zu erwerben und Künstler anzuregen. Außerdem: Mehr als bei staatlichen oder städtischen Museumsankäufen ist die Auswahl des privaten Sammlers immer auch von seiner subjektiven Vorliebe geprägt, von seinen Maßstäben, Interessen, Sehgewohnheiten und persönlichen Beziehungen. Alle diese Faktoren lassen sich nicht trennen von den sozialen Bedingungen des Käufers, von seinem Platz in der Gesellschaft. Wer würde bestreiten wollen, daß eine Industriegewerkschaft, träte sie als Mäzen hervor, anders auswählt als ein Industrieverband, eine Bank oder ein Sammler wie der schweizerische Waffenproduzent Bührle. Die jeweilige Wahl beruht nicht nur auf »Geschmack«, sondern auch auf der Wahrnehmung von Interessen, und seien sie noch so unbewußt verschlüsselt.

Nicht jeder Kunstkenner und Kunstliebhaber kann als Mäzen auftreten. Erst Reichtum oder entsprechendes Gehalt verschaffen entsprechende Privilegien. Dem Mäzenatentum dient vielleicht besser, wer es infrage stellt und seinen Absichten mißtraut, als wer es unterschiedslos hochjubelt. Nur mit genauerer Kenntnis der Mäzene und ihrer Motive lassen sich Zweifel zerstreuen. Um solche Zweifel zu mildern, sind bereits Modelle diskutiert worden, nach denen z. B. Betriebsleitung und Arbeitnehmervertretung (Betriebsrat) mit Hilfe künstlerischen Sachverstands gemeinsam Kunstförderung betreiben.

Wenn der Bankier Hermann Josef Abs in Salzburg erklärt, daß Mäzenatentum »Anteil an der Geschichtsbildung« bedeute, so wäre es doch unklug, gerade in diesem Bereich Exklusivität zu praktizieren und damit eine Quelle von Mißtrauen zu schaffen. Wie Geschichte lehrt, nicht nur die Kunstgeschichte, entsteht und wirkt Kunst nicht unabhängig vom Leben; wer sie fördert, dessen Leben geht unweigerlich in die Kunst ein. Goethe gibt uns mit seinem »Tasso« dafür ein literarisches Beispiel. Zwar ist es falsche Bescheidenheit, wenn Tasso, an Herzog Alfons von Ferrara gewandt, deklamiert:

»Betrachtet ich den Fleiß, den ich verwendet
Sah ich die Züge meiner Feder an,
So konnt ich sagen: dieses Werk ist mein.
Doch sehe ich näher an, was dieser Dichtung
Den inneren Wert und ihre Würde gibt,
Erkenn ich wohl, ich hab es nur von euch.«

Der bewußte oder unbewußte Einfluß des Förderers ist auch wegen der materiellen Abhängigkeit nicht auszuschließen. »Kunstwerke bloß für die Künstler« (Novalis), die also weder aufgeführt noch ausgestellt werden, sind nicht nur ein Selbstwiderspruch, sie machen den Honorarempfänger auch zum »Sozialfall«.
Gewiß, heute hält sich der Mäzen gewöhnlich seine Vorurteilslosigkeit auch gegenüber Inhalten der Kunst und ihrer Umsetzung in ästhetische Gestalt zugute und gibt sogar zu Protokoll, sich ausdrücklich nur am Kunstwert zu orientieren. Aber das gilt natürlich keineswegs in allen Fällen: Arend Oetker reklamiert für den Kulturkreis des Bundesverbandes der deutschen Industrie (BDI) zwar die Verpflichtung zur Kunstförderung, meint dann aber zur Konsequenz, die sich daraus ergibt: »Zu dieser Verpflichtung gehört auch die Förderung zeitgenössischer Künstler, die auf dem beiden gemeinsamen Fundament der sozialen Marktwirtschaft und einer freiheitlich demokratischen Staatsordnung stehen.«[199]
Ob Mäzene immer den Pluralismus im Sinn haben, steht dahin. Pluralität würde z. B. auch bedeuten, daß BMW in seinem Museum am Münchener Olympiapark nicht nur das »Auto ohne Ängste« vorstellt, sondern es auch in den Zusammenhang der Angst vor einer Welt stellt, in der die Millionen Kraftfahrzeuge allein in der Bundesrepublik Unmengen an Emissionen über unsere Wiesen und Wälder treiben.
Ein zum Nachdenken anregendes Beispiel verdanken wir dem Künstler Hans Haacke. Als Berliner Vertreter einer Meta-Conceptual-Art hat er innerhalb einer Serie von Tableaus »goldene Worte« amerikanischer Wirtschaftsmanager über die Motive zur Kunstförderung in Aluminium gegossen und in einem auratischen Rahmen ausgestellt. Das Werk heißt ironisch: »On Social Grease« (»Über soziales Schmiermittel«). Da wird der Ausspruch von Robert Kingsley, dem Direktor der EXXON-Corporation, der Nachwelt überliefert: »EXXON'S support of the arts serves the arts as a social lubricant. And if business is to continue in big cities, it needs a more lubricated environment.« Als der EXXON-Manager 1975 mit diesem Spruch konfrontiert wird – was tut er? Er läßt sich damit für Zeitschriften ablichten und versucht so noch die Kritik für seine Public Relations zu vereinnahmen.[200] Die Medien sanktionieren die Methode. So etwas ist in seinem totalen Widersinn schon wieder tröstlich: Die Kunst entzieht sich der Subsumierung unter fremde Interessen und Absichten, die sie denunziert. Der Kritisierte stellt sich vor diese Kunst, hebt ihren Denkanstoß zwar nicht auf, benutzt ihn vielmehr zu seinem eigenen Ruhm.
Auch der Aachener Schokoladenfabrikant und Kunstsammler Peter Ludwig hat DDR-Kunst wohl nicht gekauft, weil er den Sozialismus fördern oder in den Honecker-Staat Pralinen exportieren will. Erst das Echo auf die von ihm erworbenen und so bei uns bekanntgewordenen Werke von Tübke, Sitte, Mattheuer usw. hat auf die Qualität der Arbeiten aufmerk-

sam gemacht. Die Bilder haben,nebenbei, zur Reputation des Sammlers Ludwig nicht wenig beigetragen.
Für die öffentliche Kulturpolitik bringt die mäzenatische Kunstförderung eine Reihe gravierender Probleme mit sich. Gesponserte Kultur begünstigt besonders in Sparzeiten die »sozialökologische Fragmentierung« des Kulturprozesses und verstärkt die Orientierung an kulturellen Bedürfnissen der »Leistungsträger« aus Industrie und Wirtschaft. Selbst wenn sie dies nicht vorsätzlich tut, etwa bei Aktivitäten mit karikativem Zweck, tritt sie mit der öffentlichen Kulturpolitik in Konkurrenz. Denn Kulturpolitik kann wegen ihrer tendenziell eher allgemeinen Aufgabenstellung qualitativ nicht mithalten. Ein international gesponsertes Musikfestival ist allemal attraktiver als ein abwechslungsreiches Angebot für alle Schichten etwa in der Alten Oper Frankfurt. Das exklusive Ereignis erntet allen publizistischen Ruhm; die alltägliche Mühe wird bekrittelt, falls sie überhaupt publizistisch notiert wird.
Ein weiteres Problem: Das einzelne Objekt rückt wieder stärker in den Blickpunkt. Kultur sollte sich nicht auf die Produktion von Kunst nur zum Zweck der dauerhaften kulturellen Objektivation beschränken, weil sie so den gesellschaftlichen »Kommunikationsprozeß Kultur« vernachlässigen müßte. Dazu gehört das Experiment ebenso wie die Kärrnerarbeit der Vermittlung, die Förderung von Personen und Aktionen ebenso wie die zur kulturellen Teilnahme auffordernden Aktivitäten.
Die bisher umfassendste Ausstellung russischer und sowjetischer Kunst 1984/1985 in Düsseldorf kam nicht etwa durch das Auswärtige Amt zustande, vielmehr wurden auf Drängen der Deutschen Bank im Russischen Museum von Leningrad und in der Tretjakov-Galerie in Moskau Preziosen für die Ausstellung am Rhein ausgewählt. Die Kooperation zwischen der Sowjetwirtschaft und einem deutschen Kreditinstitut beschränkte sich also nicht auf das Kreditgeschäft beim Röhrenhandel. Den Kunstkredit des Frankfurter Bankhauses veranschlagen die sowjetischen Kunstkommissare wahrscheinlich höher als den ministerialbürokratischen Kredit. Auswärtige Kulturpolitik mag bei den neuen Mäzenen tatsächlich besser aufgehoben sein als im Wirrwarr Bonner Kulturkompetenzen und Inkompetenzen im Sachressort Kunst. Wenn das Beispiel Schule machte, hätte das völlig neue Maßstäbe und Wettbewerbsbedingungen zur Folge. Durch die Melange aus Polit- und Profit-Interessen aber wird Kunst des Sekundär-Nutzens wegen interessant und damit ihrer eigentlichen Zwecke beraubt.
Eine ganz andere Dimension entwickelt die Sammlung Ludwig wegen ihrer absoluten Größe. Ludwig, der einen »mittleren Weg zwischen purem Privatbesitz und bedingungsloser Hergabe der Kunstschätze«[201] suchte und fand, diente der Stadt Köln, dem Land Nordrhein-Westfalen und der Bundesregierung eine Stiftung an, die seinen öffentlichen Part-

nern riesige Folgelasten aufbürden würde. Da begannen viele zu ahnen, daß mit der schönen Stiftung ein Danaergeschenk in die Stadt kam. Die Kommunen können sich nicht beklagen, daß der Staat ihnen mit dem Köder Bundesmittel alle Folgeleistungen aufzwingt und sie so in ihrer Selbstverwaltung einschränkt, wenn sie sich von privater Hand ebenfalls teure Erblasten aufbürden lassen und noch Vorbehalte und Vorschriften in Kauf nehmen. Um hier keinen Zweifel aufkommen zu lassen: Alle Vorbehalte mindern nicht die grundsätzliche Bedeutung und einmalige Substanz der »Sammlung Ludwig«. Sie ist eine imponierende Leistung, die vor der Kulturgeschichte Bestand hat, die in der Bundesrepublik ihresgleichen sucht und nur von der Stiftung »Preußischer Kulturbesitz« in West-Berlin übertroffen wird. Ludwig wurde tatsächlich zum »Rivalen der Kulturpolitiker und Museumsleute«.[202] Aber wie die Leistung von Karl Kraus undenkbar wäre ohne die Katastrophe der deutschen Sprache (so jedenfalls Adorno), so ist die Sammlung Ludwig nicht denkbar ohne die Katastrophe öffentlicher Erwerbungspolitik. In der Gestalt Ludwigs sind Möglichkeiten und Grenzen heutigen Mäzenatentums konzentriert: Ein Unternehmer mit keineswegs gewaltig zu nennenden Umsätzen baute mit sicherem Gespür, mit System und Konzentration innerhalb weniger Jahrzehnte eine Kunstgroßmacht auf und gab ihr monopolistische Züge (damit ist der kritische Aspekt benannt).
Kunstentwicklung und Künstlerförderung erfordern aber nicht nur wenige Ludwigs oder Buchheims, sondern viele kunstsinnige Stifter und kulturfreudige Förderer. Da Kultur nicht nur Summe des Einzigartigen ist, dürfen Rang und Format eines Mäzen nicht allein an dem Ungewöhnlichen seiner Stiftung gemessen werden. Der Mäzen sollte auch daran gemessen werden, was er für den Nachwuchs unter den Künstlern, Literaten, Komponisten »investiert« hat, was er getan hat an Förderung auch für Kunst im öffentlichen Raum, für freie Theater- und Musikgruppen, für alternative oder neue Formen der Stadtteilkultur.
Eine Magna Charta mäzenatischer Mittel und Wege, die kulturpolitische Pflichten nicht aufhebt, sondern ergänzt, ist lange überfällig. So könnte die Kunstförderung nicht nur größere Summen verwalten, sondern auch differenzierter wirken und ein kohärentes Ganzes aufbauen.
Mäzene können für Künstler in schwieriger Lage von besonderer Bedeutung sein. So schrieb Thomas Mann 1941, als er in Pacific-Palisades (Kalifornien) sein Haus baute, an seine Gönnerin Agnes E. Meyer, der Hausbau sei »ein etwas kecker, eigensinniger Streich in meinem Alter, unter den heutigen Umständen und bei meinen gegenwärtigen Verhältnissen; aber er ist in meinen Gewohnheiten, Bedürfnissen, Ansprüchen, dem natürlichen Stil meines Lebens entschieden begründet, und – wenn ich das bekennen darf – ich habe mich manchmal gefragt, weshalb eine zu Huldigungen, die nichts kosten, so bereite Welt (ich denke an die 7 Dok-

tor-Capes, die man mir hierzulande umgehängt hat) sich um solche Äußerlichkeiten, die doch mit dem Produktiven in nahem Zusammenhang stehen, so gar nicht kümmert und sich in dieser Beziehung so gar nichts einfallen läßt. Gegenteiliges kommt doch schließlich vor. Meinem Freunde Hermann Hesse, dem Dichter, hat ein reicher Schweizer Mäzen, aus der Familie Bodmer, in Montagnola im Tessin ein schönes Haus gebaut, wo ich ihn oft besucht habe. Der Gute wollte es nicht einmal zum Besitz haben, um den damit verbundenen Verpflichtungen zu entgehen; das Haus bleibt dem Erbauer, und Hesse wohnt nur eben mit seiner Frau für Lebenszeit darin. – Warum ist in diesem Lande nie eine Stadt, eine Universität auf den Gedanken gekommen, mir etwas ähnliches anzutragen, sei es auch nur aus ›Ehrgeiz‹ und um sagen zu können: ›We have him, he is ours‹?«[203]

In ihren Untersuchungen über die Künstlerförderung in der Bundesrepublik kommen Andreas J. Wiesand und Karla Fohrbeck zu dem Ergebnis, daß 1978 insgesamt 6000 öffentliche und private Preise aller Art an fast 10000 verschiedene Preisträger und Förderungsempfänger vergeben worden sind. Die Gesamtsumme aller Preise und individuellen Förderungsmaßnahmen, von der bildenden Kunst über Musik bis zum Film (öffentlich und privat) belief sich auf knapp 30 Millionen Mark. Wem dies als exorbitante Summe erscheint, sollte bedenken, daß sie nur ein Promille des Gesamtumsatzes allein im Kunst- und Medienmarkt von 30 Milliarden Mark ausmacht.[204] Statistisch gesehen kommt ein bildender Künstler höchstens ein einziges Mal in seinem Arbeitsleben in den Genuß eines Preises, der so hoch dotiert ist, daß er einige Monate sorgenfrei arbeiten kann. In Wirklichkeit stapeln sich diese Preise bei einigen wenigen Auserwählten.

Die nur teilweise privaten Preise und Stipendien sind lediglich ein Element der Kunstförderung, wenn auch ein psychologisch nicht zu unterschätzendes. In anderen Bereichen ist ein ähnlich großer Bedarf erkennbar: Bei teuren Ankäufen werden die Direktoren aller Museen als Bittsteller bei privaten Mäzenen vorstellig – sogar in Frankfurt, wo die Stadt »nur« eine Million Mark Sondermittel für den Eilankauf des Watteau-Bildes »Ile de Cythère« (1709) für das Städel aufbringen konnte; von den restlichen zwei Millionen spendeten in einem Akt kollektiven Mäzenatentums Frankfurter Bürger innerhalb von vier Wochen eineinhalb Millionen, den Rest steuerte Holger Börners Landesregierung bei.

Obwohl es in der jüngeren Geschichte nie längere Phasen völliger Enthaltsamkeit unter privaten Kunstförderern gab, wächst verständlicherweise bei Künstlern und Kulturpolitikern in Zeiten künstlicher Verknappung der öffentlichen Gelder in Bereichen der sogenannten »freiwilligen« Leistungen das Interesse an zusätzlichen Geldquellen und damit an möglichen privaten Spenden. Das Interesse an Kunst wächst auch auf seiten der potentiellen Geldgeber. Zur Legitimation dieses Interesses verweisen die einen darauf, daß es nicht nur um knappes Geld geht, sondern letztlich »um ein entspannteres, selbstverständlicheres, auch verständnisvolleres Verhältnis von Wirtschaft und Kunst«.[205]

Der Erwerbstrieb scheint bei den Menschen doch nicht so dominant zu sein, wie uns die Theoretiker der Leistungsgesellschaft immer wieder weismachen wollen – der Mensch ist wohl prinzipiell nicht nur ein »habgieriges Mängelwesen«. Hätte das Bürgertum nicht außerökonomische Motive zur Richtschnur von Denken und Handeln gemacht, hätte es die bürgerliche Gesellschaft nie schaffen können. Wir würden uns jener geistigen Reserven berauben, die wir zur Meisterung der Zukunft brauchen, hielten wir uns nur an die marktwirtschaftlichen Gesetze. Die »Attraktivität eines *absolut gesetzten* Marktprinzips«, die Peter Glotz[206] zu zerstören empfiehlt, ist von der Geschichte längst relativiert worden, nur haben viele dies noch nicht begriffen.

Das Interesse am Mäzenatentum speist sich aus vielerlei Quellen. Sein System ist aber nicht widerspruchsfrei, wie könnte es in einer so widerspruchsvollen Gesellschaft auch anders sein. Um Mißverständnissen vorzubeugen, sollten wir Mäzenatentum nicht als Weg zur Humanisierung von Marktwirtschaft überschätzen. Kultur allein kann die Wunden nicht heilen, die der Gesellschaft durch Wachstumsexzesse zugefügt werden. Mäzenatentum sollte andererseits nicht diskreditiert werden als Mittel, die Marktfähigkeit der Kunst herzustellen und den Kunstbetrieb marktgerecht zu gestalten. Kunstökonomie und Kunstmarktforschung sind zwar interessante Felder, doch die humanen Funktionen der Künste lassen sich nicht in Heller und Pfennig ausrechnen.

Niemand kann wünschen, alle Elemente von Markt und Nachfrage aus dem Kunstprozeß zu beseitigen. Aber genauso wenig darf Kunst dem Diktat des Marktes ausgeliefert werden. Die Stärke unseres künstlerischen Lebens liegt nicht in den Spitzenerzeugnissen, sondern in der Breite und Vielgestalt der Kunstszene. Die Frage, ob die Künste auf dem Markt eine Rolle spielen, ist nicht entscheidend, sondern wie sie dies tun; dieses Wie ist zu klären.

Kunst als Konsumartikel für einen modernen Markt tendiert dazu, in Modeware umzuschlagen, die raschem Verschleiß unterworfen ist. Diese Entwicklung verhindert Qualität. Nicht gänzlich ohne Einfluß dürfte sein, *wer* als Marktpartner der Kunst auftritt. Jenes Marktmodell, nach dem viele Käufer bei niedrigen Preisen soviel Erträge bringen wie wenige Käufer bei hohen Preisen, hilft nicht weiter. Aufschlußreicher ist die Frage, ob die vielen Käufer jenem Publikum angehören, das den neuesten Moden hinterherrennt und das die Verkaufs- und Versandhandel-Galerien anlocken. Wichtig scheint mir zu sein, daß eine Institution wie das Berliner Künstlerhaus Bethanien eine Kunstausstellung mit Grafik zusammenstellt, die anschließend durch mehrere Kulturzentren der Bun-

desrepublik geht, oder daß die IG Metall Grafikauflagen mit Blättern der Künstlerin Renate Sautermeister anbietet, die zur Solidarität mit den hier lebenden Türken, Jugoslawen, Italienern motivieren möchten.
Traditioneller Kunstmarkt und Kunstbetrieb, beide sind notwendig und sollten durch Steuererleichterungen noch begünstigt werden. Aber nicht minder wichtig ist es, den neuen künstlerischen und soziokulturellen Strömungen ein zahlendes aktives Publikum zuzuführen. Kunst im Stadtteil, Kultur in der Region, Ausstellungen in Bürgerhäusern, Stadtteilbibliotheken, Stadtteilgalerien, in Kirchen (wie in St. Markus in Frankfurt-Nied), Fabrikhallen usw. – all dies kann nur leben, wenn wenigstens ein Teil vom Publikum bezahlt wird. Lieber viele kleine Künstler aller Sparten mit relativ niedrigen Einkommen ernähren, als wenige Superstars über Kassette oder Kabelprogramme noch reicher zu machen.
Daher ist es wichtig, bei einer Steuerreform nicht nur die Mäzene und Stifter zu berücksichtigen, sondern auch alle, die Kunst fürs Heim kaufen möchten. Nur durch diesen Kreislauf von Phantasie, Produktion, Ausstellung, Kritik, Vertrieb, Kauf und Verkauf kann der labile Kunstbetrieb eine stabile Infrastruktur erhalten. Mit anderen Worten: Nichts gegen mehr Markt, sofern dadurch individuelle Kaufkraft umgelenkt wird auf den Konsum von Gegenwartskunst, anstatt mit überschüssigem Geld weiterhin materiellen Prestigekonsum zu steigern. Die Kaufkraft der vielen umzusetzen darf allerdings nicht dadurch unterlaufen werden, daß Kunst zu Spekulationsobjekten oder zur beliebigen Handelsware verkommt. Individueller Konsum lebendiger Kunst schließt Qualität nicht aus – Arnold Schönberg hat in Wien Arbeiterchöre dirigiert, Picasso hat für Massenzeitungen wie die »Humanité« gearbeitet. Auch Spitzenleistungen brauchen eine breite Basis.
Probleme bringt auch die Verwendung von Kunst zu PR-Zwecken. Die Kombination aus Werbung und schönem Dekor als Mittel zur Absatzsteigerung mag bei der Freizeitgestaltung noch zu tolerieren sein, aber Kunst darf nicht in den Dienst der Werbung gestellt werden wie etwa der Sport. Ein Paradebeispiel für solche Ausbeutung war die PR zu den Olympischen Spielen von Los Angeles 1984: Zur Finanzierung des Spektakels wurden die Champions nach allen Richtungen hin vermarktet, und der Manager der Spiele erhielt dafür den »Time«-Titel des erfolgreichsten Mannes des Jahres.
BMW München hat seine Kulturförderung in eine Goodwill-Aktion eingebaut, mit der latente Vorurteile gegen die Motorenwerke und ihre Produkte abgebaut werden sollen. Um es offen zu sagen, diese Imagepolitur schmeckt mir noch weniger als die Aktionen der frühen 70er Jahre, als Künstler und Kulturinstitutionen das Programm einer (demokratischen) Revolutionierung der Eigentumsordnung und der direkten Kontrolle des Wirtschaftsprozesses an ihre Fahnen geheftet haben. Über solche Ab-

sichten wußte schon Goethes Tasso die Gräfin Leonore Sanvitale aufzuklären:

... »und wenn sie auch
Die Absicht hat, den Feinden wohlzutun,
So fühlt man Absicht, und man ist verstimmt.«

Wenn Kunst als bloßes Dekor mißbraucht wird, dann tröstet auch eine Aussage über den Papst im »Tasso« wenig:

»Er schätzt die Kunst, sofern sie ziert, sein Rom
Verherrlicht, und Palast und Tempel
Zu Wunderwerken dieser Erde macht.«

Ein weiteres Beispiel für fragwürdigen Umgang mit den Künsten: Burkhart Lauterbach schildert die Werbemethoden einer britischen Bank, die Jugendmusik-Konzerte organisiert, Schülerorchester unterstützt und sich noch als Mäzen feiern läßt: »Da die jungen Musiker dieses Orchesters aus Schulen aus ganz England kommen, reicht sie (die Bank) damit für nur 40000 Pfund im Jahr, ein kleiner Bruchteil der Jahresgewinne einer großen Bank, in Schulen des ganzen Landes hinein. Daneben kann sie, da sie Filialen in fast allen britischen Städten unterhält, durch geringe Zuschüsse zu örtlichen Ausstellungen, Laienbühnen oder Festivals, zu denen sie örtliche Kunden und Honoratioren einlädt, sich und dem Personal der Filiale in Little Whittlington oder sonstwo außerhalb der Kassenstunden ein menschliches Gesicht verschaffen.«[207]
Wenn Spekulanten ihr Selbstbewußtsein oder mangelnde gesellschaftliche Achtung damit aufbessern wollen, daß sie ihren Namen auf kleinen Messingschildchen neben Dauerleihgaben in Kunstmuseen anbringen lassen, so wirft das ein zweifelhaftes Licht auf das jeweilige Kunstwerk. Andere Reiche müssen ruhmlos sterben, »weil sie nicht rechtzeitig um Ruhm und Nachruhm besorgt waren. Wo sind die von der Heydts und die Wallraffs unserer Tage, wo die Leopold Hoeschs und die Karl Ernst Osthaus's? Warum gibt es nicht viele Ludwigs, die ihr Geld so anlegen, daß es statt immer weiterer Renditen auch mal Ruhm und Ehre gibt? Wir müssen nach ›Sponsoren‹ Ausschau halten. Das sind Leute, die mit Zuschüssen helfen, damit Kultur möglich wird.«[209]
So der gängige Konsens. Betriebswirtschaftlich und fiskalpolitisch lohnend ist die Kunstförderung in fast allen Fällen. So meint ein amerikanischer Mäzen, der Ausstellungen sponsert: »Wir sind nicht nur daran interessiert, so viele Besucher wie möglich in unserem Teil der Ausstellung zu sehen, sondern auch an ausführlicher Berichterstattung in den Medien, um diese Anerkennung noch zu steigern. Ich kann die Bedeutung dieses Faktors für uns oder irgendein anderes Unternehmen kaum über-

schätzen, das Ausstellungen oder andere kulturelle Ereignisse fördert. Sie mögen sich zwar sagen, ihr Mäzenatentum sei altruistisch, aber das ist es keineswegs ... Ich kann Ihnen sagen, daß wir mit den 150000 Dollar, die wir unserem Kunstprogramm zugewiesen haben, viel mehr für unser Geld bekommen, als mit einer vergleichbaren Anzeigenkampagne. Mit 150000 Dollar könnten wir im Jahr 2½ Minuten im landesweiten Fernsehen kaufen – und eine solche einmalige Anstrengung könnte man wohl kaum als Anzeigenkampagne betrachten.«[210]

In den USA, wo die öffentliche Hand weit weniger freigiebig ist gegenüber Künsten als in den europäischen Ländern, ist daher das Stiftungswesen extensiv entwickelt: Bis zu fünf Prozent der Einnahmen eines Unternehmens sind steuerlich für gemeinnützige Zwecke abzugsfähig. Ein Museum in Boston oder Chicago erhält nur dann staatliche Komplementärmittel, wenn zuvor genügend private Gelder beschafft worden sind. Seit 1977 muß jeder Dollar aus der Staatskasse durch mindestens drei Stifter-Dollar aufgewogen werden.

Karla Fohrbeck hat die Mäzene (nicht gleichzusetzen mit »Sammlern«) prinzipiell in Schutz genommen, wobei sie die »alte, ungeprüfte Überlieferung« nicht weiter hinterfragt, nach der Geld aus Zinseszinsen schmutzig sei, das über Steuern eingenommene dagegen nicht; sie erwähnt den »Ablaßhandel mit Ewigkeitswerten«, wie ihn amerikanische Mäzene betrieben, und sie verweist auf die in verschiedenen Ländern geübten Praktiken und auf die auch (laut Kunstpreisstatistik) in der Bundesrepublik zwar vorhandenen, in der Öffentlichkeit aber wenig bekannten vielen »unsichtbaren Mäzene«. In ihrem Artikel in der *Frankfurter Allgemeinen Zeitung*[211] werden auch »Gesamtkonzepte« erwähnt, mit denen Unternehmen einen »kulturellen Identifikationszusammenhang« mit verschiedenen (zum Teil lokalen) Formen der Kunstförderung schaffen. Der »spendable private Lokalfürst«, der »demokratisierte Mäzen« in Gestalt kultureller Bürgerinitiativen sowie die Lokalpolitiker, sie alle hätten, so Karla Fohrbeck, Identifikation im Sinn. Die Verfasserin macht darauf aufmerksam, daß viel Betriebe ähnliches betreiben – nämlich Mäzenatentum »als billige(re) und oft wirkungsvollere Form der Werbung«. Der Artikel erwähnt verschiedene »produktorientierte Form(en) des Kunstinteresses«, wobei es durchaus nicht ungewöhnlich sei, daß unerwähnt bleibe, was sich längst herumgesprochen hat, »daß hier *ein* Finger wäscht, was neun Finger schmutzig gemacht haben«.

Der *Vorwärts* hat vor einiger Zeit berichtet, wie in den Vereinigten Staaten Mäzenatentum im staatlichen Erziehungswesen funktioniert: Danach stammt »fast das gesamte amerikanische Unterrichtsmaterial ... aus den Händen von ›Big Business‹. Es sind von der Steuer absetzbare Spenden großer Konzerne wie Exxon, McDonald und Gulf. Multis, die dem Drängen der Nationalen Handelskammer oder der Handwerkskammer oder

des ›American Free Enterprise Institute‹ nur allzu gerne folgen, wenn sie aufgefordert werden, den Schulen mit kostenlosem Lehrmaterial unter die Arme zu greifen ... Amerikas Lehrer sind keineswegs glücklich mit dem wirtschaftsfrommen Lehrmaterial. Aber sie haben meistens gar keine andere Wahl. Reagans Sparhaushalt hat den Schulbuchetat drastisch beschnitten.«[212]
In Fachjournalen, die Mäzenatentum propagieren, weil sie es als solches nicht erkennen (wollen), ist nachzulesen, wie junge Gemüter geformt werden können – »für ihre Produkte. In den Schulen Amerikas warten 23 Millionen Mädchen und Knaben ... das sind die Verbraucher von heute und die Käufer von morgen.«
Bei der Betrachtung des Nebennutzens der Kunst kann man sich nicht mit der größeren Autonomie der Kunst im Vergleich etwa zu Schulbüchern herausreden: Mäzenatentum bestimmt in hohem Maße die Inhalte, die Gestalt und Reichweite der geförderten Kunst entscheidend mit. Das geschieht nicht allemal zwingend, sicher bleiben auch genügend Freiräume. Aber die Effizienz und die gesellschaftliche Bedeutung der Kunst hängen nicht zuletzt von der *öffentlichen* Kunstförderung und Kulturpolitik ab. Unser kulturelles System ist nicht denkbar ohne einen hohen Anteil öffentlicher Finanzierung. Ein demokratisches Kulturleben, das tendenziell allen Mitgliedern der Gesellschaft etwas bedeutet, kann auf öffentliche Finanzierung nicht verzichten. Dies zeigt ein Blick auf die vielgepriesene private Initiative in den Vereinigten Staaten: Einerseits herrscht hier in der Tat eine Fülle anregender, vielfältiger und lebendiger privater Initiativen, aber gleichzeitig ist eine kaum vorstellbare kulturelle Verödung zu beobachten, verursacht durch das Fehlen einer systematischen kulturellen Infrastruktur. Die der Werbung unterworfene Massenkommunikation erweist sich als weiterer Negativfaktor. Dieser kulturelle Zustand eines Volkes muß uns nachdenklich stimmen, da auch unser Schicksal weitgehend von der politischen und kulturellen Vernunft des amerikanischen Wählers abhängt. In einem System öffentlicher Kulturpolitik können wir jedoch auch künftig nicht auf private Initiativen verzichten; immer wird es Bereiche geben, in denen Neues durch private Ideen geweckt wird. Private Initiative als Korrektur und Innovation ist im günstigen Falle auch Partner der öffentlichen.

Die Gestaltungsaufgabe des Kulturpolitikers

> »Wer nichts als Chemie versteht, versteht die auch nicht recht.« *Lichtenberg*

Wie ist im Rahmen eines solchen Verständnisses von Kulturpolitik die Aufgabe des Kulturpolitikers zu definieren? Was kann, darf, muß er für

die Kultur, für die Künste tun? Ist »Kulturdezernent«/»Kultursenator« bloß ein Titel oder ist damit ein Beruf bezeichnet, womöglich eine Berufung? Ist der auf sechs Jahre gewählte pensionsberechtigte Wahlbeamte mit Magistrats-Mandat in erster Linie ein Politiker oder ein Fachmann, sollte er beides sein oder keines von beiden? Schlimmstenfalls handelt es sich um eine pur parteipolitische Funktion.
Ist der hauptamtliche (in Bayern »berufsmäßige«) Kulturpolitiker nur Vollzugsorgan kommunaler Beschlüsse und damit lediglich amtlich bestallter Verwaltungsmann der Behörde, die ihn in der Regel gegen die Stimmen der jeweiligen Opposition durchgesetzt hat? Soll er die den Künsten und dem Kulturprozeß immanenten kreativen Kräfte fördern oder vernachlässigen – oder sich, wie mancherorts mit der Mission des amtlichen Verwesers begnügen? Ermöglicht oder bremst er ästhetische und kulturelle Entwicklung? Trägt er nur selten mit eigenen Ideen und originären Konzepten produktiv zur Entwicklung des Kulturprozesses bei? Ist er Opinion-leader mit amtlicher Kompetenz, aber ohne fachliche Substanz in fast allen ihm überantworteten Bereichen? Die Generalisten unter den Kulturpolitikern sind heute oft Juristen, immer mit dem Recht auf ihrer Seite.
Der ideale Kulturdezernent hat seine Facultas »vor Ort« erworben: in einem Museum, im Theater, in der »Scene«, als Literat oder als Leiter eines Instituts, also als jemand, der in Kulturprozesse selber involviert war oder sie aktiv begleitet hat, der die Nöte und Bedingtheiten aus eigener Praxis kennt, also für die Sorgen und den Ehrgeiz der ihm anvertrauten Kollegen Verständnis haben kann. Ist der »Kulturimperialismus« des Dezernenten nur nachgesagt? Oder lassen sich die Institute und Institutionen von ihm Weisungen erteilen, vielleicht sogar solche, die von der Gemeindeordnung gar nicht gedeckt sind? So viele Kulturdezernenten, so viele Antworten.
Um es vorwegzunehmen: Der Kulturdezernent/-senator hat von alledem mehr oder weniger; aber nur wenige machen das Beste aus ihren vielen Möglichkeiten und gegen die vielen Widerstände und Restriktionen provinzieller Art.
Der Feind des Kulturpolitikers ist in den meisten Städten nicht mehr der politische Gegner, seitdem es, dank der Konsenspolitik des Deutschen Städtetags, in den Essentials weitgehende Übereinstimmung gibt: Das Gesamtinteresse der Bürgerschaft einer Gemeinde erfordert Durchsetzung der Kultur gegen die Lobby der übrigen Politikbereiche und gegen extreme Parteipositionen von extrem links bis extrem rechts. Das schließt nicht aus, daß gerade in der Kulturpolitik der Teufel im Detail steckt. Die hartnäckigeren, quasi natürlichen Widersacher von Kulturdezernenten sitzen häufig genug in der Bürokratie, die bereits vor gut 150 Jahren Balzac einen gigantischen Mechanismus nannte, der von Zwergen bedient

werde. Wer hier prinzipielle Remedur schaffen, sozusagen eine Roßkur für den Amtsschimmel durchführen möchte, kann wahrscheinlich nur etwas erreichen, wenn er, auch publizistisch gesehen, erfolgreich ist und entsprechenden Respekt auf die Ämter lenken kann. Insofern sind Kollegen im Vorteil, die öffentliche Reputation aus der Stätte ihres bisherigen Wirkens in die (meistens) größere Stadt, die sie beruft, herüberretten, und dann, als eine Art säkularisierter Parsifal, frei agieren und auch schon mal auf Schwäne oder heilige Kühe schießen dürfen. Das Feuilleton übrigens bewertet die Kulturpolitiker allein danach, wie gut oder wie schlecht sie Intendanten küren, das heißt die geringe Wertschätzung der Presse darf vorausgesetzt werden.

Der unvergessene Kölner Kulturdezernent Kurt Hackenberg war zwar das genaue Gegenteil einer Parsifal-Gestalt, denn statt mit Naivität verfolgte er seine nicht allzu engen Ziele mit logistischen Listen; der durchaus nicht zufälligen Tatsache, daß er in seinen zwanzig Kölner Jahren öfter ins Schwarze traf als daneben, verdanken die Kölner die meisten Errungenschaften, auf die sie heute stolz sein können. Weil Hackenberg eine dezidiert parteipolitische Position innehatte, konnte er sie um so leichter vernachlässigen und darauf verzichten, sie ständig ins Spiel bringen zu lassen. Er mißverstand sein Amt nicht als imperatives Mandat, sondern sah darin den höheren Auftrag, der *ganzen* Bevölkerung genügend Gelegenheiten für die Befriedigung ihrer Bedürfnisse und Interessen zu geben. Man kann schließlich nicht die vielen Menschen, weil sie die jeweilige Mehrheit nicht mitgewählt haben, dadurch bestrafen, daß sie die Früchte der SPD- bzw. CDU- bzw. FDP-Kulturpolitik zu genießen haben, gleich, ob sie ihnen schmecken oder nicht. Während Hackenberg als pragmatischer Profi und zu Recht als ein besonders erfolgreicher galt, scherte ihn das Spiel mit Kategorien und Modalitäten wenig; er überließ die Ausformulierung kulturpolitischer Konzeptionen getrost den Kollegen, deren Richtung ihm zusagte und deren Theorien er vertraute, die er dann auch in wichtigen Gremien wie etwa dem Kulturausschuß des Deutschen Städtetags oder dem Verwaltungsrat des Deutschen Bühnenvereins mit seiner ganzen Autorität durchzusetzen half.

Der theoretische Kopf unter den kommunalen Kulturpolitikern, Hermann Glaser, wirkt seinerseits fast zwanzig Jahre lang erfolgreich in seinem Nürnberger Dezernat. Wenn Kulturpolitik heute als gesellschaftspolitische Größe ernst genommen wird, so nicht zuletzt dank Glasers Konzepten, die der Praxis weit vorauseilen, und dank seiner pädagogischen Gabe, Perspektiven und ihre Inhalte prägnant zu formulieren und kulturpolitische Ideen für Innovationen zu entwerfen. Das hier nur skizzierte Porträt zweier grundverschiedener Kulturpolitiker soll nur eine ungefähre Vorstellung der Möglichkeiten auf der Skala der Kulturpolitik geben. Die Profession des Kulturdezernenten/Kultursenators ist viel zu wichtig für das System unseres Kulturstaates, als daß die Kriterien der Professionalität aus Opportunität außer acht gelassen werden dürften.

Der brüchige Rahmen des Kulturverwaltungsrechts

> Politik aber hat immer nur eine Moral: die Verwirklichung der Freiheit für jeden. *Rolf Hochhuth*

Wer sich mit der noch jungen Geschichte der Kulturpolitik und mit der Analyse des rechtlichen Rahmens von Kulturpolitik und Kulturverwaltung beschäftigt, stößt auf ein kaum je diskutiertes Thema. Kulturpolitik braucht realistische Utopien. Nur so lassen sich die Parteigänger jedes kulturell verbrämten Prinzips in die Schranken ihrer Unzuständigkeit verweisen. Was wir in der Kulturpolitik dringend brauchen, sind Individualisten, die verwegen denken und handeln können, Fachleute vom Holze Hackenbergs, vom Holze Glasers. Wenn der Kulturpolitiker nicht nur verantwortlich ist für seine Taten, sondern auch für seine Unterlassungen, dann braucht man Persönlichkeiten, für die Unterlassungssünden schwerer wiegen als Erfolge.
Die Basis aller Bemühungen bleibt das »in ständiger geistiger Mauserung« (Bebel zur SPD) begriffene Programm einer »Kultur für alle«: Kulturpolitik geht von einem alten Traum der Menschen aus, den sie allein natürlich nicht erfüllen kann, aber vielleicht mit Hilfe von Literatur, Kunst, Theater, Musik, Film und alternativen Korrelaten – vom Traum der Verwirklichung des Menschenrechts auf Kultur durch Kultur.
Dieses eindeutige Ziel steht im Widerspruch zu der Rolle, die dem Kulturpolitiker von der klassischen Verwaltungswissenschaft und Jurisdiktion gemeinhin zugebilligt wird: Danach soll er sich mit der Verwaltung öffentlicher Mittel bescheiden, soll sich eigener Wertvorstellungen enthalten, also bescheidener Diener eines in Freiheit sich entwickelnden Kulturlebens sein. Das oben beschriebene neue Bild des praktizierenden Kulturpolitikers will sich solcher Rolle nicht fügen. Sind also die Kulturpolitiker zu weit vorgeprescht, ist ihr aktiver Part Amtsanmaßung?
Ausgangspunkt des Verwaltungshandelns im kulturellen Bereich ist die Existenz eines arbeitsteilig klar ausgegrenzten Bereiches professioneller künstlerischer Betätigung. Die Berechtigung des Staates und seiner nachgeordneten Gebietskörperschaften zum Eingriff auf diesem Felde gilt im Prinzip als unbestritten. Gelegentliche Hinweise auf die gebotene Zurückhaltung hinsichtlich »allzu intensiver Einflußnahme des Staates« verschleiern das Problem, statt es zu lösen. »Bei aller Anerkennung der

Eigengesetzlichkeit der kulturellen Sphäre bleibt diese gleichwohl eine Provinz des Staates und seinem Einfluß zugänglich.«[213] Dies ist mit der Anerkennung entsprechender Kultur-Verwaltungen, die in Großstädten wie München und Frankfurt sogar über eigene Amtsjuristen verfügen, längst akzeptiert.

Eine Unterscheidung zwischen Kulturpolitik und Kulturverwaltung ist theoretisch möglich, wenngleich sie in der Praxis kaum zu finden ist. Rechtstheoretisch kann man mit Oppermann davon ausgehen, daß Kultur*verwaltung* nicht Kultur*politik* ist: Kulturverwaltungsrecht »hat die staatlich in Rechtsform organisierte Besorgung der kulturellen Angelegenheiten zum Gegenstande und geht dabei grundsätzlich von einer bereits gesetzten Rechtsordnung aus«.[214] In Anwendung bestehender Vorschriften und Regeln ist Verwalten auf den apparativen Verwaltungsakt reduziert. Im Kulturbereich heißt dies jedoch in der bisherigen Praxis fast überall zugleich auch wertendes Eingreifen. Denn zum einen sind die Verwaltungsprinzipien gerade in diesem Bereich vagabundierender Mikro-Ereignisse wohltuend wenig normiert, auch wenn sich in jüngster Zeit der Bereich staatlichen Handelns im Kultursektor eher ausgeweitet hat. Zum anderen gibt es große nichtinstitutionalisierte Bereiche, in denen die Verteilung der Subventionsmittel oder die Entwicklung eigener Initiativen der Kulturämter, etwa der Filmförderung oder der »Umsonst und draußen«-Veranstaltungen, notwendigerweise in das Ermessen der Exekutive fällt.

Schließlich sind spezifische Unschärfen festzustellen, wie etwa in der Frage des Eingriffs in den sensiblen Kunstbereich. Die Kunstfreiheitsgarantie verbietet dem Staat weitgehend zensurähnliche Eingriffe, und zwar allgemein wegen der »unbestrittenen Autonomie der Künste und der je eigenspezifischen Regeln der kulturellen Sphäre«. Karla Fohrbeck und Andreas J. Wiesand betonen im Zusammenhang mit der Experten-Besetzung von Jurys für Kulturpreise, daß die öffentliche Hand »nach vorherrschender Meinung im Rechtsschrifttum zu steuernden Eingriffen in den grundgesetzlich verbürgten Freiheitsbereich von Kunst und Literatur nicht berechtigt«[215] ist. Alle staatswissenschaftlichen Problemstellungen der Kulturverwaltung sind nach Oppermann »gegenüber den letzten inneren Zielen der Kunst durchaus äußerlich und formal«.[216] In der Praxis allerdings »kann sich das Gemeinwesen unter den Lebensbedingungen von heute weniger denn je der Aufgabe entziehen, mittels eigener Entscheidung über Bildungsziele oder Wissenschaftsplanungen, in vielleicht geringerem Maße in den klassischen Kunstbereichen, Verantwortung für das geistige Wohl und Niveau seiner Bürger mit zu übernehmen«.[217] Oppermann relativiert die Norm an Beispielen aus der Praxis, indem er darauf hinweist, daß nicht jeder Eingriff per se illegitim sei.

Auch Peter Häberle bezeichnet die »allgemeinen Staatsziele«[218] als verbindliche Richtschnur für die Kulturpolitik und hält die Kulturpolitiker lediglich für deren Exekutoren. Dies erscheint schon wegen des grundgesetzlich verankerten »Kunstprivilegs« problematisch, denn die Künste sind, eben nicht analog zur Wissenschaft, nicht einmal ausdrücklich der Verfassungsnorm unterworfen.

Von daher verbietet sich eigentlich auch eine Position, wie sie Michael Kummer vertritt; er legitimiert Eingriffe sogar auch dann, wenn es sich bei hoheitlichen Akten um Wertentscheidungen bei der Förderung der Künste handelt: »Unter Anknüpfung an im Kerngehalt allgemeine konsentierte Auffassungen läßt sich jedoch sagen, daß die Entscheidung der Verfassung für die Kulturstaatlichkeit objektive Wertentscheidung und nicht nur Garantie der Teilhabe an und des Zugangs zu Wissenschaft und Kunst ist. Dem Staat ist es daher trotz bestehender Schwierigkeiten bei der Definition von Kunst und Wissenschaft unbenommen zu bestimmen, was er unter förderungswürdiger Kunst und Wissenschaft versteht.«[219] Was in der Mehrzahl der Praxisfälle problemlose Realität ist, muß jedoch als Prinzip, auch in kontroversen Fällen, nicht unbestritten sein.

Oppermann verwendet eine andere Denkfigur, die aber zur Klärung des Problems auch wenig beiträgt. Er ermuntert den Staat, sich bei seinen legitimen Eingriffen eines »duldsamen Pluralismus«[220] zu befleißigen. Dies gelte um so mehr, als der Staat mit seinen positiven Aufgaben – bezogen auf den äußerlich-organisatorischen Rahmen, auf den Schutz der Eigengesetzlichkeit und der Kunstfreiheitsgarantie – wertende Vorgaben nicht vermeiden könne.[221] Oppermann rekurriert hier auf das Beispiel der Kunstpreise, bei denen Fohrbeck/Wiesand nach obigem Zitat die Legitimation steuernder Eingriffe gerade bestreiten und mit der Forderung nach einer kompetenten Jury Abhilfe suchen. Die anmutige Formel des »duldsamen Pluralismus« aber ist eine ausgesprochene »Gummiformel«, die geeignet ist, der Willkür Tür und Tor zu öffnen. Die Gestaltungsaufgabe des Kulturpolitikers kann so jedenfalls keine Kontur gewinnen.

Ohne freilich auf die Probleme einzugehen, konstatiert der damalige Präsident des Deutschen Städtetags, Manfred Rommel, dieses Dilemma ebenfalls – indem er schlicht »pragmatisch« zu handeln vorschlägt: »Politiker kommen gelegentlich trotz aller Bestrebungen, sich die damit verbundenen Schwierigkeiten mit Hilfe von Kommissionen und Experten vom Leibe zu halten, nicht darum herum, in künstlerischen Fragen Entscheidungen zu treffen, und zwar nicht nur in Personalangelegenheiten, etwa bei der Besetzung der Stelle eines Theater- oder Galeriedirektors, sondern auch in der Sache, etwa bei der künstlerischen Gestaltung eines öffentlichen Gebäudes.«[222]

Bei dem Fragenkomplex handelt es sich nicht um fiktive Annahmen, son-

dern um reale, tagtäglich erlebte Praxis. Sie reicht von der Förderung einer Majoretten-Tanzgruppe des Gesangvereins Frohsinn oder vom Theater-im-Zelt-Spektakel bis hin zum teuren Kunsterwerb für die Museen. Wenn dieser Erwerb den Ankaufsetat überfordert, können die Mittel für Sonderankäufe ohne das persönliche Engagement des jeweiligen Kulturpolitikers-vom-Dienst meist nicht beschafft werden. Das wiederum bedeutet, daß es von dessen subjektivem, oft dubiosem Geschmacksurteil abhängt, ob ein entmaterialisiertes monochromes Bild von Yves Klein, auf dem er vielleicht nicht viel mehr zu erkennen vermag als leuchtendes Lichtblau, oder ob ein elamischer Bronzetorso aus der Zeit um 1250 v. Chr. angekauft werden soll. Dies sind Beispiele für das, was die Exegeten des Grundgesetzes »wertende Urteile« nennen.
In den meisten Fällen wird das Problem des Eingriffs verschleiert durch Personalentscheidungen. Der Dezernent wählt »seinen« Kandidaten in den seltensten Fällen mit Hilfe einer Expertenkommission aus, vielmehr schlägt er dem Magistrat Personen nach Maßgabe der von ihm vertretenen bzw. optierten Programmatik vor.
Kein Kulturpolitiker kann sich damit begnügen, einen gleichmäßig verteilten »Regen von Subventionen« über alles, was sich als Kultur definiert, herabrieseln zu lassen. Aber halbwegs objektive Kriterien, wie sie z. B. in Hamburg für die Förderung kultureller Initiativen entwickelt worden sind, lassen sich, jedenfalls rechtstheoretisch, nicht eindeutig ermitteln: Sie sind meist bewußte kulturpolitische Entscheidungen.
Ähnliche Gratwanderungen sind bei der kulturellen Sozialarbeit zu leisten. Auch sie begnügt sich nicht mit dem sturen »Verwalten« von Sozialfällen; auch sie hält sich in ihrer Gemeinwesen- und Jugendarbeit an wertende Vorgaben, die sie immer wieder neu legitimieren muß. Dieter Oelschlägel meint dazu: »Gemeinwesenarbeit muß Beiträge zur tendenziellen Aufhebung und Überwindung von Entfremdung leisten, also die Selbstbestimmung handelnder Subjekte ermöglichen. Damit ist Gemeinwesenarbeit Befreiungsarbeit insofern, als sie die unmittelbaren Wünsche und Probleme der Menschen ernst nimmt, zu veränderndem Handeln unter Berücksichtigung der politisch-historischen Möglichkeiten motiviert und Einsicht in die strukturellen Bedingungen von Konflikten vermittelt.«[223]
Mit den beiden Prinzipien »Emanzipation« und »Selbstbestimmung« läßt sich jedoch inzwischen nichts mehr ausrichten, vor allem wenn sie als Selbstzweck interpretiert werden und eben nicht als das, was sie bewirken sollen: Bildung von Realitätstüchtigkeit, nicht als Unterordnung unter eine vorgegebene Wirklichkeit, sondern als Fähigkeit, in diese Realität gestaltend einzugreifen. Von »Impulsen« statt von »Bevormundung« auszugehen könnte der Sozialarbeit Wege aus ihrem Dilemma weisen. Zwar geht es tatsächlich um Emanzipation, aber gleichzeitig geht es auch

darum, die Konsequenzen zu bedenken, welche die eigenen Wünsche für die anderen bedeuten können.
Ähnliches gilt für die individuelle Selbstbestimmung; sie ist kein kulturpolitisches Allheilmittel. Von manchen wird das Prinzip Selbstbestimmung zum Fetisch erhoben, für andere ist sie nichts als eine Schimäre. Die Wahrheit liegt eher in der Mitte. Die freie Zeit als »befreite Zeit« zu verstehen und Emanzipation »als Prozeß der Befreiung des Individuums von gesellschaftlichen Zwängen« zu bezeichnen, heißt in Wirklichkeit individuelle »Emanzipation« absolut zu setzen und nicht länger zu berücksichtigen, daß wir *gesellschaftliche* Individuen sind. Die Fetischisierung der Individualität und der individuellen Freiheit aber beraubt den Menschen seines *sozialen* Wesens.

Kultur als Prozeß

> »Immer noch ist Kunst ein gutes Versteck: Nicht für Dynamit, sondern für geistigen Sprengstoff.«
> *Heinrich Böll*

Für den Begriff der Kunstfreiheit scheint mir eine dynamische Formel triftiger: Der als Kunst bezeichnete *Kommunikationsprozeß* muß als frei gelten; der Staat hat dessen Entstehungsbedingungen zu sichern und zu entwickeln.[224] Auch bei diesem »Kommunikationsprozeß Kunst« ist eine tendenzielle Neutralität Voraussetzung, gleichzeitig aber wird das kaum verbindliche Gebot der Pluralität zur Realität: Alle potentiellen Teilnehmer des »Kommunikationsprozesses Kunst« haben Anspruch darauf, von der Kulturverwaltung ernstgenommen und angemessen berücksichtigt zu werden. In der Demokratie besteht ein Bürgerrecht darauf, in diesen Entwicklungsprozeß auf persönlich relevante Weise einbezogen zu werden.
Die Realisierung der dadurch legitimierten und nicht nur von Adorno[225] geforderten »Freiräume« scheitert jedoch oft an dem auch für Kulturpolitiker geringen Handlungsspielraum. In Frankfurt z. B. gibt es vielleicht 120 Kulturinitiativen, die im doppelten Wortsinn Spiel-Räume reklamieren, von den vielen Künstlern ganz zu schweigen, die Ateliers oder Übungsräume so notwendig brauchen wie Ärzte ihre Praxisräume.
Es reicht nicht aus, sich auf das Gespür, das Fingerspitzengefühl, das Talent von einzelnen »Trendsettern« zu verlassen, die in der Kulturpolitik das Richtige zur rechten Zeit finden! Wenn die sensiblen Naturen nicht in ausreichender Qualität nachwachsen (können) und künftig nur noch Epigonen die Richtung weisen, ist dies zwar nicht das Ende der Kulturpolitik, aber bestimmt kein Fortschritt, also Stagnation. Soll kulturelles Leben an

der Reglementierung scheitern, wie sie durch Förderungsregularien und Staatsziele verewigt werden soll? Dann könnte man den Kulturpolitiker gegen den ausführenden Kulturingenieur austauschen!
Unerläßlich und vorerst einzige wirkliche Hilfe scheint mir eine systematische wissenschaftliche Reflexion: Die Steuermänner müssen entsprechend den »atmosphärischen« Einflüssen den Kurs immer wieder neu berechnen und bestimmen. Als Agent (agent provocateur?) des Kulturprozesses hat der Kulturpolitiker auch die Aufgabe, Wertfindungsprozesse in Gang zu setzen und kritisch-produktiv zu begleiten. Sinnentscheidungen und Werturteile sind ja nicht nur subjektive Angelegenheiten, sondern Produkte gesellschaftlicher und gruppenspezifischer Diskussion: Die Menschen leben nicht als Monaden; Leibniz' unteilbare »metaphysische Punkte«, die die Welt spiegeln, sind nicht die Denkfigur, die uns *heute* weiterhilft. Entscheidungen über persönliche und gesellschaftliche Werte sind Bestandteil der Kulturentwicklung insgesamt.
Sich in diesen Prozeß mit seiner Persönlichkeit, seiner Überzeugung und Kreativität einzubringen, das erwartet die Öffentlichkeit vom Kulturdezernenten. Das bestätigen z. B. auch die Stellenausschreibungen für solche Positionen; die Anzeigen »machen deutlich, daß den Kommunen nicht an einer reinen Verwaltungskraft gelegen ist. Der Stelleninhaber soll nicht nur einen vorhandenen Fundus von Einrichtungen verwalten, sondern bei der Entwicklung mitwirken, er soll ›Aktivitäten in der Kulturlandschaft ... anregen und begleitend entwickeln und erhalten‹ ..., er soll zuständig sein für ›Gestaltung und die Aktivierung der Bereiche Kultur und Freizeit‹ oder für ›Planung, Koordinierung und Förderung von kulturellen Aktivitäten aller Art und Formen‹. Und man erwartet von ihm ›eine nachhaltige Förderung und Verbesserung der kulturellen Infrastruktur‹«.[226]
Die inhaltliche Seite der Kulturarbeit sollte plural, aber nicht beliebig sein. Eine solche Formel muß mit Substanz angefüllt werden, wie es die »programmatische« Kulturpolitik seit den 70er Jahren versucht hat. Positionen, die dem Kulturpolitiker die Berechtigung zum Eingriff in den Kulturprozeß bestreiten und ihn zu staatsmäzenatischer Politik vergattern wollen, wird es zwar auch künftig geben, aber sie werden nur Rückzugsgefechte liefern; immer deutlicher wird, daß es sich dabei um Kaschierung traditionalistischer Kunstförderungspolitik handelt, die selbst nicht ohne Wertvorstellungen argumentiert: Die bestehenden Institutionen sollen bewahrt werden. Neues und Unkonventionelles fällt durch die Maschen dieses Subventionsnetzes.
Die aktive Rolle nicht nur der Künstler, sondern auch des Kulturpolitikers – als Anreger, Motor sowie als Lieferant für Betriebsmittel der Kulturprozesse – definiert sich auch aus der eingangs angedeuteten gesellschaftlichen Aufgabe der Künste: Wenn die Künste in der Kultur ein

Instrument der Realitätsbewältigung und der Zukunftsorientierung sind, dann müssen auch entsprechende Prozesse bewußt in Gang gesetzt werden. Zu insistieren ist freilich darauf, daß es sich um *Prozesse* handelt, nicht um die Vorwegnahme ihres Ergebnisses. Zum Beispiel ist es eine sinnvolle Auffassung des Kulturpolitikers, den Arbeitsemigranten in der Bundesrepublik solle Gelegenheit gegeben werden, ihre Lebenslage auch mit ästhetischen Ausdrucksformen zu verarbeiten. Wenn er dann die aus ihrem Begabungspotential hervorgebrachten künstlerischen Talente fördert, also den Spanier, Türken, Jugoslawen als Menschen würdigt und sie nicht auf die ethnische Gruppe reduziert, dann ist das eine legitime Form »kulturpolitischer Produktion«. Mit Angehörigen anderer sozialer Gruppen ist ähnliches denkbar. Wenn der Kulturpolitiker Institutionen wie Oper oder Schauspiel dazu anregen will, sich schwerpunktmäßig mit bestimmten Themen etwa der Kulturgeschichte auseinanderzusetzen, weil er deren Aufarbeitung in einer aktuellen Situation für wichtig hält, hat er es schon schwerer; bei selbstverständlicher Respektierung der institutionellen Autonomie kann er hier nur mit der Überzeugungskraft seiner Argumente Boden gewinnen. Aber auch hier bliebe es ihm, sofern er denn über genügend Witz verfügte, seine Ideen politisch durchzusetzen, unbenommen, vorhandene Ansätze bei einzelnen Institutionen besonders zu fördern und dafür andere, für entbehrlicher gehaltene zu vernachlässigen – wenn sein Vorrat an Zynismus groß genug ist. Ebenso kann er ihm besonders am Herzen liegende Rezeptionsformen (Theaterdiskussionen, Kinderprogramme in Museen, Bildergespräche, Literaturzirkel) gezielt fördern, um spezielle Akzente zu setzen.
Die Aufzählung dieser Beispiele zeigt dem Leser, daß die Handlungsräume jeder Tätigkeit in der Kulturpolitik dehnbar sind. Den Platz der Handlungsprinzipien im System von Verwaltungs- und Staatsrecht zu bestimmen, auch ihre Grenzen zu ziehen oder sie auszufransen, darauf käme es an. Handeln dieser Art aber ist die Voraussetzung dafür, daß die Künste als Teil eines dynamischen Kulturprozesses teilnehmen an dem Bemühen um eine Sinnorientierung unseres gesellschaftlichen Lebens, anders als die gewerblichen Sinnagenturen oder religiösen Sinnstiftungen, indem sie uns Genuß, Reichtum und Zukunftschancen bieten.
Nur durch die breite und vorurteilslose Förderung des »Kommunikationsprozesses Kunst«, durch das, was ich »kommunikative Ethik« nennen möchte, kann auch gewährleistet werden, daß Avantgarde oder »Alternative« überhaupt erst entstehen. Sie sind für die Kultur einer Gesellschaft ungefähr das, was die Grundlagenforschung für die Wissenschaft ist: ein Labor für neue Lebensstile. Das Experimentieren ist zwar ein freier Vorgang und ereignet sich ohne Auftrag – aber nie ist es völlig losgelöst von jeder gesellschaftlichen Realität, ja oft verdanken Experimente ihr Leben der vehementen Reaktion darauf, und immer geht diese Reali-

tät ein in die ja nicht dem Zufall geschuldeten neuen Ausdrucksformen und »Kulturstile«, wie etwa die variantenreichen Jugend-Subkulturen.
Übrigens: Alle menschlichen Gesellschaften leisten sich solche Laboratorien – eben weil sie kein Luxus sind, sondern Lebensnotwendigkeit. Jungmannschaften, Männerbünde, Frauenhäuser, Orden und Sekten – was sind sie in der Geschichte anders als kulturelle Auseinandersetzungen mit der jeweiligen gesellschaftlichen Realität, als Ausdruck experimenteller Suche nach befriedigenderen oder realitätstüchtigeren Lebensstilen und Formen der individuelleren Verwirklichung ihrer Rechte auf Selbstbestimmung. »Ver sacrum«, der Auszug ganzer Generationen der Jungmannschaft ins Ungewisse – auch dies ist eine Extremform der Alternative um des subjektiven Überlebens willen. Priester, Zeremonienmeister, Sänger, Weise oder Propheten: Sie sind – zunächst oft in ungeteilter Mischung von Wissenschaft und Kunst, von Herrschaftssicherung und Gewährleistung des sozialen Zusammenhanges – die ersten Produkte einer Arbeitsteilung, die über diejenige der Geschlechter hinausgeht. Und oft genug erkennen wir bei genauerem Hinsehen, daß den Kulturen vor uns ihr Kulturleben wichtiger war als Expansion und Wachstum: Die weitverbreiteten großen Verschwendungsfeste sogenannter »primitiver« Völkerschaften, »Potlatch« genannt, geben Zeugnis davon. Nicht geizig aufgehäufter Reichtum, sondern großzügig-lustvolle Verschwendung zusammen mit vielen anderen verschafft Ansehen, und eben nicht Reichtum rangiert an der Spitze der Werte, sondern Lebensqualität. Unbestritten ist in allen diesen Gesellschaften die *öffentliche* Verantwortung für Kultur, Feste und Feiern.
Der Hinweis auf die Beispiele aus der Kulturgeschichte soll uns zu dreierlei ermutigen. Erstens zur Öffentlichkeit der Kulturpolitik: Trotz Mäzenatentum, trotz gebotener oder geforderter Zurückhaltung des Staates und der nachgeordneten Gebietskörperschaften bleibt die »politische Produktion« im Bereich der Kultur zu allererst eine *öffentliche* Aufgabe.
Zweitens: Die ungehinderte freie Entfaltung des Kulturprozesses unter Einschluß unkonventioneller Bereiche sollen wir nicht als eine großzügig gewährte Gunst würdigen, sondern als notwendigen Bestandteil zukunftsorientierter Gesellschaftspolitik.
Und drittens schließlich darf der Kulturpolitiker sich legitim als Motor der Kultur betätigen – sofern er ihre Prozesse ermöglicht und nicht die Ergebnisse vorwegnimmt oder zensiert. »Ermöglichen« heißt das Hauptwort der Kulturpolitik.

10. Perspektiven

Der Traum von einer lebenswerten Welt

»Hätten die Nüchternen einmal gekostet, alles verließen sie und setzten sich zu uns an den Tisch der Sehnsucht, der nie leer wird.« *Novalis*

Ich habe in diesem Buch einen ebenso anspruchsvollen wie expansiven Begriff von Kultur und Kulturpolitik zu entwickeln versucht. Ist die hier vertretene Einschätzung von Kultur nun bloß das Ergebnis eines die Maßstäbe verlierenden Ressort-Egoismus? Sind vielleicht auch die Künste überfordert mit den von mir geforderten Aufgabenzuweisungen? Ich habe einige meiner Kollegen, die künstlerisch oder kulturorganisatorisch in Frankfurt tätig sind, gebeten, *ihre* Ideen von der Zukunftsbedeutung der Künste niederzuschreiben, um mich selbst auf die Probe zu stellen und meine Auffassung womöglich zu relativieren.
Günter Kunert, Stadtschreiber in Frankfurts Bergen-Enkheim, ist wesentlich pessimistischer als ich, wenn er mir schreibt:
»... wie die Künste oder Medien oder die kunstvermittelnden Institutionen aussehen müßten, damit sie uns noch etwas zu sagen hätten, weiß ich auch nicht, kann mir auch gar nicht vorstellen, daß das Überleben der Menschheit durch Kunst oder Kultur befördert werden könnte. Aus verschiedenen Gründen ... Kunst und Kultur sind doch nur die tröstende Kehrseite der ansonsten blutigen Medaille; Kunst und Kultur täuschen uns immer nur darüber hinweg, daß wir prinzipiell nicht zu humanisieren sind. Wie dürfen uns angesichts der großen und grandiosen Kunstwerke der Illusion hingeben, das sei der Gewinn aus der Menschheitsgeschichte und es habe sich, trotz allem, gelohnt. Darüber dürfen wir dann die Leichenberge vergessen. Oder daß wir selbst nur auf Lebenskosten anderer Zeitgenossen leben. Insofern ist es undenkbar, daß Kunst, deren Alibi-Charakter unbestreitbar ist, uns derart zu aktivieren vermöchte, daß wir plötzlich nicht mehr die alten tristen Zweibeiner wären. Die Kunst ist nur die Begleiterin der Menschen durch die Zeiten, nicht ihre Anführerin auf dem Wege nach Utopia ... Es sieht so aus, als hätten wir den Höhepunkt der Schriftlichkeit überschritten; in dieser Endphase erscheinen fast lawinenartig oder eruptionsartig noch ungeheure Büchermengen, die Bedeutung und Wirkung des einzelnen Werkes jedoch ist nicht mehr gegeben. Der unaufhaltsame Vormarsch der Bildmedien

führt zu einem neuen Analphabetentum; Du weißt, daß kein Deutscher heutzutage mehr einen Satz, der mehr als fünfzehn Wörter enthält, verstehen kann; die Fähigkeit zur Aufnahme etwas schwierigerer Texte läßt rapide nach. Die Leichtverständlichkeit der Bildmedien fördert das Verlangen nach Leichtverständlichkeit von Literatur; ein Verlangen, dem die Literatur ohne Substanzverlust nicht nachgeben kann. Aus dieser Entwicklung weg von der Schriftlichkeit ergibt sich, wie ich glaube, folgendes: Die Literatur wird noch elitärer, als sie es ohnehin ist – ganz zwangsläufig. Sie wird möglicherweise in einer ferneren Zukunft (falls es noch eine geben wird) wieder denselben Stellenwert bekommen, wie sie ihn in der Antike, schlimmstenfalls wie sie ihn im Mittelalter hatte: ein nur kleinen gebildeten Kreisen vorbehaltenes Unternehmen. In klosterähnlichen Zirkeln wird man noch des schriftlichen Ausdrucks mächtig sein, sonst wird weiterhin Slang geradebrecht, eine verarmte Sprache geredet, die keine Zwischentöne, keine Subtilität, keine genaue Differenzierungen mehr kennt. Weil nämlich auch die Beschäftigung mit dem Computer, die immer mehr zunimmt, dazu verleitet, sich nur noch in alternativen Denkvorgängen zu bewegen; wie der Computer nur Ja und Nein kennt, muß notwendigerweise der ihn Bedienende alle Fragen, alle Probleme, die doppeldeutig oder dialektisch sind, aus seinem Denken eliminieren. Das bedeutet aber zugleich, daß Literatur, die von der Dialektik lebt, von der Darstellung einer in sich widersprüchlichen Totalität, auf dieser Basis nicht fortexistieren kann oder eben nur in einer Art Diaspora. (Ich erinnere hier nur daran, daß an keiner deutschen Universität eine, in einem fehlerlosen Deutsch geschriebene Dissertation in Sachen Germanistik oder Philosophie eingereicht wird! Der Verfall beginnt beim Kopf!) Zugleich wird der Literatur eine weitere Ebene des Verstehens dadurch entzogen, daß der allgemeine Bildungspegel immer weiter sinkt. Obwohl wir in einem ›christlichen‹ Lande leben, ist die Kenntnis der Bibel (beispielsweise) derart geschrumpft, daß literarische Anspielungen, die über ›Adam und Eva‹ oder ›Kain und Abel‹ hinausgehen, nicht mehr begriffen werden. Von antiker Mythologie, von antiker oder späterer europäischer Geschichte ganz zu schweigen. Was die europäische Literatur bis in die spätere Bürgerlichkeit ausgezeichnet hat, nämlich daß sie eine gebildete Literatur war, in der jedoch die Bildung nicht Selbstzweck, sondern wesentlicher Bestandteil ihrer darstellerischen Potenz gewesen ist, scheint mir endgültig vorbei zu sein. Die gebildete Literatur schrumpft mit der Leserschaft. Also, was entnehmen wir einer derartigen ›Evolution‹? Daß die Schriftlichkeit, die sowieso eine recht späte menschliche Errungenschaft gewesen ist, möglicherweise eines künftigen Tages wieder verschwindet oder zumindest in ein frühes Stadium abgleitet. Im alten Babylon benutzte man ja auch eine, in unserem Sinne, ärmliche Schrift, die für die Rechnungsführung oder den Perso-

nenkult taugte und zu nichts sonst: Das kriegen wir vielleicht wieder!« Soweit Günter Kunerts pessimistischer Zukunftsblick, vielleicht als kalte Dusche, vielleicht als Stachel im Fleisch allzu aktivistischer Vorstellungen. Kunert hätte seinen Kulturpessimismus noch weiter treiben können, hätte er in den Niederungen politisch engagierter Belletristik und Lyrik weitergegraben, von der schon Adorno wenig hielt, als er meinte, daß mit Gesinnung wenig getan ist, und von der Jost Hermand (ein in Amerika lehrender Germanist) behauptet, daß politische Lyrik in der Bundesrepublik ins Metier der Werbeaussprüche und Schlager als den massivsten Ausdrucksformen der politisch-affirmativen Literatur abgerutscht sei. Erich Fried und einige andere sind die Ausnahmen. Ein Trost immerhin: Günter Kunert hat mitnichten das Schreiben aufgegeben ...
Gespannt war ich, ob sich bei den Kollegen einzelner Sparten des kulturellen Lebens entsprechende Ansätze würden wiederfinden lassen. Von Heinrich Klotz, dem Direktor des Architekturmuseums, erhielt ich folgende Antwort:
»Nachdem in der Architektur während der siebziger und frühen achtziger Jahre die Postmoderne Einzug gehalten hat und die rigorosen Positionen der Moderne eine Einschränkung fanden, sieht es so aus, daß die Errungenschaften der zwanziger Jahre um das Jahr 2000 erneut eine Rolle spielen werden. Nachdem wir durch eine Vermenschlichung der Moderne hindurchgegangen sind, wird es erneut dazu kommen, die Positionen der Moderne zu behaupten.
Ein großes Problem wird sein, wie der Städtebau mit der künftigen Energieverknappung fertig werden wird. Schon jetzt läßt sich sagen, daß mit einer zunehmenden Verteuerung der Energie zwangsläufig auch eine erneute Verdichtung des Städtebaus einsetzen wird, da das Wohnen vor Ort immer teurer werden wird, je höher die Transportkosten werden. Die weiten Anfahrtstrecken eines zersiedelten Stadtumfeldes werden zum eigentlichen Problem. Es könnte dazu kommen, daß die vielen Einfamilienhäuser vor Ort, weit draußen im Grünen, eine starke Entwertung erfahren werden, je schwieriger es wird, diese überhaupt noch vom Stadtzentrum aus zu erreichen. Wer hellsichtig genug war und sich rechtzeitig eine Wohnung im Stadtzentrum sicherte, wird am ehesten die schon absehbare Krise überstehen können. Das bedeutet aber auch, daß wir eine erneute Verdichtung der Innenstadt zulassen müssen, ja sogar auch in Zukunft Hochhäuser errichten müssen, um die Konzentrationsbestrebungen erfüllen zu können. Die Zersiedelung des Landes wird schon während der neunziger Jahre eingedämmt werden und zugunsten der Aufwertung der Innenstädte sich mehr und mehr einschränken. Eine Rückwanderung aus den grünen Satellitenstädten und Einfamilienhausidyllen zurück in die Innenstädte wird einsetzen, ja hat bereits stillschweigend begonnen. Gleichzeitig wird die Architektur der Freizeitin-

stitutionen beträchtlich zunehmen, so daß der heute noch ausgefochtene Kampf um den Neubau von Museen wie etwa am Sachsenhäuser Mainufer kaum noch verständlich sein wird, da in Zukunft breiteste Bevölkerungsschichten von einem solchen Freizeitangebot Gebrauch machen werden. Die Schwellenangst gegenüber solchen Institutionen wird mehr und mehr weichen, ja ist bereits zu einem beträchtlichen Teil abgebaut worden.«

Auch Heinrich Klotz mißt der menschenwürdigen Gestaltung unserer Lebenswelt ein bedeutendes Gewicht bei. Der Beitrag der Kultur-Systeme zur Lebensqualität wird hier eindeutig bejaht.

Nicht weniger wichtig ist nach der Analyse von Bibliotheksdirektor Hans-Joachim Vogt der Beitrag der öffentlichen Bibliotheken. Er schreibt mir: »Gemessen am Ausbaustand vornehmlich des angelsächsischen und skandinavischen Bibliothekswesens besteht in der Bundesrepublik Deutschland immer noch ein erheblicher Nachholbedarf. Die Öffentlichen Bibliotheken hierzulande haben zwar durchaus am Bildungsboom der siebziger Jahre teilgehabt. Vielerorts entstanden neue Bibliotheken, wuchsen die Medienbestände und auch das Personal. Diese expansive Phase wurde jäh unterbrochen, als die Haushaltskrise viele Kommunen zu erheblichen Reduzierungen der Bibliotheksetats zwang. Die Bundesrepublik besitzt noch kein Klein-, Mittel- und Großstädte verknüpfendes Netz Öffentlicher Bibliotheken. Es gibt viele weiße Flecken. Schulbibliotheken können die Aufgabe der Leseerziehung nicht erfüllen. Die entsprechenden Mediensammlungen sind lückenhaft, die personelle Betreuung ist nicht sichergestellt, deshalb fehlen auch ausreichende Öffnungszeiten. Im Unterschied zu den angelsächsischen und skandinavischen Ländern kennt die Bundesrepublik nicht das Berufsbild und damit den Beruf des Schulbibliothekars.

Die neuen Medien, die neuen Informationstechnologien treffen zumindest im Bereich der Öffentlichen Bibliotheken auf eine noch nicht ausgebaute Bibliothekslandschaft. Von der Großindustrie, den entsprechenden Konzernen und auch vom Staat sind Kabelfernsehen, Bildschirmtext, Video-Kassette, Bildplatte und Computerverbundsysteme entwickelt und gefördert worden, die in letzter Konsequenz zu einer papierlosen Zukunft der Bibliotheken führen können. Die Umrüstung der Bibliothek zum Informationssystem wird zwar zunächst die wissenschaftlichen Bibliotheken stärker treffen als die kommunalen Öffentlichen Bibliotheken. Mittels Sprechschreiber, Computerausdruck, Übersetzungs- und Vorlesemaschinen wird aber auch im Bereich der Belletristik nach den Vorstellungen Klaus Haefners[227] aus dem Dichter wieder der Sprecher, aus dem Leser ein Zuhörer. Die den Informationstechnologien eigenen Gesetzmäßigkeiten lösen Privatisierung und Marktorientierung aus, da die Inanspruchnahme einer Datenbank, eines Zugriffs auf den Bild-

schirmtext oder später auf Glasfaserprojekte nicht kostenlos sein wird. Das führt zu der in der Literatur häufig hervorgehobenen sozialen Diskriminierung, zur Herausbildung eines Herrschaftswissens weniger. Die Prinzipien der Öffentlichen Bibliothek, freier Zugang der Information für alle und soziale Verpflichtung gegenüber ihren Benutzern stehen hierzu im eklatanten Gegensatz. Es erscheint mir deshalb gegenwärtig eher sekundär, in welchem Tempo und in welchem Ausmaß die Möglichkeiten der Informationstechnologien in den verschiedenen Arbeitsbereichen der Öffentlichen Bibliothek angewendet werden, da grundsätzlich zunächst sicherzustellen ist, daß die Dienstleistungen der Öffentlichen Bibliothek, die stets die Gesamtheit der Bürger erreichen sollen, kostenfrei bleiben. Nur so bleibt der Grundsatz der Chancengleichheit auch in Zukunft gewahrt. Möglicherweise ist es eine der vornehmsten Aufgaben der Träger Öffentlicher Bibliotheken, diesen Grundsatz auch in Zukunft sicherzustellen. Das kann natürlich bedeuten, daß die eine oder andere Nutzungsmöglichkeit konsequent ausgeklammert wird. Überdies ist es sicherlich erforderlich – wenn auch mit Zeitaufschub verbunden –, daß der Umfang der Computerisierung einer Bibliothek über den Weg der Mitbestimmung durch das Personal und ggf. auch in Rückkoppelung mit der Benutzerseite erfolgt. Im Gegensatz zu Klaus Haefner bin ich nicht der Auffassung, daß jeder technologische Fortschritt nur deshalb übernommen wird, weil er technisch möglich ist.
Wie soll die Bibliothek im Jahre 2000 aussehen? Welche Bedeutung werden voraussichtlich Buch und Bibliothek zu diesem Zeitpunkt haben, welchen Beitrag können sie zum Überleben der Menschheit im Zeitalter des möglichen atomaren Holocaust und des Orwellschen Überwachungsstaates leisten?
Die neuen Informationstechnologien werden, in welchem Ausmaß und Tempo auch immer, sich ausweiten. Mit ihnen verfestigt sich das Establishment, die Macht des Kapitals, der Bürokratie und des Spezialisten. Namhafte Wissenschaftler machen eine Überwindung der hieraus resultierenden Gefahren und die Chance für eine Neubesinnung auf humane Lebensformen davon abhängig, daß im dialektischen Prozeß Gegengewichte entwickelt werden. Neil Postman, Robert Jungk, Fridjof Capra und auch Hartmut von Hentig sind hier zu nennen. Ich glaube, daß es u. a. auch eine Aufgabe der Öffentlichen Bibliothek sein kann, ihre Dienstleistungen darauf auszurichten, daß Selbstbestimmung des Menschen, Mündigkeit, politische Urteilsfähigkeit, Verantwortungsbereitschaft, Identifikation mit dem Leben gestützt bzw. ausgebildet werden. Sie muß deshalb in ihrem Bereich auf eine überlegte Anwendung, d. h. sinnvolle Anwendung der Informationstechnologien nicht verzichten. Selbstverständlich sollte ihr Bestand elektronisch abrufbar sein, sollten Bestellwege und Verlängerungen über Fernleitungen abgewik-

kelt werden können. Die neuen Medien ermöglichen in der Bibliothek interaktive Lernprozesse. Das kann aber nicht alles sein. Da die Sprache Verständigungsmittel des Menschen ist, muß sie gepflegt und weiterentwickelt werden.
Die schriftliche Kultur hat in Europa eine lange Tradition. Zur Bewahrung des Kulturerbes gehören Lesefähigkeit und Leseerziehung. Soll die Öffentliche Bibliothek eine unter anderen Gegenkräften sein, so muß sie für diese Aufgabe entsprechend finanziell und personell ausgestattet werden. Der oben skizzierte, unfertige Ausbaustand des Öffentlichen Bibliothekswesens macht es in diesem Zusammenhang unerläßlich, daß wesentlich vermehrte Aufwendungen für neue Bibliotheken, neue Medienbestände, weiteres Personal und insbesondere für Auf- und Ausbau eines umfassenden Schulbibliothekswesens seitens der Träger aufgebracht werden. Es kann sein, daß dies nur auf dem Wege der ausstehenden Bibliotheksgesetzgebung möglich sein wird. Die Informationstechnologien bedeuten Rationalisierung und deshalb Abbau von Arbeitsplätzen. In den Öffentlichen Bibliotheken der Bundesrepublik können bis zum Jahrhundertwechsel eine Vielzahl neuer Stellen mit sinnvoller Aufgabenzuweisung geschaffen werden. Wie immer sich das Bild der Öffentlichen Bibliothek im Zusammenhang der neuen Medien in den nächsten Jahrzehnten verändern wird, an einem erheblichen Mittelbedarf für die politische Bildungsaufgabe und für die Ausgestaltung humaner Lebensweise kann nicht gezweifelt werden. In diesem Zusammenhang möchte ich auch noch einmal hervorheben, daß es die Aufgabe gerade der Öffentlichen Bibliothek sein könnte, eine weitgehend kostenfreie Nutzung der Ergebnisse der neuen Informationstechnologien zu organisieren. Genauso käme es darauf an, daß sie eine humane Aneignung der Nutzungsmöglichkeiten der neuen Medien unterstützt mit dem Ziel, daß durch hohen technischen Standard keine neuen Schwellen und Barrieren für die Benutzung der kommunalen allgemeinen Öffentlichen Bibliothek aufgebaut werden. Stadtteilkulturarbeit und soziale Bibliotheksarbeit sind jedenfalls nicht auf der Basis der zentralistischen und Herrschaftswissen anhäufenden negativen Tendenzen der neuen Informationstechnologien zu leisten.
So unwahrscheinlich es im Moment auch angesehen werden kann, die hier skizzierte Entwicklung ist grundsätzlich abhängig von einer Umschichtung der Rüstungsmilliarden in der Vorsorge für eine menschliche Zukunft.«
Soweit Hans-Joachim Vogt. Der lebensnotwendige, lebensbezogene Auftrag der Bibliothek ist hier selbstverständlich unbestritten, und insofern finde ich meine Programmatik hier voll bestätigt.
Ähnliches, wenngleich auf die bildenden Künste bezogen, finde ich in dem Text von Herbert Beck (Direktor des Liebieg-Hauses, Museum der

Plastik), der mit seinen lyrischen Passagen gleichwohl den realistischen Schlußpunkt setzen soll:
»Da weht kein Lüftchen. Breit gelappte Ahornblätter stehen träge in der schräg einfallenden Herbstsonne. Weiche, warme Farben, Behaglichkeit trotz Modergeruch; dahinter still der Strom. Auf der Allee ein Karren, flußabwärts vorübergezogen, vorbei an glanzvollen Villen unvergessener Baumeister, ob Maier (USA), ob Romeis (München). Eingespannt prächtige Ochsen, die sich nicht schwertun mit ihrer Last. Dabei jeder von entfalteter Eigenart, hauptsächlich in der Bildung der Hörner. Lebhaft nach oben gezwirbelt die einen, andere drohend gesenkt; zwischen ihnen die der Natur eigene Vielfalt schillernder Mischformen. Sanft rollt der Wagen, wenngleich Quietschen und Knirschen von Achse und Nabe nicht völlig zugeschmiert verstummen. Zu schwer, um lautlos zu gleiten, ist das Gefährt mit kuriosen, verlockenden Reichtümern beladen, die freilich nicht alle von gleicher Schönheit, nicht von derselben Kostbarkeit sind. Zwischen erlesen Goldglänzendem, Filigranem, Besticktem, fadenscheinig Durchwobenem, kraftvoll Gemeißeltem und zünftig Gehämmertem, neben in Frankfurter Manier kleinteilig auf Kupfer Gemaltem auch allerlei Unnützes. Wohldenn; auf der Rückseite dieses Bildes, das unschwer als Frankfurter Malerei der Mitte der achtziger Jahre unseres Jahrhunderts zu erkennen ist, ein schäbiger Notizzettel, beiläufig dem handelsüblichen steifen Karton angeheftet, bekritzelt mit dem despektierlichen Hinweis, der Maler gehe, da ein gebürtiger Frankfurter, davon aus, daß sein Gemälde, eine, wie man bemerkt haben wird, immerhin wohlbedachte Allegorie, alsbald das Zentrum eines zu gründenen Museums, einzig der umfänglichen Frankfurter Malerei gewidmet, bilden werde.
Dieser Tage wurde die Mode dieser Tage musealisiert: Das Metropolitan Museum offeriert Yves Saint-Laurents Kleiderentwürfe. ›Eine bislang verkannte oder gar verheimlichte Kunstgattung wird vermutlich bald die Museen der Welt erobern‹ kommentiert – nicht ohne Ironie – Hans Scherer.[228] Einmal mehr erweist sich die Institution Museum als stark genug, Weihen, höhere und niedere, zu geben. Nicht mehr aus eigener Machtvollkommenheit freilich. Das Museum ist nicht unumstritten; wir haben frühere Verteufelungen als Elitebastion nicht vergessen und ebensowenig übersehen seine pseudodemokratische Anbiederung seitdem! Vielmehr ist es der philosophische Rang der Kunst, von dem die Museen – und nicht nur die Kunstmuseen – profitieren. So läßt sich mittlerweile alles und jedes erfolgreich musealisieren. Die hastige Metamorphose der Gerätschaft zum Artefakt schafft materielle Grundlagen für ausufernde Museumsgründungen. Die Musealisierung unserer Welt schreitet unaufhaltsam fort und ist – wenn auch auf bestimmte Interessen beschränkt – nicht ohne Nutzen. Die museale Thesaurierung scheinbarer

Werte leiht der materiellen Produktivität unserer Zeit den vermißten tieferen Sinn. Alles Hergestellte ist eigentlich museumsreif, von Anfang an würdig, aufbewahrt zu werden; wie haben wir es weit gebracht! Die Griechen kamen über einige Götterbilder, nackte, nicht hinaus.
Zudem: Musealisiertes ist zunächst einmal kaltgestellt, ins Dunkel gehüllt wie seit neuestem die Ägyptiaca der Berliner Museen. Entschärft; Spotlights bringen ausschnitthaft goldene, fein geschwungene Nasenlinien reizvoll zur Wirkung: Wir wollen das Schöne der Geschichte genießen, nicht den häßlichen Anblick brutaler Münder, feister Doppelkinne. Die totale Musealisierung, die ihre knöchrigen Finger in die Geschichte ausstreckt und begierige Blicke auf die Gegenwart wirft, impft unserer Welt die Vitalität von Scheintoten ein. Mit ihnen ist gut umspringen!
Kultur für Morgen: ›Das Utopische, das Undenkbare, das wirklich Avantgardistische muß phantasievoll ausgedacht werden, damit nicht immer nur mittelfristige Planungen uns schließlich die Zukunft versäumen lassen‹ (Hilmar Hoffmann, 29.8.1984). Das ›wirklich Avantgardistische‹ – liegt es in der radikalen Reaktion? Vermöchte sie das Trauma tödlicher Nivelliertheit zu überwinden; ist das Vergangen-Gültige denn nicht zu Ende gedacht, tradierte Qualität etwa aktualisierbar?
Zur Erinnerung: Erstens, Kunst vertiefte sich dereinst erklärend in religiöse Substanz. Zweitens, die hervorragendsten Künstler verklärten Herrschaft oder stellten sie bloß. Drittens, lange Zeit bot die Kunst das entscheidende Medium zur Vermittlung aufklärenden Wissens über die Welt ... und, viertens, schön ist sie eh! Und Schönheit, so wird seit alters philosophiert, sei die Quelle von Wahrheit, und um an ihr teilzuhaben, grübelten Jahrhunderte über einer Handvoll Meisterhaftem.
Bisweilen qualvolles Suchen nach Neuem, entspringt es nicht vielfach geistiger Verklebtheit, der Büromüdigkeit und Umständlichkeit, wenn nicht Schlimmeres anhängt wie Pech. Nicht trauliches Miteinander, nicht stille Einvernehmlichkeit treiben Erkenntnis hervor. Reibung vielmehr, Kritik ist vonnöten, zu erinnern die geistige Kraft des Einzelnen, geschärftes Denken, zugespitzte Wissenschaftlichkeit, die Präzision des Arguments. Intellekt muß sich seiner schneidenden Schärfe bewußt sein. Mut ist gesucht.
Tröstlich aber: bewegte Geister – solange es nicht die sagenhaft bösen sind – stiften nicht gefährliche Unruhe. Widersprüche allerdings nennen sie beim Namen. Sie einzuschläfern oder mundtot zu machen, um hernach das Nochniedagewesene zum Bessern der Zukunft zu fordern, formierte Legionen folgsamer Zöglinge, die uns das Jahr 2000 vergällen würden.«

> Wendell Kretzschmar huldigte dem Grundsatz, den wir wiederholt aus seinem zuerst von der englischen Sprache geformten Munde vernahmen, daß es nicht auf das Interesse der anderen, sondern auf das eigene ankomme, also darauf, Interesse zu *erregen*, was nur geschehen könne, dann aber auch mit Sicherheit geschehe, wenn man sich selbst für eine Sache von Grund aus interessiere und also, indem man davon spreche, schwerlich umhinkönne, andere in dies Interesse hineinzuziehen, sie damit anzustekken und so ein gar nicht vorhanden gewesenes, ein ungeahntes Interesse zu *creieren*, was viel besser lohne, als einem schon bestehenden gefällig zu sein.
>
> *Thomas Mann*[229]

Nicht *was* die Menschen in ihrer arbeitsfreien Zeit kulturell *treiben*, welchen müßiggängerischen Interessen oder tatendrängerischen Bedürfnissen sie sich hingeben, ist uns bei der Würdigung ihres Freizeitverhaltens interessant. Wichtiger ist uns vielmehr die Frage, *was mit ihnen dabei geschieht* und was sich in ihrem Innersten anstoßen und bewegen ließ. Sind die Menschen nachher noch die gleichen, die sie vorher waren, oder haben sie sich, wenn auch nur geringfügig, verändert? Wer bei sich auch nur einen minimalen Zuwachs an innerer Freiheit verspürte, ein gesteigertes Selbstvertrauen in die eigenen Fähigkeiten, ein größeres Zutrauen zu seiner eigenen Wirklichkeitsmächtigkeit, dem hat sich die Perspektive schon verändert; sie hat eine größere Reichweite bekommen, die vielleicht ihren eigenen bewußten Beitrag zur Zukunftsbewältigung erhält. So bleibt für die Kulturpolitik die Antwort auf die Frage spannender, was von den Menschen gewonnen werden *kann*, wenn sie, statt Kultur bloß passiv zu genießen, sich in Kulturprozesse selber mit einbringen, selber bewegender Teil des Geschehens werden. Hier setzt meine optimistische Perspektive an: Die kulturelle Aufgabe besteht auch darin, Lebenssinn möglich zu machen. Mit Hilfe der Kultur, vor allem der Künste, formulieren die Menschen ihren Traum vom lebenswerten Leben, indem sie ihn nicht nur mitträumen – wie dies André Gide am Beispiel Goethes empfahl, der durch die Darstellung seines glücklichen Lebens zum Glück der anderen mehr beigetragen habe, als wenn er dieses Leben im Kampf gegen ihr Elend verbraucht hätte. Vielmehr muß der Mensch in den Stand gesetzt werden, an seiner Verwirklichung mitzuarbeiten. Wenn die Erwartungen an das subjektive Lebensglück nur um einen Gran gewachsen sind, wäre schon viel damit erreicht. Ich sagte »subjektives Lebensglück«, denn der umfassende philosophische Glücksbegriff ist von jenem individuellen Glück des gewöhnlichen Lebens weit unterschieden, das Hegel als eine langweilige Privatangelegenheit abtat. Auch wenn Glücksvorstellungen der Individuen im Vergleich zu abstrakten Glückskonstruktionen der Philosophen banal erscheinen, so ist die große individuelle Vielfalt von Glücksmomenten jedenfalls dem einzelnen wichtiger, der sie an sich selbst erfährt. Da die persönliche Glückserfahrung sich weniger der Abwesenheit von Konflikten, Ängsten oder Ärger verdankt als vielmehr dem Grad der Intensität, mit der jemand Dinge erlebt und durch diese Erlebnisse zum produktiv Handelnden wird, kann Kulturpolitik zu solcher Glücksfindung beitragen, indem sie dafür gewisse Voraussetzungen schafft: Denn nach Marcel Proust werden die glücklichsten Momente im Dasein der Menschen von diesen oft gar nicht bewußt bemerkt, vielmehr verdanke sich essentielles Glück der Kunst und künstlerischem Erinnern.

Wenn aber nach Freud die Hoffnung des Menschen, glücklich zu sein, im Plan der Schöpfung nicht enthalten ist, kann dann Kulturpolitik sich anmaßen, die Menschen glücklicher machen zu wollen? Georg Forster definiert mit optimistisch-aufklärerischen Worten, was Kulturpolitiker für ihren Auftrag ansehen könnten: »Glücklich sein, scheint, wenigstens in der einzigen Welt, die wir kennen, einen Zustand zu bezeichnen, wo Arbeit und Ruhe, Anstrengung und Ermattung, Begierde und Befriedigung, Wollust und Schmerz, Freude und Leid miteinander wechseln, wo aber die frohen Augenblicke des Genusses kräftig zu neuer Tätigkeit reizen und lebenslang die möglichste Entwicklung aller physischen und sittlichen Kräfte befördern.«[230]

Dies kulturpolitische Interesse hat daher der Erweiterung von Spielräumen der Selbstverwirklichung zu gelten. Daniel Bell hat den Einfluß der ästhetischen Moderne und die subversiven Auswirkungen einer hedonistischen Lebensweise auf das Normative des bürgerlichen Alltags herausgearbeitet. Bell empfiehlt die extensive Nutzung individueller Freiheitsrechte und der Rechte politischer und kultureller Teilhabe: »Expressive Selbstverwirklichung und moralisch-praktische Selbstbestimmung sind zwei gleichrangige, einander ergänzende Komponenten, die in der kulturellen Moderne gleich ursprünglich angelegt sind.«[231]

Zur Wahrnehmung dieser beiden Grundrechte braucht es ein lebendiges kulturelles Milieu, das Lust auf Auseinandersetzung macht. Diese Lust, die Aussicht auf entsprechenden Gewinn (z. B. an Erkenntnis) schafft erst die entsprechende »harte« Motivation, mit deren Hilfe schließlich sogar Kaufkraft freigesetzt werden kann, Kaufkraft im Sinne eines »kulturellen Neomerkantilismus«, also humanwirtschaftlicher Betätigung als erprobungswürdigem Versuch, Arbeiten, Leben und Kultur als interdependente Größen im Sinne von Günther Anders in produktiven Einklang zu bringen, die Kluft zu schließen zwischen dem, was die Menschen herstellen und dem, was sie sich vorstellen können.[232]

Noch ein letzter Hinweis: Ein Buch über Kulturpolitik ist kein Rezeptbuch, keine Gebrauchsanleitung, keine Kulturfibel. Nur wenige der Beispiele taugen als übertragbare Modelle. Das Buch will die sanfte Gleichgültigkeit in der Kulturpolitik durch Unruhestiftung überwinden helfen, es will anregen auch zum Widerspruch, um das gefühlsmäßig Ungefähre durch schärferes Nachdenken zu klären und den abgelegten Status quo der Kulturpolitik hinter sich zu lassen. Jede Realisierung ist ein Prozeß lebendiger Menschen in konkreten Bezügen – jede Idee, jedes Programm, jede Utopie, vor allem ihre Realisierungsmodi und ihre Verwirklichungen sehen anders aus. Gerade in dieser Vielfalt erweist sich schließlich die Fruchtbarkeit von Kultur.

Anmerkungen

1 Peter Glotz, *Die Arbeit der Zuspitzung*. Berlin 1984, S. 142.
2 An Erika Mann, 7.6.1954, in: Thomas Mann, *Briefe*, hrsg. v. Erika Mann. Frankfurt/Main 1979, Bd. 3, S. 345/346.
2a Hilmar Hoffmann, *Kultur für alle*. Frankfurt/Main, 2. Aufl. 1981.
3 Umberto Eco, *Apokalyptiker und Integrierte. Zur kritischen Kritik der Massenkultur*. Frankfurt/M. 1984, S. 30.
3a Joseph Huber, *Die Regenbogengesellschaft*. Frankfurt/M. 1985.
4 Peter Turrini, »Heimat, deine Verrückten«. In: *Heimat. Ein kulturpolitischer Begriff*. Wien 1981 (Zeitdokumente, Dr. Karl-Renner-Institut, 26), S. 25–32, S. 27/28.
5 Dieter Kramer, *Der sanfte Tourismus*. Wien 1983, S. 144.
6 Marx/Engels, *Werke* Bd. 23, S. 529f.
7 Iring Fetscher, *Überlebensbedingungen der Menschheit*. München 1980, S. 48.
8 Marie Jahoda, *Wieviel Arbeit braucht der Mensch?* Weinheim/Basel, 1983, S. 48.
9 A. a. O., S. 47.
10 Christiane Müller-Wichmann, *Zeitnot*. Weinheim/Basel 1984, S. 217.
11 K. Bredow in *Express* 10/1983, S. 5.
12 Oskar Negt, »Bringt Arbeitszeitverkürzung die Herrschaftsordnung ins Wanken?« *Frankfurter Rundschau* (D-Ausg.) 23.1.1984, ähnlich auch: Oskar Negt, »Ein politischer Kampf um das Brechen von Herrschaftspositionen«. *Express* 12/1983, S. 7–11.
13 Soziale Ordnung (Hrsg.: CDU-Sozialausschüsse), 2. Jan. 1979; vgl. *Sozialdemokrat-Magazin* 2/1984, S. 11.
14 Müller-Wichmann (s. Anm. 10), S. 92.
15 A. a. O., S. 150.
16 Paul Lafargue, *Das Recht auf Faulheit.* Hrsg. u. eingeleitet von Iring Fetscher. Frankfurt/M. 1966.
17 Karl Marx, *Grundrisse der Kritik der politischen Ökonomie.* Frankfurt/Wien o. J. S. 89 u. 599.
18 Peter Glotz (s. Anm. 1), S. 168, vgl. S. 20 u. S. 109.
19 Jahoda (s. Anm. 8), S. 27.
20 Hanna-Renate Laurien, »Mit dem Ehrenamt aus der Kümmerexistenz«. *Frankfurter Rundschau* (D-Ausg.) v. 19.1.1983, S. 14.
21 Siegfried Hummel, »Zukunft der Arbeit – Zukunft der Kultur«. *Vortrag in Siena* 1984, S. 8.
22 Glotz (s. Anm. 1), S. 174.
23 A. a. O. S. 171.
24 »Menschlicher leben und arbeiten«. *DGB: Kulturpolitik, Kulturarbeit. Kurzinformation Nr. 2* (Juni 1983), S. 1.

25 Oswald von Nell-Breuning, »Gesellschaftspolitische Aspekte der Arbeitszeitverkürzung«. *Frankfurter Rundschau* (D-Ausg.) v. 25.11.1982, S. 11, in der am 9.12.1982 korrigierten Fassung. Vgl. auch Peter Häberle, »Arbeit als Verfassungsproblem«. *Juristenzeitung* 39. Jg. Nr. 8 v. 19.4.1984, S. 345–356.

26 Benseler, Heinze, Klönne (Hrsg.), *Zukunft der Arbeit*. Hamburg 1982, S. 11.

27 Peter Turrini (s. Anm. 4), S. 30.

28 Fred Hirsch, *Die sozialen Grenzen des Wachstums*. Reinbek b. Hamburg 1980.

29 Wolfgang Fritz Haug, »Standpunkt und Perspektive materialistischer Kulturtheorie«. In: Haug/Maase (Hrsg.), *Materialistische Kulturtheorie und Alltagskultur*. Berlin (West) 1980 (*Argument-Sonderband* AS 47), S. 6–27, S. 11.

30 Thomas Mann, *Doktor Faustus*. Frankfurt/M. 1967, S. 124.

31 Horst W. Opaschowski, »Ohne Arbeit und Freizeit leben«. *Animation 1982* (H. 1), S. 3.

32 Thomas Mann an Agnes E. Meyer, 25.8.1945; ders., *Briefe* (s. Anm. 2), Bd. 2, S. 439.

33 Jürgen Manthey, »Fabrik und Mausoleum«. *Frankfurter Rundschau* v. 14.4.1984.

34 K. H. Tjaden, Was heißt: »Die Produktivkräfte sprengen die Produktionsverhältnisse?« In: *BdWiForum* 53/54 (Mai 1983), S. 39–42, S. 39; vgl. R. Czesklaba-Dupont, K. H. Tjaden, »Probleme des Übergangs von der kapitalistischen Naturzerstörung zu vernünftig-gesellschaftlicher Naturaneignung«, in: *Alternative Umweltpolitik*, Berlin (West) 1981, S. 89–95 (*Argument-Sonderband 50*)

35 Guy Kirsch, in: *Kultur für die Stadt – Chancen und Grenzen bei knappen Kassen. Gespräche im Konrad-Adenauer-Haus*, 2. Gespräch am 8. Dezember 1982 (Bonn, CDU-Bundesgeschäftsstelle 1983), S. 19.

36 Ernst Pappermann, *Zur aktuellen Situation der städtischen Kulturpolitik*. Der Städtetag 3/1985, S. 174–181.

37 Vgl. Egon Matzner, *Der Wohlfahrtsstaat von morgen*. Wien 1982, S. 170f.

38 Neil Postman, *Das Verschwinden der Kindheit*. Frankfurt 1984, S. 117, vgl. S. 87.

39 Manfred Rommel, *Abschied vom Schlaraffenland*. Stuttgart 1981, S. 124, vgl. S. 111.

40 Manfred Rommel, »Medien wuchern, Musikschulen schrumpfen«. *Neue Musikzeitung* April/Mai 1983.

41 Tom Sommerlatte, *Stellungnahme zum Fragenkatalog der Enquête-Kommission 1982*.

42 »Mehrzweckwaffe Grundgesetz«. *Frankfurter Rundschau* (D-Ausg.) v. 11.11.1978 und 7.11.1978.

43 Heinz Hengst, »Wiederholt Nervenkitzel«. *Demokratische Erziehung* 4/1983, S. 52f.

44 Wolfgang Michal, »Videofilme«. *Vorwärts* v. 9.8.1984.

45 A. a. O.

46 Peter Krauß, »Filmbüro Hessen«. *Vorwärts* v. 19.7.1984.

47 Wolfgang Michal, »Spielfilmproduzenten: Das hessische Modell ist reaktionär«. *Vorwärts* v. 19.7.1984.
48 Ralf Siepmann, »Zwischen Bond und Porno«. *Vorwärts* v. 26.7.1984, S. 25
49 Rudolf Burger, »Die Sprache der Puppen oder Die Angst vor dem Widerspruch«. *Düsseldorfer Debatte* 2/1984, S. 67–70.
50 Peter Glotz (s. Anm. 1), S. 120.
51 Jürgen Habermas, »Die Kulturkritik der Neokonservativen in den USA und in der Bundesrepublik«. *Merkur* Nov. 1982, S. 1047–1051, auch in *Frankfurter Rundschau* v. 3.12.1982.
52 A. a. O.
53 »Kino, Kunst, Kasse«. *Die Zeit* v. 16.12.1983.
54 »Gegenrevolution«. *Frankfurter Rundschau* (D-Ausg.) v. 9.12.1983.
55 *Frankfurter Rundschau* (D-Ausg.) v. 17.12.1983
56 Volker Schlöndorff, *Die Zeit* v. 16.12.1983.
57 *Frankfurter Rundschau* v. 8.8.1983.
58 S. Anm. 56.
59 *Frankfurter Rundschau* (D-Ausg.) v. 8.12.1983.
60 *Frankfurter Rundschau* (D-Ausg.) v. 16.1.1984.
61 Wolfram Schütte, *Frankfurter Rundschau* (D-Ausg.) v. 17.2.1984.
62 Wolfram Schütte, *Frankfurter Rundschau* (D-Ausg.) v. 24.1.1984.
63 *Frankfurter Rundschau* (D-Ausg.) v. 16.1.1984.
64 S. Anm. 56.
65 *Frankfurter Rundschau* (D-Ausg.) v. 20.12.1983.
66 Wolfram Schütte, *Frankfurter Rundschau* (D-Ausg.) v. 30.6.1983.
67 *Die Zeit* v. 8.3.1984.
68 *Frankfurter Rundschau* (D-Ausg.) v. 9.3.1984.
69 *Frankfurter Rundschau* (D-Ausg.) v. 5.4.1984.
70 *Frankfurter Rundschau* (D-Ausg.) v. 12.9.1983.
71 Vgl. »PEN-Erklärung«, *Frankfurter Rundschau* (D-Ausg.) v. 2.2.1983, vgl. Rolf Michaelis, *Die Zeit* v. 14.10.1983.
72 *Die Zeit* v. 5.3.1984.
73 Vgl. Ulrich Schreiber, *Frankfurter Rundschau* (D-Ausg.) v. 22.11.1982.
74 Reinhard Voss, *Frankfurter Rundschau* (D-Ausg.) v. 11.2.1984.
75 Vgl. Michael Schwelien, *Die Zeit* v. 21.10.1983.
76 *Die Zeit* v. 5.2.1982.
77 *Frankfurter Rundschau* (D-Ausg.) v. 4.11.1984.
78 Timm Ulrichs, »Wie relevant ist die ›gesellschaftliche Relevanz‹ der Kunst?« In: *Abt. für Kunsterzieher Münster der Staatlichen Kunstakademie Düsseldorf*, Dokumentation Münster 1981.
79 Karla Fohrbeck, Andreas Johannes Wiesand, *Musik, Statistik, Kulturpolitik*, Köln 1982, S. 33.
80 A. a. O.
81 A. a. O.
82 »Kultur als Wirtschaftsfaktor«. *Kulturpolitische Mitteilungen* (Hagen) 22 (1983), S. 26/27.
83 Vgl. Günter Drebusch, »Kunst als Wirtschaftsfaktor«. In: *Kunstkurier* (Düsseldorf) 6/1983, S. 14–16; vgl. auch Carl Kindermann, *Volkswirtschaft und Kunst*. Jena 1903.

84 Hans Rudolf Hartung, *Finanzkrise! Kulturkrise? neues rheinland* 1982 H. 7, S. 7–9, S. 9.

85 Reimut Jochimsen, *Die Zeit* v. 10.2.1984.

86 »Kultur konkret. Projekte und Perspektiven alternativer Kulturarbeit«. Unna/Hagen 1984 (*Kulturpolitische Gesellschaft, Dokumentationen 23*), S. 105–108, S. 106.

87 Peter Sulzbach, *Analyse und Auswertung alternativer Kulturbetriebe und Kulturinitiativen in Frankfurt am Main.* Ms. im Auftrag des Frankfurter Kulturdezernats, 1984, S. 91.

88 Dieter Buroch, *Bericht für das Amt für Wissenschaft und Kunst Frankfurt/M.* 1984.

89 H. Hoffmann/D. Kramer: »Kulturpolitik und Kunstpflege«, in: *Handbuch der kommunalen Wissenschaft und Praxis*, Berlin/Heidelberg 1983.

89a Dieter Kramer, *Vereine und Kulturpolitik. Hessische Blätter für Volks- und Kulturforschung, NF* Bd. 16 (Vereinsforschung), Gießen 1984, S. 32–51.

90 Vgl. »Stadtteilkultur in Hamburg«. Staatliche Pressestelle (Hrsg.), Hamburg 1982, S. 7–8.

91 Sulzbach (s. Anm. 87), S. 94.

92 Hans E. Maier, Liz Deutz, Dorothee Schulze, *Experimentelle Arbeitsbeschaffungsmaßnahmen, Fallstudien zum Einsatz von Arbeitsbeschaffungsmaßnahmen bei kleinen freien Trägern*, IIM/LMP 82-20, Wissenschaftszentrum Berlin (West) 1982, S. 23, S. 40.

93 A. a. O. S. 22.

94 A. a. O. S. 42.

95 *Künstler und Kulturarbeit. Modellversuch Künstlerweiterbildung 1976–1981.* Berlin 1981 (Hochschule der Künste/Bundesverband Bildender Künstler).

96 Maier (s. Anm. 92), S. 44, im Orig. unterstrichen.

97 Dieter Kramer, »Statement«. In: *Phantasie gegen Rotstift. Jahrestagung ... Kulturpolitische Gesellschaft ... 1982*, Hagen 1982 (Kulturpolit. Ges., Dokumentationen, 19), S. 55–59, S. 58.

98 »Forderungen an die Freizeitpolitik. Eine Erklärung der DGF.« *Animation 1983*, H. 7/8, S. 253–254.

99 *Die Zeit* v. 1.6.1984.

100 *Die Zeit* v. 2.7.1982.

101 Kurt Eichler in: Irene Hübner, *Kulturelle Opposition*. München 1983, S. 230.

102 Dieter Kramer, »Museen und Freizeit: Zwischen Besucherfreundlichkeit und Kommerz«. In: *Die Zukunft beginnt in der Vergangenheit. Schriften des Hist. Museums Frankfurt am Main XVI.*, Frankfurt/M. 1982, S. 89–97.

103 Adelhart Zippelius, *Das Rheinische Freilichtmuseum und Landesmuseum für Volkskunde in Kommern.* Bonn/Köln 1981, S. 63/64.

104 A. a. O. S. 90.

105 Kurt Eichler, »Zwischen Disneyland und Broadway, Kunst- und Kulturpolitik in den USA«. *Tendenzen* (1979), S. 28–34, S. 32.

106 A. a. O. S. 33.

107 P. M. Grill, *Frankfurter Allgemeine Zeitung* v. 2. 4. 1984.
108 Philip S. Foner, Reinhard Schultz, *Das andere Amerika*. Berlin/West 1983, und *Amerika. Traum und Depression 1920/1940*. Neue Gesellschaft für bildende Kunst ... Berlin/West 1980.
109 Thomas Mann, »Das Problem der Freiheit« (1939). In: Ders., *Essays*, hrsg. v. Hermann Kurzke, Bd. 2, Frankfurt/M. 1977, S. 228–244, S. 243.
110 *Frankfurter Rundschau* v. 12. 7. 1983.
111 Ruth Henry, *Frankfurter Rundschau* (D-Ausg.) v. 16. 2. 1983.
112 Zit. in Hans-Christoph Buch, *Frankfurter Rundschau* (D-Ausg.) v. 19. 3. 1983.
113 *Frankfurter Rundschau* (D-Ausg.) v. 2. 4. 1983.
114 *Die Zeit* v. 5. 8. 1983.
115 Vgl. *Frankfurter Rundschau* (D-Ausg.) v. 6. 9. 1982.
116 Jörg Altweg, *Frankfurter Allgemeine* v. 14. 4. 1984.
117 Vgl. Friedrich Naumann, *Kunst und Volk*. Berlin-Schöneberg 1902.
118 Karin Reschke, »Und schlagt mir alle die Wörter tot«. *Vortrag bei den 11. Römerberggesprächen*, Frankfurt am Main 1984.
119 Hermann Bausinger, *Kulturelle Identität*. Bonn/Tübingen 1982, S. 11.
120 A. a. O. S. 13.
121 Thomas Mann an Heinz-Winfried Sabais, 9. 2. 1948, *Th. M., Briefe* (s. Anm. 2), S. 19.
122 Hildegard Hamm-Brücher, »Entwicklung und Kultur – Kultur und Entwicklung«. In: Hilmar Hoffmann (Hrsg.), *Kultur-Zerstörung?* Frankfurt/M. 1983, S. 43–50.
123 Dieter Kramer, »Kulturzerstörung, Weltmarkt und ›Entwicklungspolitik‹«. In: Hilmar Hoffmann (Hrsg.) *Kultur-Zerstörung?* (s. Anm. 122), S. 51–59, S. 54/55.
124 Bausinger (s. Anm. 119), S. 22.
125 Zitiert in Nachwort. In: Hilmar Hoffmann (Hrsg.), *Kultur-Zerstörung?* (s. Anm. 122), S. 181–199, S. 187/188.
126 Irmtraud Morgner, *Amanda*. Darmstadt/Neuwied 1983, S. 461.
127 Traugott Schöfthaler, »Kultur in der Zwickmühle. Zur Aktualität des Streits zwischen kulturrelativistischer und universalistischer Sozialwissenschaft«. *Das Argument* 139/1983, S. 333–347, S. 335.
128 A. a. O. S. 345.
129 Alexa Gade in einer unveröffentlichten Studie, für das Frankfurter Kulturdezernat, 1983; vgl. dies., Das Pilotprojekt »Frankfurter Ausländervereine«. *Hessische Blätter für Volks- und Kulturforschung* NF Bd. 16 (Vereinsforschung), Gießen 1984, S. 172–175.
130 A. a. O. Siehe hierzu auch: Hilmar Hoffmann: »Theater, Oper, Festspiel«, in: *Handbuch Kulturarbeit in der kommunalen Praxis*, Köln 1984.
131 Adnan Binyazar, »Vom Etablieren türkischer Kultur in der Bundesrepublik«. *Migration* 2/1982, S. 43–50, S. 48.
132 Yüksel Pazarkaya, in Christian Schaffernicht (Hrsg.), *Zu Hause in der Fremde*. Fischerhude 1981, S. 100.
133 Richard von Weizsäcker 1985 in einer Rede in Berlin.
134 Kurt A. Koerber in: *Verleihung der ›Medaille für Verdienste um das Stiftungswesen‹* ... Frankfurt/M. 1983, Hamburg 1983, S. 19.

135 Rudolf Burger (s. Anm. 49), S. 68.

136 A. a. O. S. 68/69.

137 Heik Afheldt, »Verlust der wirtschaftlichen und strukturellen Grundlagen – Verarmung der Stadt«. In: *Verlust von Stadt. Dokumentation zum Symposium '82*, Henry-van de Velde-Gesellschaft. Hagen 1982, S. 1–10.

138 Hermann Glaser in: *Stadt-Kultur-Landschaft. Recherchen zu Kultur und Kulturpolitik im Ballungsraum Nürnberg*. Hrsg. v. Institut für Kulturanthropologie und Europäische Ethnologie (Notizen Nr. 11), Frankfurt/M. 1981, S. 286/287.

139 Ulrichs (s. Anm. 78).

140 Fohrbeck/Wiesand (s. Anm. 79), S. 76.

141 Diether Dehm, *Politik live gemacht. Kulturarbeit und politische Praxis*, Wuppertal 1984.

142 Thomas Mann an Berthold Viertel, 2. 4. 1945, in: *Th. M. Briefe* (s. Anm. 2), Bd. 2, S. 423.

143 Thomas Mann an Agnes E. Meyer, 7. 10. 1941, in *Th. M., Briefe* (s. Anm. 2), Bd. 2, S. 216.

144 Thomas Mann an Bruno Walter, 22. 9. 1945, in *Th. M., Briefe* (s. Anm. 2), Bd. 2, S. 448.

145 Marcel Reich-Ranicki, »Leiden und Größe Thomas Manns«. *FAZ-Büchertagebuch 1982*, Frankfurt/M. 1983, S. 220.

146 Thomas Mann, *Die Entstehung des Doktor Faustus*. Frankfurt/M. 1984, S. 100.

147 Peter Weiss, *Notizbücher 1960–1972*, 2. Bd., Frankfurt/M. 1982, S. 706–708.

148 A. a. O. S. 695.

149 A. a. O. S. 709.

150 A. a. O. S. 698.

151 Thomas Mann an Walter G. Hesse, 30. 3. 1946, in *Th. M., Briefe* (s. Anm. 2), Bd. 2, S. 485.

152 Marilis Lunkenbein, »Im Land ohne Sprache«. *Vorwärts* v. 1. 12. 1984.

153 Peter Iden, »Schönes Haus der falschen Versöhnung«. *Frankfurter Rundschau* v. 16. 10. 1982, S. III.

154 Gabriele Sprigath, »Bildergespräche – Ein Projektmodell zur Wahrnehmung und Vermittlung von Bildern«. In: Jutta Held (Hrsg.), *Kunst und Alltagskultur*. Köln 1981, S. 175–187.

155 Dehm (s. Anm. 141).

156 Vgl. Armin H. Fuchs, Heinz-Wilhelm Schnieders (Hrsg.), *Soziale Kulturarbeit. Berichte und Analysen*. Weinheim/Basel, Beltz-Verlag 1982, und: »Soziale Kulturarbeit und kulturelle Sozialarbeit«. XVI. Loccumer Kulturpolitisches Kolloquium 1984, *Loccumer Protokolle* 5/1984, Rehburg-Loccum 1984.

157 Dieter Kramer, »Soziale Kulturarbeit: Kulturpolitische Rahmenbedingungen und Entwicklungstendenzen in der BRD.« In: *Kongreß soziale Kulturarbeit* ... 1979, Gesamthochschule Kassel (1980), S. 13–40, S. 26.

158 Thomas Mann an P. P. Sagave, 28. 1. 1946, in *Th. M., Briefe* (s. Anm. 2), Bd. 2, S. 475/476. Vgl. *Th. M., Dr. Faustus* (s. Anm. 30), S. 322/323.

159 Thomas Mann, »Schicksal und Aufgabe« (1944), in ders., *Essays*, hrsg. v. Hermann Kurzke, Bd. 2, Frankfurt/M. 1977, S. 245–261, S. 258.
160 Umberto Eco, *Apokalyptiker und Integrierte. Zur kritischen Kritik der Massenkultur*. Frankfurt/M. 1984, S. 16.
161 A. a. O. S. 49.
162 A. a. O. S. 25/26.
163 A. a. O. S. 9.
164 A. a. O. S. 49.
165 A. a. O. S. 63.
166 A. a. O. S. 73.
167 A. a. O. S. 79/80.
168 A. a. O., S. 85, vgl. S. 73 und S. 101.
169 A. a. O. S. 11.
170 A. a. O. S. 51.
171 Kant, *Werke*, Bd. IV, S. 393.
172 Kant, *Werke*, Bd. IV, S. 155.
173 Jürgen Habermas, *Strukturwandel der Öffentlichkeit*. 5. Aufl. Neuwied/Berlin 1971, S. 53.
174 A. a. O. S. 194.
175 Uwe Schmitt, *Frankfurter Allgemeine Zeitung* v. 28. 12. 1984.
176 Theodor W. Adorno, *Einleitung in die Musiksoziologie*, Frankfurt/Main 1962, S. 237.
177 Carl Heßler (Hrsg.), *Hessische Volkskunde*. Marburg 1904/Frankfurt/M. 1979, S. 86.
178 A. a. O. S. 590.
179 Ilse Winter, *Alltag und Arbeiterkultur in der Fannystraße*. Dipl.-Arbeit Univ. Hannover, FB Erziehungswissenschaft 1978, S. 72.
180 Franz Neuland, Albrecht Werner Cordt (Hrsg.), *Die junge Garde. Arbeiterjugendbewegung in Frankfurt am Main 1904–1945*. Gießen (1980), S. 115.
181 *Salzburger Nachrichten* v. 4. 4. 1981.
182 *Die Zeit* v. 7. 9. 1979.
183 Dieter Baacke, Rainer Jogschies (Red.), »Rock und Pop. Kritische Analysen – Kulturpolitische Alternativen«. Köln 1980 (*Kulturpolitische Gesellschaft, Dokumentationen* 9).
184 Peter Weiss (s. Anm. 147).
185 Hans Mayer, *Versuche über die Oper*, Frankfurt/Main 1981, S. 88.
186 Thomas Mann, *Betrachtungen eines Unpolitischen*. Frankfurt/M. 1983, S. 570/571.
187 Theodor W. Adorno, *Einleitung in die Musiksoziologie*, Frankfurt 1962, S. 106.
188 Wolfgang Willaschek, Oper in Hamburg 1983/84, S. 105
189 Heinz Ludwig, »Über die Entwicklung des Musiktheaterpublikums«. Referat, 2e Congresso Int. del Teatro Lirico, Verona 1984, S. 1/2.
190 A. a. O. S. 5.
191 A. a. O. S. 9.
192 Dirk H. Fröse, *Ein Manifest fürs Theater. Schweden heute* 1/1983, S. 26–28.

193 A. a. O. S. 28.
194 Hilmar Hoffmann, *Kultur für alle*. 2. Aufl. Frankfurt/M. 1981, S. 275/276.
195 Neil Postman, »Wie man sich zu Tode vergnügt« (Eröffnungsrede zur Buchmesse 1984). *Frankfurter Rundschau* (D-Ausg.) v. 2. 3. 1985, S. 10.
196 Ders., *Das Verschwinden der Kindheit*. Frankfurt/M. 1983, S. 94f, S. 34f.
197 Vgl. Thomas Moench, »Rotes Dorf im Rampenlicht«. *Sozialmagazin* 3/1985, S. 22–25, und Dieter Kramer, »Spurensicherungen«. *Der Gemeinderat* 1/1985, S. 30–31.
198 Dietrich Mühlberg, *Woher wir wissen, was Kultur ist. Gedanken zur geschichtlichen Ausbildung der aktuellen Kulturauffassung*. Berlin (DDR) 1983 (*Weltanschauung heute*, Bd. 41), S. 187.
199 Ernst Antoni, »Märkte, Mäzene, Sponsoren«. *Tendenzen* 145 (1984), S. 35–42, S. 37.
200 David Craven, Hans Haackes »Schlaue Verwicklung«. *Kritische Berichte* 10/1982, H. 1, S. 29–39, S. 35/36.
201 »Deutsche Schokoladenstiftung« statt Deutsche Nationalstiftung? *Kunstkurier* (Köln) 1–2/1981, S. 3–15, S. 4.
202 *Frankfurter Allgemeine Zeitung* v. 27. 5. 1980.
203 Thomas Mann an Agnes E. Meyer, 7. 10. 1941, in *Th. M., Briefe* (s. Anm. 2), Bd. 2, S. 217.
204 Vgl. Karla Fohrbeck, *Kunstförderung im internationalen Vergleich*. Köln 1981.
205 Vgl. »Näherungen. Über Kunst und Wirtschaft«. *Frankfurter Allgemeine Zeitung* v. 11. 2. 1982.
206 Glotz (s. Anm. 1), S. 28.
207 Burkhart Lauterbach, »Geld und Kultur«. *Der Alltag* (Zürich) 5/1983, S. 38–41.
208 Glotz (s. Anm. 1), S. 33.
209 Hans Rudolf Hartung, »Finanzkrise! Kulturkrise?« *neues rheinland* 25. Jg. 1982, Nr. 7, S. 7–9.
210 Ernst Antoni (s. Anm. 199), S. 40.
211 Karla Fohrbeck, »Vom Zwielicht ins Rampenlicht. Zwischen Kunst und Kommerz: Von Mäzenen spricht man wieder«. *Frankfurter Allgemeine Zeitung* 14. 1. 1984 (Beil.).
212 Barbara Jentzsch, »Erziehung im Sinne der Industrie«. *Vorwärts* v. 15. 3. 1984, S. 19.
213 Thomas Oppermann, *Kulturverwaltungsrecht*, Tübingen 1969, S. 15.
214 A. a. O. S. 11.
215 Karla Fohrbeck/Andreas Johannes Wiesand, *Handbuch der Kulturpreise*, Köln 1978, S. LVII, vgl. Heidemarie Graul, *Künstlerische Urteile im Rahmen staatlicher Förderungstätigkeit*. Berlin (West) 1970.
216 Oppermann (s. Anm. 213), S. 33, Anm. 111.
217 A. a. O. S. 16.
218 Peter Häberle, *Kulturpolitik in der Stadt, ein Verfassungsauftrag*. Karlsruhe, Heidelberg 1979, und ders. (Hrsg.), *Kulturstaatlichkeit und Verfassungsrecht*. Darmstadt 1982.

219 Michael Kummer, *Denkmalschutzrecht als gestaltendes Baurecht*. München 1981, S. 49.

220 Oppermann (s. Anm. 213), S. 17.

221 A. a. O. S. 128.

222 Rommel (s. Anm. 39), S. 105.

223 Dieter Oelschlägel, »Historische Tendenzen heutiger Nachbarschaftsarbeit und sozialkultureller Zentren«. *Rundbrief 1/79, Verband für soziakulturelle Arbeit e. V.*, S. 1–25, S. 22/23.

224 Josef Hoffmann, *Die Kunstfreiheitsgarantie des Grundgesetzes und die Organisierung einer Mediengewerkschaft*. Köln 1981, S. 229 u. a.

225 Theodor W. Adorno, »Kultur und Verwaltung«. *Merkur* 14/1960, S. 101–121.

226 So die Analyse einer Anzahl von einschlägigen Stellen-Ausschreibungen, vgl. Dieter Kramer, »Berufsfelder im Bereich der öffentlichen Kulturpolitik«. In: Hermann Bausinger (Hrsg.), *Berufsleitfaden Volkskunde*. Tübingen 1980, S. 49–64, S. 62.

227 Klaus Haefner, *Die neue Bildungskrise*. Basel, Boston, Stuttgart 1982.

228 Hans Scherer im Feuilleton der *Frankfurter Allgemeinen Zeitung* v. 3. Sept. 1984.

229 Thomas Mann, *Doktor Faustus* (s. Anm. 30), S. 53.

230 Georg Forster im Vorwort zu »Lili«, *Zeitschrift für Literaturwissenschaft und Linguistik*, Heft 50, Göttingen, siehe auch Josef Quack: Über das große und das kleine Glück, in: *FAZ* vom 7. 4. 1984.

231 Daniel Bell, *Die Zukunft der westlichen Welt*, Frankfurt 1976.

232 Siehe hierzu: Hilmar Hoffmann, »Leerstellen bei den Parteien«, in: *Animation*, Hannover, Nr. 1/1985.

Namensregister

Abs, Hermann Josef 182
Achternbusch, Herbert 78f, 86
Ackeren, Robert van 80
Adenauer, Konrad 47
Adorno, Theodor W. 45, 58, 74, 90, 101, 107, 147, 151, 153, 155f, 163, 167, 169, 185, 198, 204, 219, 221
Afheldt, Heik 218
Alt, Franz 83, 89
Altweg, Jörg 217
Amery, Carl 17
Anders, Günther 211
Antoni, Ernst 220
Attali, Jacques 111
Augstein, Rudolf 82

Baake, Dieter 219
Bach, Johann Sebastian 70
Baez, Joan 160
Balzac, Honoré de 192
Bastian, Gert 84
Bausinger, Hermann 114, 117, 217, 221
Bebel, August 194
Beck, Herbert 207f
Beckett, Samuel 39
Beethoven, Ludwig van 163, 166
Bell, Daniel 75, 211, 221
Belmondo, Jean Paul 70
Benjamin, Walter 26, 76, 149
Benn, Gottfried 52
Benseler, Frank 34, 214
Berg, Alban 70
Berghaus, Ruth 168f
Bergman, Ingmar 165
Berlioz, Hektor 166
Beuys, Joseph 14, 149
Biermann, Wolf 11
Bindseil, Horst 81f
Binyar, Adnan 123, 217
Bismarck, Otto v. 15
Blacher, Boris 164
Bloch, Ernst 115, 163
Böll, Heinrich 86, 198
Börner, Holger 186
Bond, Edward 109
Bossak, Jerzy 140f
Brandt, Willy 21
Brecht, Bertolt 19, 30, 36, 41, 51, 66, 70, 78, 112, 142, 150, 161, 164, 166
Brecht, Ulrich 83
Bredow, K. 213
Brock, Bazon 83
Buber, Martin 46
Buch, Hans-Christoph 217
Buchheim, Lothar-Günter 185
Burger, Rudolf 72, 116, 128ff, 215, 218
Buroch, Dieter 175, 216

Caldwell, Erskine 83
Camus, Albert 43
Capra, Fridjof 206
Clute, Rainer 84
Concorcet, M. A. 15, 118
Connery, Sean 70
Cordt, Albrecht Werner 219
Craven, David 220
Czesklaba-Dupont, R. 214
Czinner, Paul 165

Dali, Salvador 59
Darwin, Charles 154
Dehm, Diether 135, 142, 218
Dessau, Paul 157
Deutz, Liz 216
Dilthey, Wilhelm 33, 132
Dohnányi, Christoph v. 164
Dos Passos, John 83
Drebusch, Günter 93, 215
Dschingis Khan 119
Dürrenmatt, Friedrich 128
Duras, Marguerite 165
Duve, Freimut 81

Eckermann, Joh. Peter 139
Eco, Umberto 12, 139, 144–147, 213, 219
Egk, Werner 69
Eichler, Kurt 107, 216
Eisler, Hanns 157
Emmanuel, Pierre 72
Engelmann, Bernt 82
Engels, Friedrich 213
Enzensberger, Hans Magnus 122
Eppler, Erhard 18
Erhard, Ludwig 23
Everding, August 69

Fetscher, Iring 36, 39, 213
Flick, Friedrich Karl 140
Fohrbeck, Karla 91, 135, 186, 190, 195f, 215, 218, 220
Foner, Philip S. 217
Fontane, Theodor 9
Ford, Aleksander 141
Forster, Georg 211, 221
Freud, Sigmund 32, 132, 211
Fried, Erich 204
Friedman, Yona 29
Frisch, Max 51
Fröse, Dirk H. 219
Fromm, Erich 106
Fuchs, Armin H. 218
Fuentes, Carlos 126

Gade, Alexa 121, 217
Gehlen, Arnold 77
Gerhardt, Ernst 151
Gerhartz, Leo Karl 164
Gide, André 210
Gielen, Michael 164, 166, 169
Glaser, Hermann 86, 134, 193f, 218
Glotz, Peter 9, 14, 21, 30f, 73, 120, 187, 213, 215, 220
Godard, Jean-Luc 27, 64
Goethe, Johann Wolfgang v. 48, 61, 85, 128, 136, 139f, 156, 182, 189, 210
Goya, Chantal 112
Gramsci, Antonio 53, 107, 114
Grass, Günter 84, 86
Grasskamp, Walter 170
Graul, Heidemarie 220
Grill, P. M. 217
Guattari, Felix 110
Güney, Yilmaz 123
Gutjahr-Löser, Peter 58

Haacke, Hans 183, 220
Habermas, Jürgen 74–77, 148f, 215
Hackenberg, Kurt 193f
Häberle, Peter 195, 214, 220
Haefner, Klaus 205f, 221
Händel, Georg Friedrich 70
Hamm-Brücher, Hildegard 116, 217
Handke, Peter 72
Hartung, Hans Rudolf 216, 220
Hauff, Volker 55
Haug, Wolfgang Fritz 214
Hebbel, Friedrich 11
Hegel, G. W. F. 15, 118, 134, 211

Heine, Heinrich 61, 118
Held, Jutta 218
Hengst, Heinz 60, 214
Hentig, Hartmut v. 71, 176, 206
Henry, Ruth 217
Henze, Hans Werner 35
Hermand, Jost 204
Hesse, Hermann 125, 186
Hesse, Ninon 186
Hesse, Walter G. 140, 218
Heßler, Carl 219
Heydt, v. d. 189
Hikmet, Nazim 122
Hildebrandt, Dieter 86
Hilf, Willibald 89
Hindemith, Paul 167
Hirsch, Fred 38, 214
Hitchcock, Alfred 141
Hochhuth, Rolf 194
Hoesch, Leopold 189
Hoffmann, Josef 221
Honecker, Erich 183
Horkheimer, Max 45, 147
Horten, Helmut 140
Huber, Joseph 15, 213
Huch, Ricarda 166
Huchel, Peter 167
Hübner, Irene 216
Hummel, Siegfried 29, 213

Iden, Peter 139, 141, 218
Illich, Ivan 45, 55

Jahnn, Hans Henny 167
Jahoda, Marie 19ff, 27, 213
Jaruszelski (General) 80
Jentzsch, Barbara 220
Jochimsen, Reimut 216
Jogschies, Rainer 219
Johannes Paul II. 30
Johnson, Lyndon B. 107
Joyce, James 178
Jünger, Ernst 45, 130
Jungk, Robert 206

Kafka, Franz 118, 162
Kagel, Mauricio 154
Kahn, Herman 17
Kandinsky, Wassily 127
Kant, Immanuel 148, 219
Keenan, James 154
Kindermann, Carl 215
Kingsley, Robert 183
Kirchner, Alfred 169
Kirsch, Guy 47, 214
Klein, Rudolf 158
Klein, Yves 141, 197
Klönne, Arno 214
Klotz, Heinrich 204f
Kluge, Alexander 67, 86, 162, 164f
Koerber, Kurt A. 128, 217
Kohl, Helmut 84f
Kramer, Dieter 101, 105, 143, 213, 216f
Kramer, Hilton 108
Kraus, Karl 54, 82, 185
Krauß, Peter 214
Kroetz, Franz Xaver 14, 48
Krumsiek, Rolf 83
Kühn, August 140
Kummer, Michael 196, 221
Kunert, Günter 37, 202, 204f
Kurzke, Hermann 217, 219

Lafargue, Paul 26, 213
Lang, Fritz 67
Lang, Jack 110–113
Laurien, Hanna-Renate 28, 213
Lauterbach, Burkhart 189, 220
Lebrun, Jean 112
Leibniz, G. W. 199
Lenin, W. I. 86
Lichtenberg, Georg Christoph 191

Lindner, Rolf 159
Löwenthal, Leo 61
Losey, Joseph 165
Lübbe, Hermann 77
Ludwig, Heinz 168, 184f, 189, 219
Ludwig, Peter 183
Lunkenbein, Marilis 218
Luxemburg, Rosa 13

Maase, Kaspar 214
Mahler, Gustav 166
Maier, Hans E. 99, 216
Maier, Henrik Martin 208
Malamud, Bernard 83
Malraux, André 112
Mann, Erika 12, 213
Mann, Thomas 12, 39, 42, 62, 88, 109, 115, 136f, 140, 143f, 163, 165, 180, 185, 210, 213f, 217 bis 221
Manthey, Jürgen 214
Marcuse, Herbert 13, 68
Marker, Chris 165
Marx, Karl 17, 26, 33, 36, 118, 159, 213,
Mattheuer, Wolfgang 183
Matzner, Egon 214
May, Karl 59
Mayer, Hans 163, 219
McCarthy, Joseph 83
McLuhan, Marshall 60, 177
Meyer, Agnes E. 185, 214, 218, 220
Michaelis, Rolf 215
Michal, Wolfgang 214f
Miegel, Meinhard 29
Mieslinger, Hans-Peter 82
Millöcker, Karl 48
Mitterrand, François 110f
Moench, Thomas 220
Mohler, Armin 17
Monteverdi, Claudio 166
Morgner, Irmtraud 119, 217
Mozart, Wolfgang Amadeus 47, 166
Mühlberg, Dietrich 180, 220
Müller, Heiner 48
Müller-Wichmann, Christiane 22, 25, 213
Murnau, F. W. 67

Naegeli, Harald 87
Naumann, Friedrich 112, 217
Negt, Oskar 22, 213
Nell-Breuning, Oswald v. 33, 214
Neuenfels, Hans 168f
Neuland, Franz 219
Nin, Anais 82
Noelle-Neumann, Elisabeth 17, 45
Nono, Luigi 166
Novalis 34, 113, 177, 183, 202

Oelschlägel, Dieter 197, 221
Oetker, Arend 183
Opaschowski, Horst E. 41, 214
Opel, Adam 93
Oppermann, Thomas 195f, 220f
Orwell, George 63, 71, 206
Osthaus, Karl Ernst 189
Oskarson, Peter 170

Pabst, Georg Wilhelm 67
Palitzsch, Peter 56
Pappermann, Ernst 47, 49, 214
Pasolini, Pier Paolo 119
Pazarkaya, Yüksel 123, 217
Petersen, Wolfgang 84
Picasso, Pablo 50, 74, 188
Piscator, Erwin 170
Polanski, Roman 62
Postman, Neil 53, 176f, 206, 214, 220
Powell, Dick 165
Praml, Willy 178
Pressburger, Emerie 165

Proust, Marcel 211
Puzo, Mario 83

Quack, Josef 221
Queneau, Raymond 165

Reagan, Ronald 191
Reich-Ranicki, Marcel 218
Reschke, Karin 113, 217
Richard, Cliff 160
Robbe-Grillet, Alain 165
Rolland, Romain 86
Romeis, Karl 208
Rommel, Manfred 54f, 196, 214, 221
Rosi, Francesco 165
Roth, Philip 83
Rühle, Günther 62

Sabais, Heinz-Winfried 115, 217
Sade, Marquis de 26
Sagave, P. P. 143, 218
Saint Laurent, Yves 208
Samtlebe, Günter 71
Sartre, Jean-Paul 97
Sautermeister, Renate 188
Saura, Carlos 165
Schaffernicht, Christian 217
Scherer, Hans 208, 221
Scherf, Henning 104
Schiller, Friedrich 62, 132
Schlöndorff, Volker 80f, 165, 169, 215
Schmid, Carlo 120
Schmidt, Alfred 118
Schmidt, Arno 178
Schmitt, Uwe 219
Schneider, Michael 14
Schneider, Reinhold 136
Schnieders, Heinz-Wilhelm 218
Schöfthaler, Traugott 119f, 217
Schönberg, Arnold 34, 157f, 166, 188
Schreiber, Ulrich 215
Schütte, Wolfram 78, 80, 215
Schultz, Reinhard 217
Schulze, Dorothee 216
Schwarz-Schilling, Christian 57, 81
Schwelien, Michael 215
Serra, Richard 141
Shakespeare, William 53, 61f
Siepmann, Ralf 215
Simmel, Johannes Mario 48, 59
Sitte, Willi 183
Smith, Adam 26
Sobol, Joshua 124
Soldat, Hans-Georg 84
Solschenizyn, Alexander 83
Sommerlatte, Tom 214
Späth, Lothar 54
Spengler, Oswald 14, 45, 77, 110
Sprigath, Gabriele 218
Staeck, Klaus 86
Stalin, W. I. 61, 180
Steinbeck, John 38
Sternberg, Jacques 165
Stojanovic, Svetozar 51, 124
Strasser, Johano 46
Strauß, Botho 128
Strauß, Franz Josef 82
Strauss, Richard 70
Strehler, Giorgio 47
Sulzbach, Peter 216
Szalai, Alexander 22

Tacitus 61
Tandler, Gerold 78
Thomas, M. H. 62
Tjaden, K. H. 214
Traube, Klaus 46
Trotzki, Leo 137
Truffaut, François 61
Tübke, Werner 183

Tucholsky, Kurt 106
Turrini, Peter 16, 35f, 213f

Ulrichs, Timm 88, 134, 215, 218

Verdi, Giuseppe 62, 69f
Viertel, Berthold 136, 218
Vogt, Hans Joachim 205ff
Voltaire 81
Vonnegut, Kurt 83
Voss, Reinhard 215

Wagner, Richard 166
Wallace, Edgar 59
Wallmann, Walter 151
Wallraff, Günter 189
Walter, Bruno 136, 218
Walter, Rudolf 160
Warhol, Andy 59
Watteau, Antoine 186
Weiss, Peter 42, 48, 131, 134, 137f, 140, 162, 218f
Weizsäcker, Richard v. 90, 127, 217
Wells, Herbert George 37
Wiesand, Andreas Johannes 91, 135, 186, 195f, 215, 218, 220
Willaschek, Wolfgang 219
Winter, Ilse 219
Wolf, Christa 131
Wolman, Benjamin 58

Zeffirelli, Franco 165
Zehelein, Klaus 94, 169
Zimmer, Dieter E. 62, 64
Zimmermann, Bernd Alois 48, 164
Zimmermann, Friedrich 78, 80f
Zippelius, Adelhart 105, 216

Bitte umblättern:

auf den nächsten Seiten informieren wir Sie über weitere interessante Fischer Taschenbücher.

Fischer Taschenbuch
Band 3906

Joseph Beuys
Das Kapital Raum 1970–1977

Strategien zur Reaktivierung der Sinne

Von Franz-Joachim Verspohl

Die Öffentlichkeit kennt J. Beuys in der Regel nur durch seine sensationell aufgemachten Auftritte in den Medien. Sein umfangreiches Œuvre, das alle Gattungen der Kunstgeschichte umfaßt, ist weitgehend unbekannt und unverstanden. Das vielteilige Environment »Das Kapital Raum 1970–1977«, bisher nur auf der Biennale 1980 und in Zürich 1981 und 1983 ausgestellt, doch in Schaffhausen seit Frühjahr 1984 öffentlich zugänglich, bietet die Möglichkeit, die Entstehung eines Werkes von Beuys über Jahre hinweg zu verfolgen. Die einzelnen Bestandteile der Arbeit sind vom Künstler nicht nur durch Skizzen und Zeichnungen vorbereitet, sondern in Aktionen und zeitlich begrenzten Ausstellungen erprobt worden. Der Titel schließlich führt zu einem Schlüsselbegriff der Kunsttheorie des Künstlers.

Franz-Joseph Verspohl, geb. 1946, Kunsthistoriker, Studium in München, Marburg, seit 1975 Hochschulassistent an der Universität Osnabrück. Veröffentlichungen: Stadionbauten von der Antike bis zur Gegenwart, Gießen 1976; ›Michelangelo und Machiavelli‹, in: Städel-Jahrbuch N. F. 8/81; ›Wirtschaftswert Brusttee – Von Medien und Monumenten‹, in: Kunst im Rahmen der Werbung, Marburg 1982; ›Der andere Matisse‹, in: Kunstforum international, Bd. 61/83

kunst stück

Herausgegeben von
Klaus Herding

fi 322/2

Fischer Taschenbuch Verlag

Fischer Taschenbuch
Band 3910

Max Beckmann
Die Nacht

Passion ohne Erlösung

Von Matthias Eberle

Im Werk Max Beckmanns nimmt das 1918/19 entstandene Gemälde »Die Nacht« eine Sonderstellung ein. Es gilt allgemein als ein Schlüsselbild seines Œuvres. Beckmann zog hier nicht nur die Bilanz aus seinem Kriegserlebnis, sondern brachte auch sein Weltbild auf eine, den Zeitumständen entsprechende, bedrückende Formel. Im Kern enthält »Die Nacht« bereits die wichtigsten Elemente seiner späteren Triptychen, die er ab 1933 malte. Trotz seines hohen Ranges ist das Bild bis heute weitgehend rätselhaft geblieben. Die vorliegende Untersuchung ist der erste Versuch zu einer umfassenden Deutung dieses Hauptwerks deutscher Malerei aus der Zeit zwischen den Weltkriegen.

Matthias Eberle, Jahrgang 1944, studierte Kunstgeschichte und Germanistik in Wien und Berlin. Seine wichtigsten Publikationen sind: Tendenzen der Zwanziger Jahre (Teil 4), Berlin 1977; Max Liebermann in seiner Zeit, Berlin–München 1979; Individuum und Landschaft, Gießen 1980; Christian Schad, Berlin 1980.

kunststück

Herausgegeben von
Klaus Herding

Die Konzeption
der Reihe
wurde erarbeitet von
Max Bartholl,
Klaus Herding,
Christoph Krämer,
Peter Mathews

fi 321/1

Fischer Taschenbuch Verlag

Hermann Glaser

Bundesrepublikanisches Lesebuch
Drei Jahrzehnte geistiger Auseinandersetzung
Band 3809

»Der Versuch einer Beschreibung des ›Klimas‹ der Bundesrepublik, der Menschen, die in ihr leben, des Geistes, der in ihr waltet, der kulturellen Errungenschaften, auf die sie stolz ist, der Verdrängungen, an denen sie leidet – ein solcher Versuch dokumentiert die Präsenz des Vergangenen: Was damals begann, ist heute noch aktuell und wird morgen weiterhin wirksam sein.«
Hermann Glaser

Soviel Anfang war nie
Deutscher Geist im 19. Jahrhundert
Ein Lesebuch. Band 5387

»Soviel Anfang war nie« – dieses Wort eines Zeitgenossen charakterisiert treffend den deutschen Geist im 19. Jahrhundert. Es war ein Jahrhundert der Auf- und Umbrüche, der Verwerfungen und Eruptionen, der Evolutionen und Revolutionen, aber auch ein Jahrhundert, in dem sich Abgründe auftaten, die immer schwindelerregender, gefährlicher, unheimlicher wurden. Daß in Deutschland so wenig vom Denken des deutschen Geistes realisiert, so wenig vom Kopf auf die Füße gestellt wurde, rechtfertigt nicht, jene Anfänge heute gering zu achten. Die vorliegende Anthologie handelt jedoch vom deutschen Geist – vor seiner Verkehrung in den Ungeist.«
Hermann Glaser

Fischer Taschenbuch Verlag

fi 376/1

Volkskultur

Zur Wiederentdeckung des vergessenen Alltags (16.–20. Jahrhundert)

Herausgegeben von
Richard van Dülmen und Norbert Schindler
Band 3460

Dieser Sammelband versteht sich als eine Einführung in die Fragestellungen und Arbeitsmethoden der historischen Volkskulturforschung. Er will eine kulturelle Tradition der kleinen Leute und abhängiger Schichten aufdecken helfen, die trotz aller Disziplinierung und Unterdrückung weitaus widerständiger und flexibler, eigenständiger und kreativer im sozialen Wandel vom 16. bis ins 19. Jahrhundert war, als man lange annahm.

Aus dem Inhalt:

Spuren in die Geschichte der ›anderen‹ Zivilisationen

Spruchweisheiten und populäre Irrlehren

Reformation, Karneval und die verkehrte Welt

Streik als Fest

Hinrichtungsrituale in der frühen Neuzeit

›Heraus zum 1. Mai!‹

Der Kampf um die Abschaffung des Bullenrennens

Die Fabrik als Lebensform

Feste und Vergnügen der ›kleinen Leute‹

Fischer Taschenbuch Verlag

fi 332/1